HISTOIRE
DE
LA RÉVOLUTION
FRANÇAISE.

TOME VII.

TYPOGRAPHIE DE FIRMIN DIDOT FRÈRES,
RUE JACOB, N° 24.

HISTOIRE

DE

LA RÉVOLUTION

FRANÇAISE,

PAR M. A. THIERS,

DE L'ACADÉMIE FRANÇAISE, MINISTRE ET DÉPUTÉ.

TOME SEPTIÈME.

Quatrième Edition.

PARIS,
CHEZ LECOINTE, ÉDITEUR,
QUAI DES AUGUSTINS, N° 49.

MDCCC XXXIV.

HISTOIRE
DE
LA RÉVOLUTION
FRANÇAISE.

CHAPITRE PREMIER.

Conséquences du 9 thermidor. — Modifications apportées au gouvernement révolutionnaire. — Réorganisation du personnel des comités. — Révocation de la loi du 22 prairial; décrets d'arrestation contre Fouquier-Tinville, Lebon, Rossignol, et autres agents de la dictature; suspension du tribunal révolutionnaire; élargissement des suspects. — Deux partis se forment, les montagnards et les thermidoriens. — Réorganisation des comités de gouvernement. — Modifications des comités révolutionnaires. — État des finances, du commerce et de l'agriculture après la terreur. — Accusation portée contre les membres des anciens comités, et déclarée calomnieuse par la convention. — Explosion de la poudrière de Grenelle; exaspération des partis. — Rapport fait à la convention sur l'état de la France. Nombreux et importants décrets sur toutes les parties de l'administration. — Les restes de Marat sont transportés au Panthéon et mis à la place de ceux de Mirabeau.

Les événements des 9 et 10 thermidor répandirent une joie que plusieurs jours ne purent calmer. L'ivresse était générale. Une foule de gens, qui avaient quitté leur province pour se cacher à Paris, se jetaient dans les voitures publiques pour aller annoncer chez eux la nouvelle de la commune délivrance. On les arrêtait partout sur les routes, pour leur demander des détails. En apprenant ces heureux événements, les uns rentraient dans les demeures qu'ils avaient quittées depuis long-temps; les autres, ensevelis dans des caches souterraines, osaient reparaître à la lumière. Les détenus qui remplissaient les nombreuses prisons de la France, commençaient à espérer la liberté, ou du moins cessaient de craindre l'échafaud.

On ne s'expliquait pas encore bien la nature de la révolution qui venait de s'opérer; on ne se demandait pas jusqu'à quel point les membres survivants du comité de salut public étaient disposés à persister dans le système révolutionnaire, jusqu'à quel point la convention était disposée à entrer dans leurs vues; on ne voyait, on ne comprenait qu'une chose, la mort de Robespierre. C'était lui qui avait été le chef du gouvernement; c'est à lui qu'on imputait les emprisonnements, les exécutions, tous les actes enfin de la dernière tyrannie. Robespierre mort, il semblait que tout devait changer, et prendre une face nouvelle.

A la suite d'un grand événement, l'attente publique devient un besoin irrésistible qu'il faut satisfaire. Après deux jours consacrés à recevoir les félicitations, à écouter les adresses où chacun répétait *Catilina n'est plus, la république est sauvée*, à récompenser les actes de courage, à voter des monuments pour rendre immortelle la grande journée du 9, la convention s'occupa enfin des mesures que réclamait sa situation.

Les commissions populaires instituées pour faire le triage des détenus, le tribunal révolutionnaire composé par Robespierre, le parquet de Fouquier-Tinville, étaient encore en fonction, et n'avaient besoin que d'un signe d'encouragement pour continuer leurs opérations terribles. Dans la séance même du 11 thermidor (29 juillet), on demanda et on décréta l'épuration des commissions populaires. Élie Lacoste appela l'attention sur le tribunal révolutionnaire, et en proposa la suspension, en attendant qu'il fût réorganisé d'après d'autres principes, et composé d'autres hommes. La proposition d'Élie Lacoste fut adoptée; et, pour ne pas retarder le jugement des complices de Robespierre, on convint de nommer, séance tenante, une commission provisoire pour remplacer le tribunal révolutionnaire. Dans la séance du soir, Barrère, qui continuait son rôle de rapporteur, vint annoncer encore une victoire, l'entrée des Français à Liége, et entretint ensuite l'assemblée de l'état des comités qui avaient été mutilés à plusieurs reprises, et réduits par l'échafaud ou par les missions à un petit nombre de membres. Robespierre, Saint-Just et Couthon avaient expiré la veille. Hérault-Séchelles était mort avec Danton. Jean-Bon-Saint-André, Prieur (de la Marne), étaient en mission. Il ne restait plus que Carnot, qui s'occupait exclusivement de la guerre, Prieur (de la Côte-d'Or), chargé du soin des armes et poudres, Robert Lindet des approvisionnements et du commerce, Billaud-Varennes et Collot-d'Herbois de la correspondance avec les corps administratifs, Barrère enfin des rapports. Sur douze, ils n'étaient donc plus que six. Le comité de sûreté générale était plus complet, et suffisait bien à ses fonctions. Barrère proposait de remplacer les trois membres morts la veille sur l'échafaud par trois membres nouveaux, en attendant le renouvellement général des comités, qui était fixé au 20 de chaque mois, et qui avait cessé d'avoir lieu depuis le consentement tacite donné à la dictature. C'était aborder de grandes questions : allait-on renvoyer tous les hommes qui avaient fait partie du dernier gouvernement? Allait-on changer non-seulement les hommes, mais les choses, modifier la forme des comités, prendre des précautions contre leur trop grande influence, limiter leurs attributions, en un mot opérer une révolution complète dans l'administration? Telles étaient les questions soulevées par la proposition de Barrère. D'abord on s'éleva contre cette manière expéditive et dictatoriale de procéder, consistant à proposer et à nommer les membres des comités dans la même séance. On demanda l'impression de la liste, et l'ajournement pour les choix. Dubois-Crancé s'avança davantage, et se plaignit de l'absence prolongée des membres des comités. «Si on avait, dit-il, remplacé Hérault-Séchelles; si on n'avait pas toujours laissé

Prieur (de la Marne) et Jean-Bon-Saint-André en mission, on aurait été plus assuré d'avoir une majorité, et on n'aurait pas hésité si longtemps à attaquer les triumvirs. » Il soutint ensuite que les hommes se fatiguaient au pouvoir, et y contractaient des goûts dangereux. En conséquence il proposa de décréter qu'à l'avenir aucun membre des comités ne pourrait aller en mission, et que chaque comité serait renouvelé par quart tous les mois. Cambon, poussant la discussion plus avant, dit qu'il fallait réorganiser le gouvernement en entier. Le comité de salut public, suivant lui, s'était emparé de tout, et il résultait de là que ses membres, même en travaillant jour et nuit, ne pouvaient suffire à leur tâche, et que les comités de finances, de législation, de sûreté générale, étaient réduits à une nullité complète. Il fallait faire, en conséquence, une nouvelle distribution des pouvoirs, de manière à empêcher que le comité de salut public ne fût accablé, et que les autres ne fussent annulés.

La discussion ainsi provoquée, on allait porter la main sur toutes les parties du gouvernement révolutionnaire. Bourdon (de l'Oise), dont l'opposition au système de Robespierre était bien connue, puisqu'il devait être l'une de ses premières victimes, arrêta ce mouvement inconsidéré. Il dit qu'on avait eu jusqu'ici un gouvernement habile et vigoureux, qu'on lui devait le salut de la France et d'immortelles victoires, qu'il fallait craindre de porter sur son organisation une main imprudente, que toutes les espérances des aristocrates venaient de se réveiller, et qu'il fallait, en se gardant d'une nouvelle tyrannie, modifier cependant avec ménagement une institution à laquelle on avait dû de si grands résultats. Cependant Tallien, le héros du 9, voulait qu'on abordât au moins certaines questions, et ne voyait aucun danger à les décider sur-le-champ. Pourquoi, par exemple, ne pas décréter à l'instant même que les comités seraient renouvelés par quart tous les mois? Cette proposition de Dubois-Crancé, reproduite par Tallien, fut accueillie avec enthousiasme, et adoptée aux cris de *vive la république*. A cette mesure, le député Delmas voulut en faire ajouter une autre. « Vous venez, dit-il à l'assemblée, de tarir la source de l'ambition; pour compléter votre décret, je demande que vous décidiez que nul membre ne pourra rentrer dans un comité qu'un mois après en être sorti. » La proposition de Delmas, accueillie comme la précédente, fut aussitôt adoptée. Ces principes admis, il fut convenu qu'une commission présenterait un nouveau plan pour l'organisation des comités de gouvernement.

Le lendemain, six membres furent choisis pour remplacer, au comité de salut public, les membres morts ou absents. Cette fois, la présentation faite par Barrère ne fut pas confirmée. On nomma Tallien, pour le récompenser de son courage; Bréard, Thuriot, Treilhard, membres du premier comité de salut public; enfin les deux députés Laloi et Eschassériaux l'aîné, ce dernier très-versé dans les matières de finances et d'économie publique. Le comité de sûreté générale subit aussi des changements. On s'élevait de toutes parts contre David, qu'on disait dévoué à Robespierre; contre Jagot et Lavicomterie, qu'on accusait d'avoir été d'horribles inquisiteurs. Une foule de voix demandèrent leur remplacement, il fut décrété. On désigna, pour les remplacer et pour compléter le comité de sûreté générale, plusieurs des athlètes qui s'étaient signalés dans la journée du 9; Legendre, Merlin (de Thionville), Goupilleau (de Fontenay), André Dumont, Jean Debry, Bernard (de Saintes). On rapporta ensuite la loi du 22 prairial à l'unanimité. On s'éleva avec indignation contre le décret qui permettait d'enfermer un député sans qu'il fût préalablement entendu par la convention;

décret funeste qui avait conduit à la mort d'illustres victimes présentes à tous les souvenirs, Danton, Camille Desmoulins, Hérault-Séchelles, etc. Le décret fut rapporté. Ce n'était pas tout que de changer les choses; il était des hommes auxquels le ressentiment public ne pouvait pardonner. — « Tout Paris, s'écria Legendre, vous demande le supplice justement mérité de Fouquier-Tinville. » Cette demande fut aussitôt décrétée, et Fouquier mis en accusation. — « On ne peut plus siéger à côté de Lebon, » s'écria une autre voix, et tous les yeux se portèrent sur le proconsul qui avait ensanglanté la ville d'Arras, et dont les excès avaient provoqué des réclamations, même sous Robespierre. Lebon fut aussitôt décrété d'arrestation. On revint sur David, qu'on s'était contenté d'abord d'exclure du comité de sûreté générale, et il fut mis aussi en arrestation. On prit la même mesure contre Héron, le chef des agents de la police instituée par Robespierre; contre le général Rossignol, déjà bien connu; contre Hermann, président du tribunal révolutionnaire avant Dumas, et devenu, par les soins de Robespierre, le chef de la commission des tribunaux.

Ainsi le tribunal révolutionnaire était suspendu, la loi du 22 prairial rapportée, les comités de salut public et de sûreté générale recomposés en partie, les principaux agents de la dernière dictature arrêtés et poursuivis. Le caractère de la dernière révolution se prononçait; l'essor était donné aux espérances et aux réclamations de toute espèce. Les détenus qui remplissaient les prisons, leurs familles se disaient avec joie qu'ils allaient jouir des résultats de la journée du 9. Avant ce moment heureux, les parents des suspects n'osaient plus réclamer, même pour faire valoir les raisons les plus légitimes, dans la crainte, soit d'éveiller l'attention de Fouquier-Tinville, soit d'être incarcérés eux-mêmes pour avoir sollicité en faveur des aristocrates. Le temps des terreurs était passé. On commença à se réunir de nouveau dans les sections; autrefois abandonnées aux sans-culottes payés à quarante sous par jour, elles furent aussitôt remplies de gens qui venaient de reparaître à la lumière, de parents des prisonniers, de pères, frères, ou fils des victimes immolées par le tribunal révolutionnaire. Le désir de délivrer leurs proches animait les uns; la vengeance animait les autres. On demanda dans toutes les sections la liberté des détenus, et on se rendit à la convention pour l'obtenir d'elle. Ces demandes furent renvoyées au comité de sûreté générale, qui était chargé de vérifier l'application de la loi des suspects. Quoiqu'il renfermât encore le plus grand nombre des individus qui avaient signé les ordres d'arrestation, la force des circonstances et l'adjonction de nouveaux membres devaient le faire incliner à la clémence. Il commença en effet à prononcer les élargissements en foule. Quelques-uns de ses membres, tels que Legendre, Merlin et autres, parcoururent les prisons pour entendre les réclamations, et y répandirent la joie par leur présence et leurs paroles; les autres, siégeant jour et nuit, reçurent les sollicitations des parents, qui se pressaient pour demander des mises en liberté. Le comité était chargé d'examiner si les prétendus suspects avaient été enfermés sur les motifs de la loi du 17 septembre, et si ces motifs étaient spécifiés dans les mandats d'arrêt. Ce n'était là que revenir à la loi du 17 septembre mieux exécutée; cependant c'était assez pour vider presque en entier les prisons. La précipitation des agents révolutionnaires avait, en effet, été si grande, qu'ils arrêtaient le plus souvent sans énoncer les motifs, et sans en donner communication aux détenus. On élargit comme on avait enfermé, c'est-à-dire en masse. La joie, moins bruyante, devint alors plus réelle; elle se répandit dans les familles, qui recouvraient un père, un frère, un fils, dont elles avaient été long-temps privées, et qu'elles avaient même crus destinés à l'échafaud. On vit sortir ces hommes que leur tiédeur ou leurs liaisons avaient rendus suspects à une autorité ombrageuse, et ceux dont un patriotisme, même avéré, n'avait pu faire pardonner l'opposition. Ce jeune général qui, réunissant sur un seul versant des Vosges les deux armées de la Moselle et du Rhin, avait débloqué Landau par un mouvement digne des plus grands capitaines, Hoche, enfermé pour sa résistance au comité de salut public, fut élargi, et rendu à sa famille et aux armées qu'il devait conduire encore à la victoire. Kilmaine, qui sauva l'armée du Nord par la levée du camp de César en août 1793, Kilmaine, enfermé pour cette belle retraite, fut rendu aussi à la liberté. Cette jeune et belle femme, qui avait acquis tant d'empire sur Tallien, et qui n'avait cessé du fond de sa prison de stimuler son courage, fut délivrée par lui, et devint son épouse. Les élargissements se multipliaient chaque jour, sans que les sollicitations dont le comité se voyait accablé devinssent moins nombreuses. « La victoire, dit Barrère, « vient de marquer une époque où la patrie peut « être indulgente sans danger, et regarder des

« fautes inciviques comme effacées par quelque
« temps de détention. Les comités ne cessent
« de statuer sur les libertés demandées; ils ne
« cessent de réparer les erreurs ou les injustices
« particulières. Bientôt la trace des vengeances
« particulières disparaîtra du sol de la républi-
« que; mais l'affluence des personnes de tout
« sexe aux portes du comité de sûreté générale
« ne fait que retarder des travaux si utiles aux
« citoyens. Nous rendons justice aux mouve-
« ments si naturels de l'impatience des fa-
« milles; mais pourquoi retarder, par des sol-
« licitations injurieuses aux législateurs et par
« des rassemblements trop nombreux, la mar-
« che rapide que la justice nationale doit
« prendre à cette époque? »

Les sollicitations de toute espèce, en effet, assiégeaient le comité de sûreté générale. Les femmes surtout usaient de leur influence pour obtenir des actes de clémence, même en faveur d'ennemis connus de la révolution. Il y eut plus d'une surprise faite au comité : les ducs d'Aumont et de Valentinois furent élargis sous des noms supposés, et il y en eut un grand nombre d'autres qui se sauvèrent au moyen des mêmes subterfuges. Il y avait peu de mal à cela; car, comme l'avait dit Barrère, la victoire avait marqué l'époque où la république pouvait devenir facile et indulgente. Mais le bruit répandu qu'on élargissait beaucoup d'aristocrates pouvait de nouveau réveiller les défiances révolutionnaires, et rompre l'espèce d'unanimité avec laquelle on accueillait les mesures de douceur et de paix.

Les sections étaient agitées et devenaient tumultueuses. Il n'était pas possible, en effet, que les parents des détenus ou des victimes, que les suspects récemment élargis, que tous ceux enfin à qui la parole étaient rendue, se bornassent à demander la réparation d'anciennes rigueurs sans demander des vengeances. Presque tous étaient furieux contre les comités révolutionnaires, et s'en plaignaient hautement. Ils voulaient les recomposer, les abolir même; et ces discussions amenèrent quelques troubles dans Paris. La section de Montreuil vint dénoncer les actes arbitraires de son comité révolutionnaire; celle du Panthéon français déclara que son comité avait perdu sa confiance; celle du Contrat-Social prit aussi à l'égard du sien des mesures sévères, et nomma une commission pour vérifier ses registres.

C'était là une réaction naturelle de la classe modérée, long-temps réduite au silence et à la terreur par les inquisiteurs des comités révolutionnaires. Ces mouvements ne pouvaient manquer de frapper l'attention de la Montagne.

Cette terrible Montagne n'avait pas péri avec Robespierre, et lui avait survécu. Quelques-uns de ses membres étaient restés convaincus de la probité, de la loyauté des intentions de Robespierre, et ne croyaient pas qu'il eût voulu usurper. Ils le regardaient comme la victime des amis de Danton et du parti corrompu, dont il n'avait pu réussir à détruire les restes; mais c'était le très-petit nombre qui pensait de la sorte. La plus grande partie des montagnards, républicains sincères, exaltés, voyant avec horreur tout projet d'usurpation, avaient aidé au 9 thermidor, moins encore pour renverser un régime sanguinaire, que pour frapper un Cromwell naissant. Sans doute ils trouvaient inique la justice révolutionnaire telle que Robespierre, Saint-Just, Couthon, Fouquier et Dumas, l'avaient faite; mais ils n'entendaient diminuer en rien l'énergie du gouvernement, et ne voulaient faire aucun quartier à ce qu'on appelait les aristocrates. La plupart étaient des hommes purs et rigides, étrangers à la dictature et à ses actes, et nullement intéressés à la soutenir; mais aussi des révolutionnaires ombrageux, qui ne voulaient pas que le 9 thermidor se changeât en une réaction, et tournât au profit d'un parti. Parmi ceux de leurs collègues qui s'étaient coalisés pour renverser la dictature, ils voyaient avec défiance des hommes qui passaient pour des fripons, des dilapidateurs, des amis de Chabot, de Fabre-d'Églantine, des membres enfin du parti concussionnaire, agioteur et corrompu. Ils les avaient secondés contre Robespierre, mais ils étaient prêts à les combattre s'ils les voyaient tendre ou à refroidir l'énergie révolutionnaire, ou à détourner les derniers événements au profit d'une faction quelconque. On avait accusé Danton de corruption, de fédéralisme, d'orléanisme, de royalisme : il n'est pas étonnant qu'il s'élevât contre ses amis victorieux des soupçons du même genre. Au reste, aucune attaque n'était encore portée; mais les élargissements nombreux, le soulèvement général contre le système révolutionnaire, commençaient à éveiller les craintes.

Les véritables auteurs du 9 thermidor, au nombre de quinze ou vingt, et dont les principaux étaient Legendre, Fréron, Tallien, Merlin (de Thionville), Barras, Thuriot, Bourdon (de l'Oise), Dubois-Crancé, Lecointre (de Versailles), ne voulaient pas plus que leurs collègues incliner au royalisme et à la contre-révolution; mais excités par le danger et par la lutte, ils étaient plus prononcés contre les lois révolutionnaires. Ils avaient d'ailleurs beaucoup plus de cette propension à s'adoucir qui avait perdu leurs amis Danton et Desmoulins. Entourés, applaudis, sollicités, ils étaient plus entraînés que leurs collègues de la Montagne dans le système de la clémence. Il était même possible que plusieurs d'entre eux fissent quelques sacrifices à leur position nouvelle. Rendre des services à des familles éplorées, recevoir des témoignages de la plus vive reconnaissance, faire oublier d'anciennes rigueurs, était un rôle qui devait les tenter. Déjà ceux qui se défiaient de leur complaisance, comme ceux qui espéraient en elle, leur donnaient un nom à part : ils les appelaient les *Thermidoriens*.

Il s'élevait souvent les contestations les plus vives au sujet des élargissements. Ainsi, par exemple, sur la recommandation d'un député, qui disait connaître un individu de son département, le comité ordonnait la mise en liberté; aussitôt un député du même département venait se plaindre de cette mise en liberté, et prétendait qu'on avait élargi un aristocrate. Ces contestations, l'apparition d'une multitude d'ennemis connus de la révolution, qui se montraient la joie sur le front, provoquèrent une mesure qui fut adoptée sans qu'on y attachât d'abord beaucoup d'importance. Il fut décidé qu'on imprimerait la liste de tous les individus élargis par les ordres du comité de sûreté générale, et qu'à côté du nom de l'individu élargi, serait inscrit le nom des personnes qui avaient réclamé pour lui, et qui avaient répondu de ses principes.

Cette mesure produisit une impression extrêmement fâcheuse. Frappés de la récente oppression qu'ils venaient de subir, beaucoup de citoyens furent effrayés de voir leurs noms consignés sur une liste qui pourrait servir à exercer de nouvelles rigueurs, si le régime de la terreur était jamais rétabli. Beaucoup de ceux qui avaient déjà réclamé et obtenu des élargissements en eurent du regret, et beaucoup d'autres ne voulurent plus en demander. On se plaignit vivement dans les sections de ce retour à des mesures qui troublaient la confiance et la joie publiques, et on demanda qu'elles fussent révoquées.

Le 26 thermidor, on s'entretenait dans l'assemblée de l'agitation qui régnait dans les sections de Paris. La section de Montreuil était venue dénoncer son comité révolutionnaire. On lui avait répondu qu'il fallait s'adresser au comité de sûreté générale. Duhem, député de Lille, étranger aux actes de la dernière dictature, mais ami de Billaud, partageant toutes ses opinions, et convaincu qu'il ne fallait pas que l'autorité révolutionnaire se relâchât de ses rigueurs, s'éleva vivement contre l'aristocratie et le modérantisme, qui, disait-il, levaient déjà leurs têtes audacieuses, et s'imaginaient que le 9 thermidor s'était fait à leur profit. Baudot, Taillefer, qui avaient montré une opposition courageuse sous le régime de Robespierre, mais qui étaient montagnards aussi prononcés que Duhem, Vadier, membre fameux de l'ancien comité de sûreté générale, soutinrent aussi que l'aristocratie s'agitait, et qu'il fallait que le gouvernement fût juste, mais restât inflexible. Granet, député de Marseille, et siégeant à la Montagne, fit une proposition qui augmenta l'agitation de l'assemblée. Il demanda que les détenus déjà élargis, dont les répondants ne viendraient pas donner leurs noms, fussent réincarcérés sur-le-champ. Cette proposition excita un grand tumulte. Bourdon, Lecointre, Merlin (de Thionville), la combattirent de toutes leurs forces. La discussion, comme il arrive toujours dans ces occasions, s'étendit des listes à la situation politique, et on s'attaqua vivement sur les intentions

qu'on se supposait déjà de part et d'autre. « Il
« est temps, s'écria Merlin (de Thionville), que
« toutes les factions renoncent à se servir des
« marches du trône de Robespierre. On ne
« doit rien faire à demi, et il faut l'avouer, la
« convention, dans la journée du 9 thermidor,
« a fait beaucoup de choses à demi. Si elle a
« laissé des tyrans ici, au moins ils devraient
« se taire. » Des applaudissements nombreux
couvrirent ces paroles de Merlin, adressées
surtout à Vadier, l'un de ceux qui avaient
parlé contre les mouvements des sections.
Legendre prit la parole après Merlin. « Le co-
« mité, dit-il, s'est bien aperçu qu'on lui a
« surpris l'élargissement de quelques aristo-
« crates, mais le nombre n'en est pas grand,
« et ils seront réincarcérés bientôt. Pourquoi
« nous accuser les uns les autres? pourquoi
« nous regarder comme ennemis, quand nos
« intentions nous rapprochent? Calmons nos
« passions, si nous voulons assurer et accélé-
« rer le succès de la révolution. Citoyens, je
« vous demande le rapport de la loi du 23, qui
« ordonne l'impression des listes des citoyens
« élargis. Cette loi a dissipé la joie publique,
« et a glacé tous les cœurs. » Tallien succède
à Legendre; il est écouté avec la plus grande
attention comme le principal des thermido-

riens. « Depuis quelques jours, dit-il, tous les
« bons citoyens voient avec douleur qu'on
« cherche à vous diviser, et à ranimer des
« haines qui devraient être ensevelies dans la
« tombe de Robespierre. En entrant ici, on
« m'a fait remettre un billet dans lequel on
« m'annonce que plusieurs membres devaient
« être attaqués dans cette séance. Sans doute
« ce sont les ennemis de la république qui
« font courir ces bruits ; gardons-nous de les
« seconder par nos divisions. » Des applaudissements interrompent Tallien ; il reprend :
« Continuateurs de Robespierre, s'écrie-t-il,
« n'espérez aucun succès ; la convention est
« déterminée à périr plutôt que de souffrir
« une nouvelle tyrannie. La convention veut
« un gouvernement inflexible, mais juste. Il
« est possible que quelques patriotes aient été
« trompés sur le compte de certains détenus ;
« nous ne croyons pas à l'infaillibilité des hommes. Mais qu'on dénonce les individus élargis mal à propos, et ils seront réincarcérés.
« Pour moi, je fais ici un aveu sincère ; j'aime
« mieux voir aujourd'hui en liberté vingt aris-
« tocrates qu'on reprendra demain, que de
« voir un patriote rester dans les fers. Eh quoi !
« la république avec ses douze cent mille ci-
« toyens armés aurait peur de quelques aris-

« tocrates! Non, elle est trop grande, elle
« saura partout découvrir et frapper ses enne-
« mis. »

Tallien, souvent interrompu par les applaudissements, en reçoit de plus bruyants encore
en finissant son discours. Après ces explications générales, on revient à la loi du 23, et à
la disposition nouvelle que Granet voulait y
faire ajouter. Les partisans de la loi soutien-
nent qu'on ne doit pas craindre de se montrer en faisant un acte patriotique, tel que
celui de réclamer un citoyen injustement dé-
tenu. Ses adversaires répondent que rien n'est
plus dangereux que les listes; que celles des
vingt mille et des huit mille ont été le sujet
d'un trouble continuel; que tous ceux qui s'y
trouvaient inscrits ont vécu dans l'effroi; et
que, n'eût-on plus aucune tyrannie à craindre,
les individus portés sur les nouvelles listes
n'auraient plus aucun repos. Enfin on transige.
Bourdon propose d'imprimer les noms des prisonniers élargis, sans y ajouter ceux des répondants qui ont sollicité la mise en liberté.
Cette proposition est accueillie, et il est décidé
qu'on imprimera le nom des élargis seulement. Tallien, qui n'était pas satisfait de ce
moyen, remonte aussitôt à la tribune. « Puis-
« que vous avez décrété, dit-il, d'imprimer la

« liste des citoyens rendus à la liberté, vous ne
« pouvez refuser de publier celle des citoyens
« qui les ont fait incarcérer. Il est juste aussi
« que l'on connaisse ceux qui dénonçaient et
« faisaient renfermer de bons patriotes. » L'assemblée, surprise par la demande de Tallien, trouve d'abord la proposition juste, et la décrète aussitôt. A peine la décision est-elle rendue, que plusieurs membres de l'assemblée se ravisent. Voilà une liste, dit-on, qui sera opposée à la précédente; *c'est la guerre civile.* Bientôt on répète ce mot dans la salle, et plusieurs voix s'écrient : *C'est la guerre civile!*
— « Oui, reprend aussitôt Tallien qui remonte
« à la tribune, oui, *c'est la guerre civile.* Je le
« pense comme vous. Vos deux décrets mettront en présence deux espèces d'hommes
« qui ne pourront pas se pardonner. Mais j'ai
« voulu, en vous proposant le second décret,
« vous faire sentir l'inconvénient du premier.
« Maintenant je vous propose de les rapporter
« tous les deux. » De toutes parts on s'écrie :
« Oui, oui, le rapport des deux décrets! » Amar le demande lui-même, et les deux décrets sont rapportés. Toute impression de liste est donc écartée, grace à cette surprise adroite et hardie que Tallien venait de faire à l'assemblée.

Cette séance rendit la sécurité à une foule

de gens qui commençaient à la perdre; mais elle prouva que toutes les passions n'étaient pas éteintes, que toutes les luttes n'étaient pas terminées. Les partis avaient tous été frappés à leur tour, et avaient perdu leurs têtes les plus illustres : les royalistes, à plusieurs époques; les girondins, au 31 mai; les dantonistes, en germinal; les montagnards exaltés, au 9 thermidor. Mais si les chefs les plus illustres avaient péri, leurs partis survivaient; car les partis ne succombent pas sous un seul coup, et leurs restes s'agitent long-temps après eux. Ces partis allaient tour à tour se disputer encore la direction de la révolution, et recommencer une carrière laborieuse et ensanglantée. Il fallait, en effet, que les esprits, arrivés par l'excitation du danger au dernier degré d'emportement, revinssent progressivement au point d'où ils étaient partis; pendant ce retour, le pouvoir devait repasser de mains en mains, et on allait voir les mêmes luttes de passions, de systèmes et d'autorité.

Après ces premiers soins donnés à la réparation de beaucoup de rigueurs, la convention songea à l'organisation des comités, et du gouvernement provisoire, qui devait, comme on sait, régir la France jusqu'à la paix générale. Une première discussion s'était élevée, comme on vient de le voir, sur le comité de salut public, et la question avait été renvoyée à une commission chargée de présenter un nouveau plan. Il était urgent de s'en occuper, et c'est ce que fit l'assemblée dans les premiers jours de fructidor (août). Elle était placée entre deux systèmes et deux écueils opposés : la crainte d'affaiblir l'autorité chargée du salut de la révolution, et la crainte de recontinuer la tyrannie. Le propre des hommes est d'avoir peur des dangers quand ils sont passés, et de prendre des précautions contre ce qui ne peut plus être. La tyrannie du dernier comité de salut public était née du besoin de suffire à une tâche extraordinaire, au milieu d'obstacles de tout genre. Quelques hommes s'étaient présentés pour faire ce qu'une assemblée ne pouvait, ne savait, n'osait faire elle-même; et au milieu de leurs travaux inouïs pendant quinze mois, ils n'avaient pu ni motiver leurs opérations, ni en rendre compte à l'assemblée, que d'une manière très-générale; ils n'avaient pas même le temps d'en délibérer entre eux, et chacun d'eux vaquait en maître absolu à la tâche qui lui était dévolue. Ils étaient devenus ainsi autant de dictateurs forcés, que les circonstances, plutôt que l'ambition, avaient rendus tout-puissants. Aujourd'hui que la tâche était presque achevée, que les périls extrêmes étaient passés, une pareille puissance ne pouvait plus se former, faute d'occasion. Il était puéril de se prémunir si fort contre un danger devenu impossible; il y avait même, dans cette prudence, un inconvénient grave, celui d'énerver l'autorité et de lui enlever toute énergie. Douze cent mille hommes avaient été levés, nourris, armés et conduits aux frontières; mais il fallait pourvoir à leur entretien, à leur direction, et c'était un soin qui exigeait encore une grande application, une rare capacité, et des pouvoirs très-étendus.

Déjà on avait décrété le principe du renouvellement des comités par quart chaque mois; et on avait décidé, en outre, que les membres sortants ne pourraient rentrer avant un mois. Ces deux conditions, en empêchant une nouvelle dictature, empêchaient aussi toute bonne administration. Il était impossible qu'il y eût aucune suite, aucune application constante, aucun secret dans ce ministère constamment renouvelé. Dans cette organisation, à peine un membre était-il au courant des affaires, qu'il était forcé de les quitter; et si une capacité se déclarait, comme celle de Carnot pour la guerre, de Prieur (de la Côte-d'Or) et de Robert Lindet pour l'administration, de Cambon pour les finances, elle était ravie à l'état au terme désigné ; car l'absence seule pendant un mois, exigée par la loi, rendait à peu près nuls les avantages d'une réélection ultérieure.

Mais il fallait subir la réaction. A une concentration extrême de pouvoir devait succéder une dissémination tout aussi extrême, et bien autrement dangereuse. L'ancien comité de salut public, chargé souverainement de ce qui intéressait le salut de l'état, avait droit d'appeler à lui les autres comités, et de se faire rendre compte de leurs opérations ; il s'était emparé ainsi de tout ce qui était essentiel dans l'œuvre de chacun d'eux. Pour empêcher à l'avenir de tels empiétements, la nouvelle organisation sépara les attributions des comités, et les rendit indépendants les uns des autres. Il en fut établi seize :

1° Comité de salut public ;
2° Comité de sûreté générale ;
3° Comité des finances ;
4° Comité de législation ;
5° Comité d'instruction publique ;
6° Comité de l'agriculture et des arts ;
7° Comité du commerce et d'approvisionnements ;
8° Comité des travaux publics ;
9° Comité des transports en postes ;

10° Comité militaire ;

11° Comité de la marine et des colonies ;

12° Comité des secours publics ;

13° Comité de division ;

14° Comité des procès-verbaux et archives ;

15° Comité des pétitions, correspondances et dépêches ;

16° Comité des inspecteurs du Palais-National.

Le comité de salut public était composé de douze membres ; il conservait la direction des opérations militaires et diplomatiques ; il était chargé de la levée et de l'équipement des armées, du choix des généraux, des plans de campagne, etc. ; mais là se bornaient ses attributions. Le comité de sûreté générale, composé de seize membres, avait la police ; celui des finances, composé de quarante-huit membres, avait l'inspection des revenus, du trésor, des monnaies, des assignats, etc. Les comités pouvaient se réunir pour les objets qui les concernaient en commun. Ainsi, l'autorité absolue de l'ancien comité de salut public était remplacée par une foule d'autorités rivales, exposées à s'embarrasser et à se gêner dans leur marche. Telle fut la nouvelle organisation du gouvernement.

On opérait en même temps d'autres réformes qui n'étaient pas jugées moins pressantes. Les comités révolutionnaires établis dans les moindres bourgs, et chargés d'y exercer l'inquisition, étaient la plus vexatoire et la plus abhorrée des institutions attribuées au parti Robespierre. Pour rendre leur action moins étendue et moins tracassière, on en réduisit le nombre à un seul par district. Cependant il dut y en avoir un dans toute commune de huit mille ames, qu'elle fût ou non chef-lieu de district. Dans Paris, le nombre fut réduit de quarante-huit à douze. Ces comités devaient être composés de douze membres; il fallait pour un mandat d'amener la signature de trois membres au moins, et de sept pour un mandat d'arrêt. Ils étaient, comme les comités de gouvernement, soumis au renouvellement par quart chaque mois. A toutes ces dispositions, la convention en ajouta de non moins importantes, en décidant que les assemblées de sections n'auraient plus lieu qu'une fois par décade, tous les jours de décadi, et que les citoyens présents cesseraient d'avoir 40 sous par séance. C'était resserrer la démagogie dans des limites moins étendues, en rendant plus rares les assemblées populaires, et surtout en ne payant plus les basses classes pour y assister. C'était couper ainsi un abus qui était devenu excessif à Paris. On payait par section douze cents membres présents, tandis qu'il y en avait à peine trois cents en séance. Les présents répondaient pour les absents, et on se rendait alternativement ce service. Ainsi cette milice ouvrière, si dévouée à Robespierre, se trouvait éconduite, et renvoyée à ses travaux.

La plus importante détermination prise par la convention fut l'épuration des individus composant toutes les autorités locales, comités révolutionnaires, municipalités, etc. C'était là que se trouvaient, comme nous l'avons dit, les révolutionnaires les plus ardents; ils étaient devenus dans chaque localité ce que Robespierre, Saint-Just et Couthon étaient à Paris, et ils avaient usé de leurs pouvoirs avec toute la brutalité des autorités inférieures. Le décret du gouvernement révolutionnaire, en suspendant la constitution jusqu'à la paix, avait prohibé les élections de toute espèce, afin d'éviter les troubles et de concentrer l'autorité dans les mêmes mains. La convention, par des raisons absolument semblables, c'est-à-dire pour prévenir les luttes entre les jacobins et les aristocrates, maintint les dispositions du décret, et confia aux représentants en mission le soin d'épurer les administrations dans toute la France. C'était là le moyen de s'assurer à elle-même le choix et la direction des autorités locales, et d'éviter le débordement des deux factions l'une sur l'autre. Enfin le tribunal révolutionnaire, suspendu récemment, fut remis en activité; les juges et les jurés n'étant pas tous nommés encore, ceux qui étaient déja réunis durent entrer en fonction sur-le-champ, et juger d'après les lois existantes antérieures à celles du 22 prairial. Ces lois étaient encore fort redoutables; mais les hommes dont on avait fait choix pour les appliquer, et la docilité avec laquelle les justices extraordinaires suivent la direction du gouvernement qui les institue, étaient une garantie contre de nouvelles cruautés.

Toutes ces réformes furent exécutées du 1er au 15 fructidor (fin d'août). Il restait une institution importante à établir, c'était la liberté de la presse. Aucune loi ne lui traçait de borne; elle était même consacrée d'une manière illimitée dans la déclaration des droits; néanmoins elle avait été proscrite de fait, sous le régime de la terreur. Une seule parole imprudente pouvant compromettre la tête des citoyens, comment auraient-ils osé écrire? Le sort de l'infortuné Camille Desmoulins avait assez prouvé l'état de la presse à cette époque. Durand-Maillane, ex-constituant, et l'un de ces esprits timides qui s'étaient complétement annulés pendant les orages de la convention, demanda que la liberté de la presse fût de nouveau formellement garantie. « Nous n'a- « vons jamais pu, dit cet excellent homme à « ses collègues, nous faire entendre dans cette « enceinte, sans être exposés à des insultes et « à des menaces. Si vous voulez notre avis dans « les discussions qui s'élèveront à l'avenir; si « vous voulez que nous puissions contribuer « de nos lumières à l'œuvre commune, il faut « donner de nouvelles sûretés à ceux qui vou- « dront ou parler ou écrire. »

Quelques jours après, Fréron, l'ami et le collègue de Barras dans sa mission à Toulon, le familier de Danton et de Camille Desmoulins, et depuis leur mort, l'ennemi le plus fougueux du comité de salut public, Fréron unit sa voix à celle de Durand-Maillane, et demanda la liberté illimitée de la presse. Les avis se partagèrent. Ceux qui avaient vécu dans la contrainte pendant la dernière dictature, et qui voulaient enfin donner impunément leur avis sur toutes choses, ceux qui étaient disposés à réagir énergiquement contre la révolution, demandaient une déclaration formelle, pour garantir la liberté de parler et d'écrire. Les montagnards, qui pressentaient l'usage qu'on se proposait de faire de cette liberté, qui voyaient un débordement d'accusations se préparer contre tous les hommes qui avaient exercé quelques fonctions pendant la terreur; beaucoup d'autres encore qui, sans avoir de crainte personnelle, appréciaient le dangereux moyen qu'on allait fournir aux contre-révolutionnaires, déja fourmillant de toutes parts, s'opposaient à une déclaration expresse. Ils donnaient pour raison que la déclaration des droits consacrait la liberté de la presse; que la consacrer de nouveau, était inutile, puisque c'était proclamer un droit déja reconnu, et que si on avait pour but de la rendre illimitée, on commettait une imprudence. « Vous allez donc, « dirent Bourdon (de l'Oise) et Cambon, per- « mettre au royalisme de surgir, et d'impri- « mer ce qui lui plaira contre l'institution de « la république? » Toutes ces propositions furent renvoyées aux comités compétents, pour examiner s'il y avait lieu de faire une nouvelle déclaration.

Ainsi, le gouvernement provisoire, destiné à régir la révolution jusqu'à la paix, était entièrement modifié, d'après les nouvelles dispositions de clémence et de générosité qui se manifestaient depuis le 9 thermidor. Comités de gouvernement, tribunal révolutionnaire, administrations locales, étaient réorganisés et épurés; la liberté de la presse était déclarée, et tout annonçait une marche nouvelle.

L'effet que devaient produire ces réformes ne tarda pas à se faire sentir. Jusqu'ici, le parti des révolutionnaires ardents s'était trouvé placé dans le gouvernement même; il composait les comités, et commandait à la convention; il régnait aux Jacobins, il remplissait les administrations municipales, et les comités révolutionnaires dont la France entière était couverte: dépossédé aujourd'hui, il allait se trouver en dehors du gouvernement et former contre lui un parti hostile.

Les jacobins avaient été suspendus dans la nuit du 9 au 10 thermidor. Legendre avait fermé leur salle, et en avait déposé les clefs sur le bureau de la convention. Les clefs furent rendues, et il fut permis à la société de se reconstituer à la condition de s'épurer. Quinze membres des plus anciens furent choisis pour examiner la conduite de tous les associés, pendant la nuit du 9 au 10. Ils ne devaient admettre que ceux qui, pendant cette fameuse nuit, avaient été à leur poste de citoyens, au lieu de se rendre à la commune, pour conspirer contre la convention. En attendant l'épuration, les anciens membres furent admis dans la salle comme membres provisoires. L'épuration commença. Une enquête sur chacun d'eux eût été difficile; on se contentait de les interroger, et on les jugeait sur leurs réponses. On pense combien l'examen devait être fait avec indulgence, puisque c'étaient les jacobins qui se jugeaient eux-mêmes. En quelques jours, plus de six cents membres furent réinstallés, sur leur simple déclaration qu'ils avaient été, pendant la fameuse nuit, au poste assigné par leurs devoirs. La société fut bientôt recomposée comme elle l'était auparavant, et remplie de tous les individus qui, dévoués à Robespierre, à Saint-Just et Couthon, les regrettaient comme des martyrs de la liberté, et des victimes de la contre-révolution. A côté de la société-mère, existait encore ce fameux club électoral, vers lequel se retiraient ceux qui avaient à faire des propositions qu'on ne pouvait entendre aux Jacobins, et où s'étaient tramées les plus grandes journées de la révolution. Il siégeait toujours à l'Évêché, et se composait des anciens cordeliers, des jacobins les plus déterminés, et des hommes les plus compromis pendant la terreur. Les jacobins et ce club devaient naturellement devenir l'asile de ces employés, que la nouvelle épuration allait chasser de leurs places. C'est ce qui ne manqua pas d'arriver. Les jurés et juges du tribunal révolutionnaire, les membres des quarante-huit comités, au nombre de quatre cents environ, les agents de la police secrète de Saint-Just et de Robespierre, les porteurs d'ordres des comités, qui formaient la bande du fameux Héron, les commis de différentes administrations, les employés en un mot de toute espèce, exclus des fonctions qu'ils avaient exercées, se réunirent aux Jacobins et au club électoral, soit qu'ils en fussent déjà membres, soit qu'ils se fissent recevoir pour la première fois. Ils allaient exhaler là leurs plaintes et leurs ressentiments. Ils étaient inquiets pour leur sûreté, et craignaient les vengeances de ceux qu'ils avaient persécutés; ils regrettaient en outre des fonctions lucratives, ceux-là surtout qui, membres des comités révolutionnaires, avaient pu joindre à leurs appointements des dilapidations de toute espèce. La réunion de ces hommes composait un parti violent, opiniâtre, qui à l'ardeur naturelle de ses opinions, joignait aujourd'hui l'irritation de l'intérêt lésé. Ce qui se passait à Paris avait lieu de même par toute la France. Les membres des municipalités, des comités révolutionnaires, des directoires de district, se réunissaient dans les sociétés affiliées à la société-mère, et venaient y mettre en commun leurs craintes et leurs haines. Ils avaient pour eux le bas peuple destitué aussi de ses fonctions, depuis qu'il ne recevait plus quarante sous pour assister aux assemblées de section.

En haine de ce parti, et pour le combattre, s'en formait un autre, qui ne faisait d'ailleurs que revivre. Il comprenait tous ceux qui avaient souffert ou gardé le silence pendant la terreur, et qui pensaient que le moment était venu de se réveiller et de diriger à leur tour la marche de la révolution. On vient de voir, au sujet des élargissements, les parents des détenus ou des victimes reparaître dans les sections, et s'y agiter soit pour faire ouvrir les prisons, soit pour dénoncer et poursuivre les comités révolutionnaires. La marche nouvelle de la convention, les réformes commencées, augmentèrent les espérances et le courage de ces premiers opposants. Ils appartenaient à toutes les classes qui avaient été opprimées, quel que fût leur rang, mais surtout au commerce, à la bourgeoisie, à ce tiers-état laborieux, opulent et modéré, qui, monarchique et constitutionnel avec les constituants, républicain avec les girondins, s'était effacé dès le 31 mai, et avait été exposé à des persécutions de tout genre.

Dans ses rangs se cachaient maintenant les restes fort rares d'une noblesse qui n'osait pas encore se plaindre de son abaissement, mais qui se plaignait de la violation des droits de l'humanité à son égard, et quelques partisans de la royauté, créatures ou agents de l'ancienne cour, qui n'avaient cessé de susciter des obstacles à la révolution, en se jetant dans toutes les oppositions naissantes, quel qu'en fût le système et le caractère. C'étaient, comme d'usage, les jeunes gens de ces différentes classes qui se prononçaient avec le plus de vivacité et d'énergie, car c'est toujours la jeunesse qui est la première à se soulever contre un régime oppresseur. Ils remplissaient les sections, le Palais-Royal, les lieux publics, et manifestaient leur opinion contre ce que l'on appelait les terroristes, de la manière la plus énergique. Ils donnaient les plus nobles motifs. Les uns avaient vu leurs familles persécutées, les autres craignaient de les voir persécuter un jour, si le régime de la terreur était rétabli, et ils juraient de s'y opposer de toutes leurs forces. Mais le secret de l'opposition de beaucoup d'entre eux était dans la réquisition; les uns s'y étaient soustraits en se cachant, quelques autres venaient de quitter les armées en apprenant le 9 thermidor. A eux se joignaient les écrivains, persécutés pendant les derniers temps, et toujours aussi prompts que les jeunes gens à se ranger dans toutes les oppositions; ils remplissaient déja les journaux et les brochures de diatribes violentes contre le régime de la terreur.

Les deux partis se prononcèrent de la manière la plus vive et la plus opposée, sur les modifications apportées par la convention au régime révolutionnaire. Les jacobins et les clubistes crièrent à l'aristocratie; ils se plaignirent du comité de sûreté générale qui élargissait les contre-révolutionnaires, et de la presse dont on faisait déja un usage cruel contre ceux qui avaient sauvé la France. La mesure qui les blessait le plus, était l'épuration générale de toutes les autorités. Ils n'osaient pas précisément s'élever contre le renouvellement des individus, car c'eût été avouer des motifs trop personnels, mais ils s'élevaient contre le mode de réélection; ils soutenaient qu'il fallait rendre au peuple le droit d'élire ses magistrats; que faire nommer par les députés en mission les membres des municipalités, des districts, des comités révolutionnaires, c'était commettre une usurpation; que réduire les sections à une séance par décade, c'était violer le droit qu'avaient les citoyens de s'assembler pour délibérer sur la chose publique. Ces plaintes étaient en contradiction avec le principe du gouvernement révolutionnaire, qui interdisait toute élection jusqu'à la paix; mais les partis ne craignent pas les contradictions, quand leur intérêt est compromis : les révolutionnaires savaient qu'une élection populaire les aurait ramenés à leurs postes.

Les bourgeois dans les sections, les jeunes gens au Palais-Royal et dans les lieux publics, les écrivains dans les journaux, demandaient avec véhémence l'usage illimité de la presse, se plaignaient de voir encore dans les comités actuels et dans les administrations trop d'agents de la précédente dictature; ils osaient déjà faire des pétitions contre les représentants qui avaient rempli certaines missions; ils méconnaissaient tous les services rendus, et commençaient à diffamer la convention elle-même. Tallien qui, en sa qualité de principal thermidorien, se regardait comme particulièrement responsable de la marche nouvelle imprimée aux choses, aurait voulu qu'on déterminât cette marche avec vigueur, sans fléchir dans un sens ni dans un autre. Dans un discours rempli de distinctions subtiles entre la terreur et le gouvernement révolutionnaire, et dont le sens général était que, sans employer une cruauté systématique, il fallait conserver néanmoins une énergie suffisante, Tallien proposa de déclarer que le gouvernement révolutionnaire était maintenu, que par conséquent les assemblées primaires ne devaient pas être convoquées pour faire d'élections; mais il proposa de déclarer en même temps que tous les moyens de terreur étaient proscrits, et que les poursuites dirigées contre les écrivains qui auraient librement émis leurs opinions, seraient considérées comme des moyens de terreur.

Ces propositions qui ne présentaient aucune mesure précise, et qui étaient seulement une profession de foi des thermidoriens, qui voulaient se placer entre les deux partis, sans en favoriser aucun, furent renvoyées aux trois comités de salut public, de sûreté générale et de législation, auxquels on renvoyait tout ce qui avait trait à ces questions.

Cependant ces moyens n'étaient pas faits pour calmer la colère des partis. Ils continuaient à s'invectiver avec la même violence; et ce qui contribuait surtout à augmenter l'inquiétude générale, et à multiplier les sujets de plaintes et d'accusation, c'était la situation économique de la France, plus déplorable peut-être en ce moment qu'elle n'avait jamais été, même aux époques les plus calamiteuses de la révolution.

Les assignats, malgré les victoires de la république, avaient subi une baisse rapide, et ne comptaient plus dans le commerce que pour le sixième ou le huitième de leur valeur; ce qui apportait un trouble effrayant dans les échanges, et rendait le *maximum* plus inexécutable et plus vexatoire que jamais. Évidemment ce n'était plus le défaut de confiance qui dépréciait les assignats, car on ne pouvait plus craindre pour l'existence de la république; c'était leur émission excessive et toujours croissante au fur et à mesure de la baisse. Les impôts, difficilement perçus et payés en papier, fournissaient à peine le quart ou le cinquième de ce que la république dépensait chaque mois pour les frais extraordinaires de la guerre, et il fallait y suppléer par de nouvelles émissions. Aussi, depuis l'année précédente, la quantité d'assignats en circulation, qu'on avait espéré réduire à moins de deux milliards, par le moyen de différentes combinaisons, s'était élevée au contraire à 4 milliards 600 millions.

A cette accumulation excessive de papier-monnaie, et à la dépréciation qui s'ensuivait, se joignaient encore toutes les calamités résultant soit de la guerre, soit des mesures inouïes qu'elle avait commandées. On se souvient que, pour établir un rapport forcé entre la valeur nominale des assignats et les marchandises, on avait imaginé la loi du *maximum*, qui réglait le prix de tous les objets, et ne permettait pas aux marchands de l'élever au fur et à mesure de l'avilissement du papier; on se souvient qu'à ces mesures on avait ajouté les *réquisitions*, qui donnaient aux représentants ou aux agents de l'administration la faculté de requérir toutes les marchandises nécessaires aux armées et aux grandes communes, en les payant en assignats, et au taux du *maximum*. Ces mesures avaient sauvé la France, mais en apportant un trouble extraordinaire dans les échanges et la circulation.

On a déjà vu quels étaient les inconvénients principaux du *maximum* : établissement de deux marchés, l'un public, dans lequel les marchands n'exposaient que ce qu'ils avaient de plus mauvais et en moindre quantité possible; l'autre clandestin, dans lequel les marchands vendaient ce qu'ils avaient de meilleur contre de l'argent et à prix libre; enfouissement général des denrées, que les fermiers parvenaient à soustraire à toute la vigilance des agents chargés de faire les réquisitions;

enfin, trouble, ralentissement dans la fabrication, parce que les manufacturiers ne trouvaient pas dans le prix fixé à leurs produits les frais même de la production. Tous ces inconvénients d'un double commerce, de l'enfouissement des subsistances, de l'interruption de la fabrication, n'avaient fait que s'accroître. Il s'était établi partout deux commerces, l'un public et insuffisant, l'autre secret et usuraire. Il y avait deux qualités de pain, deux qualités de viande, deux qualités de toutes choses, l'une pour les riches qui pouvaient payer en argent ou excéder le *maximum*, l'autre pour le pauvre, l'ouvrier, le rentier, qui ne pouvaient donner que la valeur nominale de l'assignat. Les fermiers étaient devenus tous les jours plus ingénieux à soustraire leurs denrées; ils faisaient de fausses déclarations; ils ne battaient pas leur blé, et prétextaient le défaut de bras, défaut qui, au reste, était réel, car la guerre avait absorbé plus de quinze cent mille hommes; ils arguaient de la mauvaise saison, qui, en effet, ne fut pas aussi favorable qu'on l'avait cru au commencement de l'année, lorsqu'à la fête de l'Être suprême on remerciait le ciel des victoires et de l'abondance des récoltes. Quant aux fabricants, ils avaient tout-à-fait suspendu leurs travaux. On a vu que, l'année précédente, la loi, pour n'être pas inique envers les marchands, avait dû remonter jusqu'aux fabricants, et fixer le prix de la marchandise sur le lieu de fabrique, en ajoutant à ce prix celui des transports; mais cette loi était devenue injuste à son tour. La matière première, la main-d'œuvre, ayant subi le renchérissement général, les manufacturiers n'avaient plus trouvé le moyen de faire leurs frais, et avaient cessé leurs travaux. Il en était de même des commerçants. Le fret, pour les marchandises de l'Inde était monté, par exemple, de 150 francs le tonneau à 400; les assurances de 5 et 6 pour cent à 50 et 60. Les commerçants ne pouvaient donc plus vendre les produits rendus dans les ports au prix fixé par le *maximum*, et ils interrompaient aussi leurs expéditions. Comme nous l'avons fait remarquer ailleurs, en forçant un prix il aurait fallu les forcer tous; mais c'était impossible.

Le temps avait dévoilé encore d'autres inconvénients particuliers au *maximum*. Le prix des blés avait été fixé d'une manière uniforme dans toute la France. Mais la production du blé étant inégalement coûteuse et abondante dans les différentes provinces, le taux légal se trouvait sans aucune proportion avec les localités. La faculté laissée aux municipalités de fixer les prix de toutes les marchandises amenait une autre espèce de désordre. Quand des marchandises manquaient dans une commune, les autorités en élevaient le prix; alors ces marchandises y étaient apportées au préjudice des communes voisines; il y avait quelquefois engorgement dans un lieu, disette dans un autre, à la volonté des régulateurs du tarif; et les mouvements du commerce, au lieu d'être réguliers et naturels, étaient capricieux, inégaux et convulsifs.

Les résultats des réquisitions étaient bien plus fâcheux encore. On se servait des réquisitions pour nourrir les armées, pour fournir les grandes manufactures d'armes et les arsenaux de ce qui leur était nécessaire, pour approvisionner les grandes communes, et quelquefois pour procurer aux fabricants et aux manufacturiers les matières dont ils avaient besoin. C'étaient les représentants, les commissaires près des armées, les agents de la commission du commerce et des approvisionnements, qui avaient la faculté de requérir. Dans le moment pressant du danger, les réquisitions s'étaient faites avec précipitation et confusion. Souvent elles se croisaient pour les mêmes objets, et celui qui était requis ne savait à qui entendre. Elles étaient presque toujours illimitées. Quelquefois on frappait de réquisition toute une denrée dans une commune ou un département. Alors les fermiers ou les marchands ne pouvaient plus vendre qu'aux agents de la république; le commerce étant interrompu, l'objet requis gisait long-temps sans être enlevé ou payé, et la circulation se trouvait arrêtée. Dans la confusion qui résultait de l'urgence, on ne calculait pas les distances, et on frappait de réquisition le département le plus éloigné de la commune ou de l'armée que l'on voulait approvisionner; ce qui multipliait les transports. Beaucoup de rivières et de canaux étant privés d'eau par une sécheresse extraordinaire, il n'était resté que le roulage, et on avait enlevé à l'agriculture ses chevaux pour suffire aux charrois. Cet emploi extraordinaire joint à une levée forcée de quarante-quatre mille chevaux pour l'armée, les avait rendus très-rares, et avait épuisé presque tous les moyens de transport. Par l'effet de ces mouvements mal calculés et souvent inutiles, des masses énormes de subsistances ou de marchandises se trouvaient dans les magasins publics, entassées sans aucun soin, et souvent exposées à toute espèce d'avaries. Les bestiaux acquis pour la république étaient mal nourris; ils arrivaient amaigris dans les abattoirs, ce qui faisait manquer les corps gras, le suif, la graisse, etc. Aux transports inutiles, se joignaient donc les dégâts, et souvent les abus les plus coupables. Des agents infidèles revendaient secrètement, au cours le plus élevé, les marchandises qu'ils avaient obtenues au *maximum* par le moyen des réquisitions. Cette fraude était pratiquée aussi par des marchands, des fabricants qui, ayant invoqué d'abord un ordre de réquisition pour s'approvisionner, revendaient ensuite secrètement et au cours, ce qu'ils avaient acheté au *maximum*.

Ces causes diverses s'ajoutant aux effets de la guerre continentale et maritime, avaient réduit le commerce à un état déplorable. Il n'y avait plus de communications avec les colonies, devenues presque inaccessibles par les croisières des Anglais, et presque toutes ravagées par la guerre. La principale, Saint-Domingue, était mise à feu et à sang par les divers partis qui se la disputaient. Ce concours de circonstances rendait déjà toute communication extérieure presque impossible; une autre mesure révolutionnaire avait contribué aussi à amener cet état d'isolement; c'était le séquestre ordonné sur les biens des étrangers avec lesquels la France était en guerre.

On se souvient que la convention, en ordonnant ce séquestre, avait eu pour but d'arrêter l'agiotage sur le papier étranger, et d'empêcher les capitaux d'abandonner les assignats pour se convertir en lettres de change sur Francfort, Amsterdam, Londres, etc. En saisissant les valeurs que les Espagnols, les Allemands, les Hollandais, les Anglais, avaient sur la France, on provoqua une mesure pareille de la part de l'étranger, et toute circulation d'effets de crédit avait cessé entre la France et l'Europe. Il n'existait plus de relations qu'avec les pays neutres, le Levant, la Suisse, le Danemark, la Suède et les États-Unis; mais la commission du commerce et des approvisionnements en avait usé toute seule, pour se procurer des grains, des fers et différents objets nécessaires à la marine. Elle avait requis pour cela tout le papier; elle en donnait aux banquiers français la valeur en assignats, et s'en servait en Suisse, en Suède, en Danemark, en Amérique, pour payer les grains et les différents produits qu'elle achetait.

Tout le commerce de la France se trouvait donc réduit aux approvisionnements que le gouvernement faisait dans les pays étrangers, au moyen des valeurs requises forcément chez les banquiers français. A peine arrivait-il dans les ports quelques marchandises venues par le commerce libre, qu'elles étaient aussitôt frappées de réquisition, ce qui décourageait entièrement, comme nous venons de le montrer, les négociants auxquels le fret et les assurances avaient coûté énormément, et qui étaient obligés de vendre au *maximum*. Les seules marchandises un peu abondantes dans les ports étaient celles qui provenaient des prises faites sur l'ennemi; mais les unes étaient immobilisées par les réquisitions, les autres par les prohibitions portées contre tous les produits des nations ennemies. Nantes, Bordeaux, déjà dévastées par la guerre civile, étaient réduites par cet état du commerce à une inertie absolue et à une détresse extrême. Marseille, qui vivait autrefois de ses relations avec le Levant, voyait son port bloqué par les Anglais, ses principaux négociants dispersés par la terreur, ses savonneries détruites ou transportées en Italie, et faisait à peine quelques échanges désavantageux avec les Génois. Les villes de l'intérieur n'étaient pas dans un état moins triste. Nîmes avait cessé de produire ses soieries, dont elle exportait autrefois pour 20 millions. L'opulente ville de Lyon, ruinée par les bombes et la mine, était maintenant en démolition, et ne fabriquait plus les riches tissus dont elle fournissait autrefois pour plus de 60 millions au commerce. Un décret qui arrêtait les marchandises destinées aux communes rebelles en avait immobilisé autour de Lyon une quantité considérable, dont une partie devait rester dans cette ville, et l'autre, la traverser seulement, pour de là se rendre sur les points nombreux auxquels aboutit la route du Midi. Les villes de Châlons, Mâcon, Valence, avaient profité de ce décret pour arrêter les marchandises voyageant sur cette route si fréquentée. La manufacture de Sedan avait été obligée d'interrompre la fabrication des draps fins, pour se livrer à celle du drap à l'usage des troupes, et ses principaux fabricants étaient poursuivis en outre comme complices du mouvement projeté par Lafayette après le 10 août. Les départements du Nord, du Pas-de-Calais, de la Somme et de l'Aisne, si riches par la culture du lin et du chanvre, avaient été entièrement ravagés par la guerre. Vers l'Ouest, dans la malheureuse Vendée, plus de six cents lieues carrées étaient entièrement ravagées par le feu et le fer. Les champs étaient en partie abandonnés, et des bestiaux nombreux erraient au hasard sans pâture et sans étable. Partout enfin où des désastres particuliers n'ajoutaient pas aux calamités générales, la guerre avait singulièrement diminué le nombre des bras, et la terreur chez les uns, la préoccupation politique chez les autres, avaient éloigné ou dégoûté du travail un nombre considérable de citoyens laborieux. Combien préféraient à leurs ateliers et à leurs champs, les clubs, les conseils municipaux, les sections, où ils recevaient 40 sous pour aller s'agiter et s'émouvoir!

Ainsi, désordre dans tous les marchés, rareté des subsistances, interruption dans les manufactures par l'effet du *maximum*, déplacements désordonnés, amas inutiles, dégâts de marchandises, épuisement de moyens de transport par l'effet des réquisitions, interruption de communication avec toutes les nations voisines par l'effet de la guerre, du blocus maritime, du séquestre; dévastation des villes manufacturières et de plusieurs contrées agricoles par la guerre civile; diminution de bras par la réquisition; oisiveté amenée par le goût de la vie politique; tel est le tableau de la France sauvée du fer étranger, mais épuisée un moment par les efforts inouïs qu'on avait exigés d'elle.

Qu'on se figure après le 9 thermidor deux partis aux prises, dont l'un s'attache aux moyens révolutionnaires comme indispensables, et veut prolonger indéfiniment un état essentiellement passager; dont l'autre, irrité des maux inévitables d'une organisation extraordinaire, oublie les services rendus par cette organisation, et veut l'abolir comme atroce; qu'on se figure deux partis de cette nature en lutte, et on concevra combien, dans l'état de la France, ils trouvaient de sujets d'accusations réciproques. Les jacobins se plaignaient du relâchement de toutes les lois; de la violation du *maximum* par les fermiers, les marchands, les riches commerçants; de l'inexécution des lois contre l'agiotage, et de l'avilissement des assignats; ils recommençaient ainsi les cris des hébertistes contre les riches, les accapareurs et les agioteurs. Leurs adversaires, au contraire, osant pour la première fois attaquer les mesures révolutionnaires, s'élevaient contre l'émission excessive des assignats, contre les injustices du *maximum*, contre la tyrannie des réquisitions, contre les désastres de Lyon, Sedan, Nantes, Bordeaux, enfin contre les prohibitions et les entraves de toute espèce qui paralysaient et ruinaient le commerce. C'étaient là, avec la liberté de la presse, et le mode de nomination des fonctionnaires publics, les sujets ordinaires des pétitions des clubs ou des sections. Toutes les réclamations à cet égard étaient renvoyées aux comités de salut public, de finances et de commerce, pour qu'ils eussent à faire des rapports et à présenter leurs vues.

Deux partis étaient ainsi en présence, cherchant et trouvant dans ce qui s'était fait, dans ce qui se faisait encore, des sujets continuels d'attaque et de reproches. Tout ce qui avait eu lieu, bon ou mauvais, on l'imputait aux membres des anciens comités, qui étaient maintenant en butte à toutes les attaques des auteurs de la réaction. Quoiqu'ils eussent contribué à renverser Robespierre, on disait qu'ils ne s'étaient brouillés avec lui que par ambition, et pour le partage de la tyrannie, mais qu'au fond ils pensaient de même, qu'ils avaient les mêmes principes, et qu'ils voulaient continuer à leur profit le même système. Parmi les thermidoriens était Lecointre (de Versailles), esprit ardent et inconsidéré, qui se prononçait avec une imprudence désapprouvée de ses collègues. Il avait formé le projet de dénoncer Billaud-Varennes, Collot-d'Herbois et Barrère, de l'ancien comité de salut public; David, Vadier, Amar et Vouland, du comité de sûreté générale, comme complices et *continuateurs* de Robespierre. Il ne pouvait ni n'osait porter la même accusation contre Carnot, Prieur (de la Côte-d'Or), Robert Lindet, que l'opinion séparait entièrement de leurs collègues, et qui passaient pour s'être occupés exclusivement des travaux auxquels on devait le salut de la France. Il n'osait pas attaquer non plus tous les membres du comité de sûreté générale, parce qu'ils n'étaient pas tous également accusés par l'opinion. Il fit part de son projet à Tallien et à Legendre, qui cherchèrent à l'en dissuader; mais il n'en persista pas moins à l'exécuter, et, dans la séance du 12 fructidor (29 août), il présenta vingt-six chefs d'accusation contre les membres des anciens comités. Ces vingt-six chefs se réduisaient aux vagues imputations d'avoir été les complices du système de terreur que Robespierre avait fait peser sur la convention et sur la France; d'avoir contribué aux actes arbitraires des deux comités; d'avoir signé les ordres de proscription; d'avoir été sourds à toutes les réclamations élevées par des citoyens injustement poursuivis; d'avoir fortement contribué à la mort de Danton; d'avoir défendu la loi du 22 prairial; d'avoir laissé ignorer à la convention que cette loi n'était pas l'ouvrage du comité; de ne point avoir dénoncé Robespierre lorsqu'il abandonna le comité de salut public; enfin de n'avoir rien fait les 8, 9 et 10 thermidor pour mettre la convention à couvert des projets des conspirateurs

Dès que Lecointre eut achevé la lecture de ces vingt-six chefs, Goujon, député de l'Ain, républicain jeune, sincère, fervent, et montagnard désintéressé, car il n'avait pris aucune part aux actes reprochés au dernier gouvernement, Goujon se leva, et prit la parole avec toutes les apparences d'un profond chagrin.«Je
« suis, dit-il, douloureusement affligé quand je
« vois avec quelle froide tranquillité on vient
« jeter ici de nouvelles semences de division,
« et proposer la perte de la patrie. Tantôt on
« vient vous proposer de flétrir, sous le nom
« de système de la terreur, tout ce qui s'est
« fait pendant une année; tantôt on vous pro-
« pose d'accuser des hommes qui ont rendu
« de grands services à la révolution. Ils peuvent
« être coupables; je l'ignore. J'étais aux armées,
« je n'ai rien pu juger; mais si j'avais eu des
« pièces qui fissent charge contre des membres
« de la convention, je ne les aurais pas pro-
« duites, ou ne les aurais apportées ici qu'avec
« une profonde douleur. Avec quel sang-froid,
« au contraire, on vient plonger le poignard
« dans le sein d'hommes recommandables à la
« patrie par leurs importants services! Remar-
« quez bien que les reproches qu'on leur fait
« portent sur la convention elle-même. Oui,
« c'est la convention qu'on accuse, c'est au

« peuple français qu'on fait le procès, puis-
« qu'ils ont souffert l'un et l'autre la tyrannie
« de l'infame Robespierre. J. Debry vous le
« disait tout à l'heure, ce sont les aristocrates
« qui font ou qui commandent toutes ces pro-
« positions... — Et les voleurs, ajoutent quel-
« ques voix. — Je demande, reprend Goujon,
« que la discussion cesse à l'instant. » Beaucoup de députés s'y opposent. Billaud-Varennes
s'élance à la tribune, et demande avec instance
que la discussion soit continuée. « Il n'y a pas
« de doute, dit-il, que si les faits allégués sont
« vrais, nous ne soyons de grands coupables,
« et que nos têtes ne doivent tomber. Mais
« nous défions Lecointre de les prouver. De-
« puis la chute du tyran nous sommes en butte
« aux attaques de tous les intrigants, et nous
« déclarons que la vie n'a aucun prix pour nous
« s'ils doivent l'emporter. » Billaud continue,
et raconte que depuis long-temps ses collègues et lui méditaient le 9 thermidor; que s'ils
ont différé, c'est parce que les circonstances
l'exigeaient ainsi; qu'ils ont été les premiers à
dénoncer Robespierre, et à lui arracher le
masque dont il se couvrait; que si on leur fait
un crime de la mort de Danton, il s'en accu-
sera tout le premier; que Danton était le complice de Robespierre, qu'il était le point de

ralliement de tous les contre-révolutionnaires, et que, s'il avait vécu, la liberté aurait été perdue. Depuis quelque temps, s'écrie Billaud, nous voyons s'agiter les intrigants, les voleurs... — A ce dernier mot, Bourdon l'interrompt en lui disant : Le mot est prononcé; il faudra le prouver.—Je me charge, s'écrie Duhem, de le prouver pour un. — Nous le prouverons pour d'autres, ajoutent plusieurs voix de la Montagne. — C'était là le reproche que les montagnards étaient toujours prêts à faire aux amis de Danton, presque tous devenus des thermidoriens. Billaud, qui, au milieu de ce tumulte et de ces interruptions, n'avait pas abandonné la tribune, insiste, et demande une instruction pour que les coupables soient connus. Cambon lui succède, et dit qu'il faut éviter le piége tendu à la convention; que les aristocrates veulent l'obliger à se déshonorer elle-même en déshonorant quelques-uns de ses membres; que si les comités sont coupables, elle l'est aussi; — et toute la nation avec elle, ajoute Bourdon (de l'Oise). Au milieu de ce tumulte, Vadier paraît à la tribune, un pistolet à la main, disant qu'il ne survivra pas à la calomnie, si on ne le laisse pas se justifier. Plusieurs membres l'entourent, et l'obligent à descendre. Le président Thuriot déclare qu'il va lever la séance si le tumulte ne s'apaise pas. Duhem et Amar veulent que l'on continue la discussion, parce que c'est un devoir de l'assemblée à l'égard des membres inculpés. Thuriot, l'un des thermidoriens les plus ardents, mais cependant montagnard zélé, voyait avec peine qu'on agitât de pareilles questions. Il prend la parole de son fauteuil, et dit à l'assemblée : « D'une part, l'intérêt public veut qu'une pa-« reille discussion finisse sur-le-champ; de l'au-« tre, l'intérêt des inculpés veut qu'elle conti-« nue : concilions l'un et l'autre en passant à « l'ordre du jour sur la proposition de Le-« cointre, et en déclarant que l'assemblée n'a « reçu cette proposition qu'avec une profonde « indignation. » L'assemblée adopte avec empressement l'avis de Thuriot, et passe à l'ordre du jour en flétrissant la proposition de Lecointre.

Tous les hommes sincèrement attachés à leur pays avaient vu cette discussion avec la plus grande peine. Comment, en effet, revenir sur le passé, distinguer le mal du bien, et discerner à qui appartenait la tyrannie qu'on venait de subir? Comment faire la part de Robespierre et des comités qui avaient partagé le pouvoir, celle de la convention qui les avait supportés, celle enfin de la nation, qui avait souffert et la convention et les comités de Robespierre? Comment d'ailleurs juger cette tyrannie? Était-elle un crime d'ambition, ou bien l'action énergique et irréfléchie d'hommes voulant sauver leur cause à tout prix, et s'aveuglant sur les moyens dont ils faisaient usage? Comment distinguer dans cette action confuse la part de la cruauté, de l'ambition, du zèle égaré, du patriotisme sincère et énergique? Démêler tant d'obscurités, juger tant de cœurs d'hommes, était impossible. Il fallait oublier le passé, recevoir des mains de ceux qu'on venait d'exclure du pouvoir, la France sauvée, régler des mouvements désordonnés, adoucir des lois trop cruelles, et songer qu'en politique il faut réparer les maux, et jamais les venger.

Tel était l'avis des hommes sages. Les ennemis de la révolution s'applaudissaient de la démarche de Lecointre, et en voyant la discussion fermée, ils répandirent que la convention avait eu peur, et n'avait osé aborder des questions trop dangereuses pour elle-même. Les jacobins, au contraire, et les montagnards, tout pleins encore de leur fanatisme, et nullement disposés à désavouer le régime de la terreur, ne craignaient pas la discussion, et étaient furieux qu'on l'eût fermée. Dès le len-

demain, en effet, 13 fructidor, une foule de
montagnards se levèrent, disant que le président avait fait, la veille, une surprise à l'assemblée en décidant la clôture; qu'il avait émis
son avis sans quitter le fauteuil; que, comme
président, il n'avait aucun avis à donner; que
la clôture était une injustice; qu'on devait aux
membres inculpés, à la convention elle-même,
et à la révolution, d'aborder franchement une
discussion que les patriotes n'avaient pas à redouter. Vainement les thermidoriens, Legendre, Tallien et autres, qu'on accusait d'avoir
poussé Lecointre, et qui au contraire avaient
cherché à le dissuader de son projet, demandèrent-ils que la discussion fût écartée. L'assemblée, qui n'avait pas encore perdu l'habitude de
craindre la Montagne et de lui céder, consentit
à rapporter sa décision de la veille, et rouvrit
la carrière. Lecointre fut appelé à la tribune
pour lire ses vingt-six chefs, et pour les appuyer
de pièces probantes.

Lecointre n'avait pu réunir les pièces de ce
singulier procès, car il aurait fallu avoir la
preuve de ce qui s'était passé dans l'intérieur
des comités, pour juger jusqu'à quel point les
membres inculpés avaient participé à ce qu'on
appelait la tyrannie de Robespierre. Lecointre
ne pouvait invoquer sur chaque chef que la

notoriété publique, que des discours prononcés aux Jacobins ou à l'assemblée, que les originaux de quelques ordres d'arrestation, lesquels ne prouvaient rien par eux-mêmes. A chaque grief nouveau, les montagnards furieux criaient: *Les pièces! les pièces!* et ne voulaient point qu'il parlât sans produire les preuves écrites. Lecointre, réduit souvent à l'impuissance de les fournir, s'adressait aux souvenirs de l'assemblée, et lui demandait si elle n'avait pas toujours considéré Billaud, Collot-d'Herbois et Barrère, comme d'accord avec Robespierre. Mais cette preuve, la seule d'ailleurs possible, montrait l'absurdité d'un pareil procès. Avec de telles preuves, on aurait démontré que la convention était complice du comité, et la France de la convention. Les montagnards ne voulaient pas laisser achever Lecointre; ils lui disaient : Tu es un calomniateur! et ils l'obligeaient à passer à un autre grief. A peine avait-il lu le suivant, qu'ils s'écriaient de nouveau : *Les pièces! les pièces!* et Lecointre ne les fournissant pas : *A un autre!* s'écriaient-ils encore. Lecointre arriva ainsi au vingt-sixième chef, sans avoir pu prouver rien de ce qu'il avançait. Il n'avait qu'une raison à donner, c'est que le procès était politique, et n'admettait pas la forme ordinaire de discussion; à quoi on pouvait répondre qu'il était impolitique d'en intenter un pareil. Après une séance longue et orageuse, la convention déclara l'accusation de Lecointre fausse et calomnieuse, et réhabilita ainsi les anciens comités.

Cette scène avait rendu à la Montagne toute son énergie, et à la convention un peu de son ancienne déférence pour la Montagne. Cependant Billaud-Varennes et Collot-d'Herbois donnèrent leur démission de membres du comité de salut public. Barrère en sortit par la voie du sort. De son côté, Tallien se démit volontairement, et ils furent remplacés tous quatre par Delmas, Merlin (de Douai), Cochon et Fourcroy. Ainsi, des anciens membres du grand comité de salut public, il ne restait que Carnot, Prieur (de la Côte-d'Or) et Robert Lindet. Au comité de sûreté générale, on opéra aussi un renouvellement par quart. Élie Lacoste, Vouland, Vadier et Moyse Bayle sortirent. Il manquait déjà David, Jagot, Lavicomterie, exclus par une décision de l'assemblée : ces sept membres furent remplacés par Bourdon (de l'Oise), Colombelle, Méaulle, Clauzel, Mathieu, Mon-Mayau, Lesage-Senault.

Un événement imprévu et entièrement fortuit vint augmenter l'agitation qui régnait. Le feu prit à la poudrière de Grenelle, qui sauta.

Cette explosion soudaine et épouvantable consterna Paris, et on crut que c'était l'effet d'une conspiration nouvelle. Aussitôt on accusa les aristocrates, et les aristocrates accusèrent les jacobins. De nouvelles attaques eurent lieu à la tribune entre les deux partis, sans amener aucun éclaircissement. A cet événement s'en ajouta un autre. Le 23 fructidor au soir (9 septembre), Tallien regagnait sa demeure. Un homme, enveloppé d'une grande redingote, fondit sur lui en disant : « Je t'attendais,... tu ne m'échapperas pas. » Au même instant il lui tira un coup de pistolet à bout portant, qui lui fracassa une épaule. Le lendemain, nouvelle rumeur dans Paris : on se disait qu'on ne pouvait donc plus espérer le repos, que deux partis acharnés l'un contre l'autre avaient juré de troubler éternellement la république. Les uns attribuaient l'assassinat de Tallien aux jacobins, les autres aux aristocrates ; d'autres même allaient jusqu'à dire que Tallien, imitant l'exemple de Grangeneuve avant le 10 août, s'était fait blesser à l'épaule pour en accuser les jacobins, et avoir l'occasion de demander leur dissolution. Legendre, Merlin (de Thionville) et autres amis de Tallien, s'élancèrent à la tribune avec véhémence, et soutinrent que le crime de la veille était l'œuvre des jacobins. Tallien, dirent-ils, n'a pas abandonné la cause de la révolution; cependant des furieux prétendent qu'il a passé aux modérés et aux aristocrates. Ce ne sont donc pas ceux-ci qui peuvent avoir eu l'idée de le frapper, ce ne peuvent être que les furieux qui l'accusent, c'est-à-dire les jacobins. Merlin dénonça leur dernière séance, et cita un mot de Duhem : *Les crapauds du Marais lèvent la tête; tant mieux, elle sera plus facile à couper.* Merlin demanda, avec sa hardiesse accoutumée, la dissolution de cette société célèbre, qui avait rendu, dit-il, les plus grands services, qui avait contribué puissamment à abattre le trône, mais qui, n'ayant plus de trône à renverser, voulait renverser aujourd'hui la convention elle-même. On n'admit point les conclusions de Merlin; mais, comme à l'ordinaire, on renvoya les faits aux comités compétents, pour faire un rapport. Déja on avait fait, sur toutes les questions qui divisaient les deux partis, des renvois de ce genre. On avait demandé des rapports sur la question de la presse, sur les assignats, sur le *maximum*, sur les réquisitions, sur les entraves du commerce, et enfin sur tout ce qui était devenu un sujet de controverse et de division. On voulut alors que tous ces rapports fussent confondus en un seul, et on chargea le comité de salut public de présenter un rapport général sur l'état actuel de la république. La rédaction en fut confiée à Robert Lindet, le membre le plus instruit de l'état des choses, parce qu'il appartenait aux anciens comités, et le plus désintéressé dans ces questions, parce qu'il avait été exclusivement occupé à servir son pays, en se chargeant du travail énorme des subsistances et des transports. Le jour où il devait être entendu fut fixé à la quatrième sans-culottide de l'an II (20 septembre 1794).

On attendait avec impatience son rapport et les décrets qu'il amènerait, et on continuait dans l'intervalle à s'agiter. C'était au jardin du Palais-Royal que se réunissait la jeunesse coalisée contre les jacobins. Là, elle lisait les journaux et les brochures, qui paraissaient en grand nombre contre le dernier régime révolutionnaire, et qui se vendaient chez les libraires des galeries. Souvent elle y formait des groupes, et en partait pour venir troubler les séances des jacobins. Le jour de la deuxième sans-culottide, un de ces groupes se forme, il était composé de ces jeunes gens qui, pour se distinguer des jacobins, s'habillaient avec soin, portaient des cravates élevées, ce qui leur fit donner le nom de *muscadins*. Dans l'un de ces groupes, un assistant disait que, s'il arrivait quelque chose, il fallait se réunir à la convention, que les jacobins n'étaient que des intrigants et des scélérats. Un jacobin voulut lui répondre. Alors une rixe s'engagea; d'une part on criait : *Vive la convention! à bas les jacobins! à bas la queue de Robespierre!* de l'autre : *A bas les aristocrates et les muscadins! vive la convention et les jacobins!* Le tumulte augmenta bientôt. Le jacobin qui avait pris la parole, et le petit nombre de ceux qui voulurent le soutenir, furent très-maltraités; la garde accourut et dispersa le rassemblement qui était déjà très-considérable, et empêcha un engagement général.

Le surlendemain, jour fixé pour le rapport des trois comités de salut public, de législation, et de sûreté générale, Robert Lindet fut enfin entendu. Le tableau qu'il avait à tracer de la France était triste. Après avoir exposé la marche successive des factions, les progrès de la puissance de Robespierre jusqu'à sa chute, il montra deux partis, l'un composé de patriotes ardents, craignant pour la révolution et pour eux-mêmes; et l'autre, des familles éplorées dont les parents avaient été immolés ou gémissaient encore dans les fers. « Des es-
« prits inquiets, dit Lindet, s'imaginent que

« le gouvernement va manquer d'énergie : ils
« emploient tous les moyens pour propager
« leur opinion et leurs craintes. Ils envoient
« des députations et des adresses à la conven-
« tion. Ces craintes sont chimériques : dans
« vos mains le gouvernement conservera toute
« sa force. Les patriotes, les fonctionnaires
« publics peuvent-ils craindre que les services
« qu'ils ont rendus s'effacent de la mémoire?
« Quel courage ne leur a-t-il pas fallu pour
« accepter et pour remplir des fonctions pé-
« rilleuses? Mais aujourd'hui la France les rap-
« pelle à leurs travaux et à leurs professions,
« qu'ils ont trop long-temps abandonnés. Ils
« savent que leurs fonctions étaient temporai-
« res; que le pouvoir, conservé trop long-temps
« dans les mêmes mains, devient un sujet d'in-
« quiétude; et ils ne doivent pas craindre que
« la France les abandonne aux ressentiments
« et aux vengeances. »

Lindet, passant ensuite à ce qui concernait
le parti de ceux qui avaient souffert, continua
en disant : « Rendez la liberté à ceux que des
« haines, des passions, l'erreur des fonction-
« naires publics et la fureur des derniers cons-
« pirateurs ont fait précipiter en masse dans
« les maisons d'arrêt; rendez-la aux laboureurs,
« aux commerçants, aux parents des jeunes

« héros qui défendent la patrie. Les arts ont
« été persécutés; cependant c'est par eux que
« vous avez appris à forger la foudre; c'est par
« eux que l'art des Mongolfier a servi à éclai-
« rer la marche des armées; c'est par eux que
« les métaux se préparent et s'épurent, que les
« cuirs se tannent, s'apprêtent et se mettent
« en œuvre dans huit jours. Protégez-les, se-
« courez-les. Beaucoup d'hommes utiles sont
« encore dans les cachots. »

Robert Lindet fit ensuite le tableau de l'état agricole et commercial de la France. Il montra les calamités résultant des assignats, du *maximum*, des réquisitions, de l'interruption des communications avec l'étranger. « Le travail,
« dit-il, a beaucoup perdu de son activité,
« d'abord parce que quinze cent mille hommes
« ont été transportés sur les frontières, qu'une
« multitude d'autres se sont voués à la guerre
« civile, et parce qu'ensuite les esprits, dis-
« traits par les passions politiques, se sont dé-
« tournés de leurs occupations habituelles. Il
« y a de nouvelles terres défrichées, mais beau-
« coup de négligées. Le grain n'est pas battu,
« la laine n'est pas filée, les cultivateurs ne
« font ni rouir leur lin, ni teiller leurs chan-
« vres. Tâchons de réparer des maux si nom-
« breux, si divers; rendons la paix aux grandes

« villes maritimes et manufacturières. Qu'on
« cesse de démolir à Lyon. Avec de la paix,
« de la sagesse et de l'oubli, les Nantais, les
« Bordelais, les Marseillais, les Lyonnais, re-
« prendront leurs travaux. Révoquons les lois
« destructives du commerce; rendons aux mar-
« chandises leur circulation; permettons d'ex-
« porter, pour qu'on nous apporte ce qui nous
« manque. Que les villes, les départements ces-
« sent de se plaindre contre le gouvernement,
« qui, disent-ils, a épuisé leurs ressources en
« subsistances, qui n'a pas observé des pro-
« portions assez exactes, et a fait peser iné-
« galement le fardeau des réquisitions. Que ne
« peuvent-ils, ceux qui se plaignent, jeter les
« yeux sur les tableaux, les déclarations, les
« adresses de leurs concitoyens des autres dis-
« tricts! Ils y verraient les mêmes plaintes, les
« mêmes réclamations, la même énergie, ins-
« pirées par le sentiment des mêmes besoins.
« Rappelons le repos d'esprit et le travail dans
« les campagnes; ramenons les ouvriers à leurs
« ateliers, les cultivateurs à leurs champs. Sur-
« tout, ajoute Lindet, efforçons-nous de rame-
« ner parmi nous l'union et la confiance. Ces-
« sons de nous reprocher nos malheurs et nos
« fautes. Avons-nous toujours été, avons-nous
« pu être ce que nous aurions voulu être en

« effet ? Nous avons tous été lancés dans la
« même carrière : les uns ont combattu avec
« courage, avec réflexion ; les autres se sont
« précipités, dans leur bouillante ardeur, con-
« tre tous les obstacles qu'ils voulaient détruire
« et renverser. Qui voudra nous interroger, et
« nous demander compte de ces mouvements
« qu'il est impossible de prévoir et de diriger ?
« La révolution est faite : elle est l'ouvrage de
« tous. Quels généraux, quels soldats n'ont ja-
« mais fait dans la guerre que ce qu'il fallait
« faire, et ont su s'arrêter où la raison froide
« et tranquille aurait désiré qu'ils s'arrêtas-
« sent ? N'étions-nous pas en état de guerre
« contre les plus nombreux et les plus redou-
« tables ennemis ? Quelques revers n'ont-ils pas
« irrité notre courage, enflammé notre colère ?
« Que nous est-il arrivé qui n'arrive à tous les
« hommes jetés à une distance infinie du cours
« ordinaire de la vie ? »

Ce rapport, si sage, si impartial, si complet, fut couvert d'applaudissements. Tout le monde approuvait les sentiments qu'il renfermait, et il eût été à désirer que tout le monde pût les partager. Lindet proposa ensuite une série de décrets, qui furent accueillis comme l'avait été son rapport, et qui furent adoptés sur-le-champ.

Par le premier décret, le comité de sûreté générale et les représentants en mission étaient chargés d'examiner les réclamations des commerçants, des laboureurs, des artistes, des pères et mères des citoyens présents aux armées, qui étaient ou avaient des parents en prison. Par un second, les municipalités et les comités des sections étaient tenus de motiver leurs refus, quand ils n'accordaient pas de certificats de civisme. C'étaient là des satisfactions données à ceux qui se plaignaient sans cesse de la terreur et qui craignaient de la voir renaître. Un troisième décret ordonnait la rédaction d'une instruction morale, tendant à ramener l'amour du travail et des lois, à éclairer les citoyens sur les principaux événements de la révolution, et destinée à être lue au peuple, dans les fêtes décadaires. Un quatrième décret ordonnait un projet d'école normale, pour former de jeunes professeurs, et répandre ainsi l'instruction et les lumières par toute la France.

Enfin, à ces décrets en étaient joints plusieurs, ordonnant aux comités des finances et du commerce d'examiner promptement :

1° Les avantages de la libre exportation des marchandises de luxe, sous la condition d'en faire rentrer la valeur en France en marchandises de toute espèce;

2° Les avantages ou les désavantages de la libre exportation du superflu des denrées de première nécessité, sous la condition d'un retour et de différentes formalités;

3° Les moyens les plus avantageux de remettre en circulation les marchandises destinées aux communes en rébellion, et retenues sous le scellé;

4° Enfin les réclamations des négociants qui, en vertu de la loi du séquestre, étaient tenus de déposer dans les caisses de district les sommes qu'ils devaient aux étrangers avec lesquels la France était en guerre.

On voit que ces décrets donnaient des satisfactions à ceux qui se plaignaient d'avoir été persécutés, et renfermaient quelques-unes des mesures capables d'améliorer l'état du commerce. Le parti jacobin seul n'avait pas un décret pour lui, mais il n'en avait pas besoin. Il n'avait été ni poursuivi ni emprisonné; on n'avait fait que le priver du pouvoir; il n'y avait donc aucune réparation à lui accorder. Tout ce qu'on pouvait, c'était de le rassurer sur la marche du gouvernement, et le rapport de Lindet était fait et écrit dans ce but. Aussi l'effet de ce rapport et des décrets qui l'accompagnaient, fut-il des plus favorables sur tous les partis.

On parut un peu se calmer. Le lendemain, dernier jour de l'année et cinquième sans-culottide de l'an II (21 septembre 1794), la fête ordonnée depuis long-temps pour placer Marat au Panthéon et en exclure Mirabeau, fut célébrée. Déja elle n'était plus conforme à l'état des opinions et des esprits. Marat n'était plus assez saint, ni Mirabeau assez coupable, pour qu'on décernât tant d'honneurs au sanglant apôtre de la terreur, et qu'on infligeât tant d'ignominie au plus grand orateur de la révolution. Mais pour ne pas alarmer la Montagne, et pour éviter les apparences d'une réaction trop prompte, la fête ne fut pas révoquée. Le jour fixé, les restes de Marat furent portés en pompe au Panthéon, et ceux de Mirabeau en furent ignominieusement retirés par une porte latérale.

Ainsi le pouvoir, retiré aux jacobins et aux montagnards, était possédé aujourd'hui par les partisans de Danton, de Camille Desmoulins, par les *indulgents* enfin, qui étaient devenus les thermidoriens. Ces derniers cependant, tandis qu'ils tâchaient de réparer les maux produits par la révolution, tandis qu'ils élargissaient les suspects et s'efforçaient de rendre quelque liberté et quelque sécurité au commerce, étaient pleins encore de ménagement pour la Montagne qu'ils avaient dépossédée, et décernaient à Marat la place qu'ils ravissaient à Mirabeau.

CHAPITRE II.

Reprise des opérations militaires. — Reddition de Condé, Valenciennes, Landrecies et Le Quesnoy. Découragement des coalisés. — Batailles de l'Ourthe et de la Roër. — Passage de la Meuse. — Occupation de toute la ligne du Rhin. — Situation des armées aux Alpes et aux Pyrénées. Succès des Français sur tous les points. — État de la Vendée et de la Bretagne; guerre des chouans. Puisaye, agent principal royaliste en Bretagne. — Rapports du parti royaliste avec les princes français et l'étranger. Intrigues à l'intérieur; rôle des princes émigrés.

L'ACTIVITÉ des opérations militaires s'était un peu ralentie vers le milieu de la saison. Nos deux grandes armées du Nord et de Sambre-et-Meuse, entrées dans Bruxelles en thermidor (juillet), puis acheminées l'une sur Anvers, l'autre sur la Meuse, étaient demeurées dans un long repos, attendant la reprise des places de Landrecies, Le Quesnoy, Valenciennes et Condé, perdues dans la précédente campagne. Sur le Rhin, le général Michaud était occupé à recomposer son armée, pour réparer l'échec de Kayserslautern, et attendait un renfort de quinze mille hommes tirés de la Vendée. Les armées des Alpes et d'Italie, devenues maîtresses de la grande chaîne, campaient sur les hauteurs des Alpes, en attendant l'approbation d'un plan d'invasion proposé, disait-on, par le jeune officier qui avait décidé la prise de Toulon et des lignes de Saorgio. Aux Pyrénées-Orientales, Dugommier, depuis ses derniers succès au Boulou, s'était long-temps arrêté pour prendre Collioure, et bloquait maintenant Bellegarde. L'armée des Pyrénées-Occidentales s'organisait encore. Cette longue inaction qui signala le milieu de la campagne, et qu'il faut imputer aux grands événements de l'intérieur et à de mauvaises combinaisons, aurait pu nuire à nos succès si l'ennemi avait su mettre le temps à profit. Mais il régnait un tel désordre d'esprit chez les coalisés, que notre faute ne leur profita pas, et ne fit que retarder un peu la marche extraordinaire de nos victoires.

Rien n'était plus mal calculé que notre inaction en Belgique, aux environs d'Anvers et sur les bords de la Meuse. Le meilleur moyen de hâter la prise des quatre places perdues eût été d'éloigner toujours davantage les grandes armées qui pouvaient les secourir. En profitant du désordre où la victoire de Fleurus et la retraite qui s'en était suivie avaient jeté les coalisés, il eût été facile d'arriver bientôt jusqu'au Rhin. Malheureusement on ignorait encore le grand art de profiter de la victoire, art le plus rare de tous, parce qu'il suppose qu'elle n'est pas seulement le fruit d'une attaque heureuse, mais le résultat de vastes combinaisons. Pour hâter la reddition des quatre places, la convention avait porté un décret formidable, à la manière de tous ceux qui se succédèrent depuis prairial jusqu'en thermidor. Se fondant sur la raison que les coalisés occupaient quatre places françaises, et que tout est permis pour éloigner l'ennemi de chez soi, elle décréta que si, vingt-quatre heures après la sommation, les garnisons ennemies ne se rendaient pas, elles seraient passées au fil de l'épée. La garnison de Landrecies se rendit seule. Le commandant de Condé fit cette belle réponse, *qu'une nation n'avait pas le droit de décréter le déshonneur d'une autre.* Le Quésnoy et Valenciennes continuèrent de se défendre. Le comité, sentant l'injustice d'un pareil décret, usa d'une subtilité pour en éviter l'exécution, et en même temps pour épargner à la convention la nécessité de le rapporter. Il supposa que le décret, n'ayant pas été notifié aux commandants des trois places, leur était resté inconnu. Avant de le leur signifier, il ordonna au général Schérer de pousser les travaux avec assez d'activité pour rendre la sommation imposante, et légitimer une capitulation de la part des garnisons ennemies. En effet, Valenciennes fut rendue le 12 fructidor (29 août); Condé et Le Quesnoy les jours suivants. Ces places, qui avaient tant coûté aux coalisés pendant la campagne précédente, nous furent donc restituées sans de grands efforts, et l'ennemi ne conserva plus aucun point de notre territoire dans les Pays-Bas. Nous étions maîtres, au contraire, de toute la Belgique, jusqu'à la Meuse et Anvers.

Moreau venait de conquérir l'Écluse, et de rentrer en ligne; Schérer avait envoyé la brigade Osten à Pichegru, et avait rejoint Jourdan avec sa division. Grace à cette réunion, l'armée du Nord, sous Pichegru, s'élevait à plus de soixante-dix mille hommes, présents sous les armes, et celle de la Meuse, sous Jourdan, à cent seize mille. L'administration, épuisée par les efforts qu'elle avait faits pour improviser l'équipement de ces armées, ne suffisait que très-imparfaitement à leur entretien. On y suppléait par des réquisitions, faites avec ménagement, et par les plus belles vertus militaires. Les soldats savaient se passer des objets les plus nécessaires ; ils ne campaient plus sous des tentes ; ils bivouaquaient sous des branches d'arbres. Les officiers sans appointements, ou payés avec des assignats, vivaient comme le soldat, mangeaient le même pain, marchaient à pied comme lui, et le sac sur le dos. L'enthousiasme républicain et la victoire soutenaient ces armées, les plus sages et les plus braves qu'ait jamais eues la France.

Les coalisés étaient dans un désordre singulier. Les Hollandais, mal soutenus par leurs alliés les Anglais, et doutant de leur bonne foi, étaient consternés. Ils formaient un cordon devant leurs places fortes, pour avoir le temps de les mettre en état de défense, ce qui aurait dû être achevé depuis long-temps. Le duc d'York, aussi ignorant que présomptueux, ne savait comment se servir de ses Anglais, et ne prenait aucun parti décisif. Il se retirait vers la Basse-Meuse et le Rhin, étendant ses ailes tantôt vers les Hollandais, tantôt vers les Impériaux. Cependant, réuni aux Hollandais, il aurait pu disposer encore de cinquante mille hommes, et tenter sur les flancs de l'une des deux armées du Nord et de la Meuse, l'un de ces mouvements hardis que le général Clerfayt, l'année suivante, et l'archiduc Charles, en 1796, surent exécuter avec à propos et honneur, et dont un grand capitaine donna depuis tant de mémorables exemples. Les Autrichiens, retranchés le long de la Meuse, depuis l'embouchure de la Roër jusqu'à celle de l'Ourthe, étaient découragés par leurs revers, et manquaient des approvisionnements nécessaires. Le prince de Cobourg, tout-à-fait déconsidéré par sa dernière campagne, avait cédé le commandement à Clerfayt, le plus digne de l'occuper entre tous les généraux autrichiens. Il n'était pas trop tard encore pour se rapprocher du duc d'York, et pour agir en masse contre l'une des deux armées françaises; mais on ne songeait qu'à garder la Meuse. Le cabinet de Londres, alarmé de la marche des événements, avait envoyé commissaires sur commissaires pour réveiller le zèle de la Prusse, pour réclamer de sa part l'exécution du traité de La Haye, et pour engager l'Autriche par des promesses de secours à défendre vigoureusement la ligne que ses troupes occupaient encore. Une réunion de ministres et de généraux anglais, hollandais et autrichiens, eut lieu à Maëstricht, et on convint de défendre les bords de la Meuse.

Les armées françaises s'étaient enfin remises en mouvement dans le milieu de fructidor (premiers jours de septembre). Pichegru s'avança d'Anvers vers l'embouchure des fleuves. Les Hollandais commirent alors la faute de se séparer des Anglais. Au nombre de vingt mille hommes ils se rangèrent le long de Berg-Op-Zoom, Breda, Gertruydemberg, restant adossés à la mer, dans une position qui ne leur permettait plus d'agir pour les places qu'ils voulaient couvrir. Le duc d'York avec ses Anglais et ses Hanovriens se retira sur Bois-le-Duc, se liant avec les Hollandais par une chaîne de postes que l'armée française pouvait enlever dès qu'elle paraîtrait. A Boxtel, sur le bord de la Dommel, Pichegru joignit l'arrière-garde du duc d'York, enveloppa deux bataillons, et les enleva. Le lendemain, sur les bords de l'Aa, il rencontra le général Abercromby, lui fit encore des prisonniers, et continua de pousser le duc d'York, qui se hâta de passer la Meuse à Grave, sous le canon de la place. Pichegru avait fait dans cette marche quinze cents prisonniers; il arriva sur les bords de la Meuse, le jour de la deuxième sans-culottide (18 septembre).

Pendant ce temps, Jourdan s'avançait de son côté, et se préparait à franchir la Meuse. La Meuse a deux affluents principaux, l'Ourthe qui la joint vers Liége, et la Roër qui s'y jette vers Ruremonde. Ces deux affluents forment deux lignes qui divisent le pays entre la Meuse et le Rhin, et qu'il faut successivement emporter pour arriver à ce dernier fleuve. Les Français, maîtres de Liége, avaient franchi la Meuse, et étaient déjà venus se ranger en face de l'Ourthe; ils bordaient la Meuse de Liége à Maëstricht, et l'Ourthe de Liége à Comblaine-au-Pont, formant ainsi un angle dont Liége était le sommet. Clerfayt avait rangé sa gauche derrière l'Ourthe, sur les hauteurs de Sprimont. Ces hauteurs sont bordées d'un côté par l'Ourthe, de l'autre par l'Ayvaille qui se jette dans l'Ourthe. Le général Latour y commandait les Autrichiens. Jourdan ordonna à Schérer d'attaquer la position de Sprimont du côté de l'Ayvaille, tandis que le général Bonnet y marcherait en traversant l'Ourthe. Le jour de la deuxième sans-culottide (18 septembre), Schérer divisa son corps en trois colonnes, commandées par les généraux Marceau, Mayer et Hacquin, et se porta sur les bords de l'Ayvaille, qui coule dans un lit profond, entre deux côtes escarpées. Les généraux donnèrent eux-mêmes l'exemple, entrèrent dans l'eau, et entraînèrent leurs soldats sur la rive opposée, malgré le feu d'une artillerie formidable. Latour était resté immobile sur les hauteurs de Sprimont, se préparant à fondre sur les colonnes françaises dès qu'elles auraient passé la rivière. Mais à peine eurent-elles franchi l'escarpement des bords, qu'elles se précipitèrent sur la position, sans donner à Latour le temps de les prévenir. Elles l'attaquèrent vivement, tandis que le général Hacquin débordait son flanc gauche, et que le général Bonnet, ayant passé l'Ourthe, marchait sur ses derrières. Latour fut alors obligé de décamper, et de se replier sur l'armée impériale.

Ce combat, bien conçu, vivement exécuté, était aussi honorable pour le général en chef que pour l'armée. Il nous valut trente-six pièces de canon et cent caissons; il fit perdre quinze cents hommes à l'ennemi, tant tués que blessés, et décida Clerfayt à quitter la ligne de l'Ourthe. Ce général craignait, en effet, en voyant sa gauche battue, d'être coupé de sa retraite sur Cologne. En conséquence, il abandonna les bords de la Meuse et de l'Ourthe, et se replia sur Aix-la-Chapelle.

Il ne restait plus aux Autrichiens que la ligne de la Roer. Ils occupaient cette rivière depuis

Dueren et Juliers jusqu'à son embouchure dans la Meuse, c'est-à-dire jusqu'à Ruremonde. Ils avaient cédé du cours de la Meuse tout ce qui est compris de l'Ourthe à la Roër, entre Liége et Ruremonde; il ne leur restait que l'étendue de Ruremonde à Grave, point par lequel ils se liaient au duc d'York.

La Roër était la ligne qu'il fallait bien défendre, pour ne pas perdre la rive gauche du Rhin. Clerfayt concentra toutes ses forces sur les bords de la Roër, entre Dueren, Juliers et Linnich. Il avait depuis quelque temps ordonné des travaux considérables pour assurer sa ligne; il avait placé des corps avancés au-delà de la Roër sur le plateau d'Aldenhoven, garni de retranchements; il occupait ensuite la ligne de la Roër et ses bords escarpés, et il était campé derrière cette ligne avec son armée et une artillerie nombreuse.

Le 10 vendémiaire an III (1er octobre 1794), Jourdan se trouva en présence de l'ennemi avec toutes ses forces. Il ordonna au général Schérer, commandant l'aile droite, de se porter sur Dueren en passant la Roër par tous les points guéables; au général Hatry de traverser vers le centre de la position, à Altorp; aux divisions Championnet et Morlot, soutenues de la cavalerie, d'enlever le plateau d'Aldenhoven placé en avant de la Roër, de balayer la plaine, de passer l'eau, et de masquer Juliers pour empêcher les Autrichiens d'en déboucher; au général Lefèvre de s'emparer de Linnich, et de traverser à tous les gués existant dans les environs; enfin à Kléber, qui était vers l'embouchure même de la rivière, de la remonter jusqu'à Ratem, et de la passer sur ce point mal défendu, afin de couvrir la bataille du côté de Ruremonde.

Le lendemain, 11 vendémiaire, les Français se mirent en mouvement sur toute la ligne.

Cent mille jeunes républicains marchaient à la fois avec un ordre et une précision dignes des plus vieilles troupes. On ne les avait pas encore vus en aussi grand nombre sur le même champ de bataille. Ils s'avançaient vers la Roër, but de leurs efforts. Malheureusement ils étaient encore éloignés de ce but, et ils n'y arrivèrent que vers le milieu du jour. Le général, de l'avis des militaires, n'avait commis qu'une faute, celle de prendre un point de départ trop éloigné du point d'attaque, et de ne pas employer un jour à se rapprocher de la ligne ennemie. Le général Schérer, chargé de la droite, dirigea ses brigades sur les différents points de la Roër, et ordonna au général Hacquin d'aller la passer fort au-dessus, au gué de Winden, pour tourner le flanc gauche de l'ennemi. Il était onze heures quand il fit ces dispositions. Hacquin mit long-temps à parcourir le circuit qu'on lui avait tracé. Schérer attendait qu'il fût arrivé au point indiqué, pour lancer ses divisions dans la Roër, et il laissait ainsi à Clerfayt le temps de préparer tous ses moyens, le long des hauteurs de la rive opposée. Il était trois heures; enfin Schérer ne veut pas attendre davantage, et met ses divisions en mouvement. Marceau se jette dans l'eau avec ses troupes, et passe au gué de Mirveiller; Lorges fait de même, se porte sur Dueren, et en chasse l'ennemi après un combat sanglant. Les Autrichiens abandonnent Dueren un moment; mais, retirés en arrière, ils reviennent bientôt avec des forces considérables. Marceau se jette aussitôt dans Dueren, pour y soutenir la brigade de Lorges. Mayer, qui a passé la Roër un peu au-dessus, à Niederau, et qui vient d'être accueilli par une artillerie meurtrière, se replie aussi vers Dueren. C'est là que se concentrent alors tous les efforts. L'ennemi, qui n'avait encore fait agir que ses avant-gardes, était rangé en arrière sur les hauteurs, avec soixante bouches à feu. Il les fait agir aussitôt, et couvre les Français d'une grêle de mitraille et de boulets. Nos jeunes soldats résistent, soutenus par leurs généraux. Malheureusement Hacquin ne paraît pas encore sur le flanc gauche de l'ennemi, manœuvre de laquelle on attendait le gain de la bataille.

Dans le même moment on se battait au centre, sur le plateau avancé d'Aldenhoven. Les Français y étaient arrivés à la baïonnette. Leur cavalerie s'y était déployée, avait reçu et exécuté plusieurs charges. Les Autrichiens, voyant la Roër franchie au-dessus et au-dessous d'Aldenhoven, avaient abandonné ce plateau, et s'étaient retirés à Juliers, au-delà de la rivière. Championnet, qui les avait suivis jusque sur les glacis, canonnait et était canonné par l'artillerie de la place. A Linnich, Lefevre avait repoussé les Autrichiens et joint la Roër, mais ayant trouvé le pont brûlé, il s'occupait à le rétablir. A Ratem, Kléber avait rencontré des batteries rasantes, et leur répondait par un violent feu d'artillerie.

L'action décisive était donc à droite vers Dueren, où se trouvaient accumulés Marceau, Lorges, Mayer, qui tous attendaient le mouvement d'Hacquin. Jourdan avait ordonné à Hatry de se replier sur Dueren au lieu d'effectuer le passage à Altorp; mais le trajet était trop long pour que cette colonne pût devenir utile au point décisif. Enfin, à cinq heures du soir, Hacquin paraît sur le flanc gauche de Latour. Alors les Autrichiens, qui se voient menacés sur leur gauche par Hacquin, et qui ont Lorges, Marceau et Mayer en face, se décident à se retirer, et replient leur aile gauche, la même qui avait combattu à Sprimont. A leur extrême droite, Kléber les menace d'un mouvement audacieux. Le pont qu'il avait voulu jeter étant trop court, les soldats demandent à se précipiter dans la rivière. Kléber, pour soutenir leur ardeur, réunit toute son artillerie, et foudroie l'ennemi sur l'autre rive. Alors les impériaux sont encore obligés de se retirer sur ce point, et bientôt ils s'éloignent de tous les autres. Ils abandonnent la Roër, laissant huit cents prisonniers et trois mille hommes hors de combat.

Le lendemain, les Français trouvèrent Juliers évacué, et purent passer la Roër sur tous les points. Telle fut l'importante bataille qui nous valut la conquête définitive de la rive gauche du Rhin. C'est l'une de celles qui ont le plus mérité au général Jourdan la reconnaissance de sa patrie et l'estime des militaires. Néanmoins les critiques lui ont reproché de n'avoir pas pris un point de départ plus rapproché du point d'attaque, et de n'avoir pas porté le gros de ses forces à Mirveiller et Dueren.

Clerfayt prit la grande route de Cologne; Jourdan le suivit, et occupa cette ville, le 15 vendémiaire (6 octobre); il s'empara de Bonn, le 29 (20 octobre). Kléber alla faire avec Marescot le siège de Maëstricht.

Tandis que Jourdan remplissait si vaillamment sa tâche, et prenait possession de l'importante ligne du Rhin, Pichegru, de son côté, se préparait à franchir la Meuse pour venir joindre ensuite le Wahal, bras principal du Rhin vers son embouchure. Ainsi que nous venons de le rapporter tout à l'heure, le duc d'York avait passé la Meuse à Grave, abandonnant Bois-le-Duc à ses propres forces. Avant de tenter le passage de la Meuse, Pichegru devait s'emparer de Bois-le-Duc; ce qui n'était pas facile dans l'état de la saison, et avec l'insuffisance du matériel de siége. Cependant l'audace des Français et le découragement des ennemis rendaient tout possible. Le fort de Crèvecœur, près de la Meuse, menacé par une batterie dirigée à propos sur un point où l'ennemi ne croyait pas possible d'en établir, se rendit. Le matériel qu'on y trouva servit à presser le siége de Bois-le-Duc. Cinq attaques consécutives épouvantèrent le gouverneur, qui rendit la place le 19 vendémiaire (10 octobre). Ce succès inespéré procura aux Français une base solide et des munitions considérables pour pousser leurs opérations au-delà de la Meuse, et jusqu'au bord du Wahal.

Moreau, qui formait la droite, s'était, depuis les victoires de l'Ourthe et de la Roër, avancé jusqu'à Venloo. Le duc d'York, effrayé de ce mouvement, avait retiré toutes ses troupes au-delà du Wahal, et abandonné tout l'espace compris entre la Meuse et le Wahal ou le Rhin. Cependant, voyant que Grave (sur la Meuse) allait se trouver sans communications et sans appui, il repassa le Wahal, et entreprit de défendre l'espace compris entre les deux cours d'eau. Le sol, comme il arrive toujours vers l'embouchure des grands fleuves, était inférieur au lit des eaux; il présentait de vastes prairies, coupées de canaux et de chaussées, et inondées dans certaines parties. Le général Hammerstein, placé intermédiairement entre la Meuse et le Wahal, avait ajouté à la difficulté des lieux en coupant les routes, en couvrant les digues d'artillerie, en jetant sur les canaux des ponts, que son armée devait détruire en se retirant. Le duc d'York, dont il formait l'avant-garde, était placé en arrière, sur les bords du Wahal, dans le camp de Nimègue.

Dans les journées des 27 et 28 vendémiaire

(18 et 19 octobre), Pichegru fit franchir la Meuse à deux de ses divisions, sur un pont de bateaux. Les Anglais, qui étaient sous le canon de Nimègue, et l'avant-garde d'Hammerstein disposée le long des canaux et des digues, se trouvaient trop éloignés pour empêcher ce passage. Le reste de l'armée débarqua sur l'autre rive, sous la protection de ces deux divisions. Le 28, Pichegru décida l'attaque de tous les ouvrages qui couvraient l'espace intermédiaire de la Meuse au Wahal. Il lança quatre colonnes, formant une masse supérieure à l'ennemi, dans ces prairies inondées et coupées de canaux. Les Français bravèrent le feu de l'artillerie avec un rare courage, puis se jetèrent dans les fossés, ayant de l'eau jusqu'aux épaules, tandis que les tirailleurs, du bord des fossés, fusillaient par-dessus leurs têtes. L'ennemi épouvanté se retira, ne songeant plus qu'à sauver son artillerie. Il vint se réfugier dans le camp de Nimègue, sur les bords du Wahal, et les Français vinrent bientôt l'y insulter journellement.

Ainsi, vers la Hollande comme vers le Luxembourg, les Français étaient enfin parvenus à atteindre cette formidable ligne du Rhin, que la nature semble avoir assignée pour limite à leur belle patrie, et qu'ils ont toujours ambitionné de lui donner pour frontière. Pichegru, il est vrai, arrêté par Nimègue, n'était pas maître du cours du Wahal; et s'il songeait à conquérir la Hollande, il voyait devant lui de nombreux cours d'eau, des places fortes, des inondations et une saison affreuse; mais il touchait à la limite tant désirée, et avec encore un acte d'audace, il pouvait entrer dans Nimègue ou dans l'île de Bommel, et s'établir solidement sur le Wahal. Moreau, appelé le général des siéges, venait, par un acte de hardiesse, d'entrer dans Venloo; Jourdan était fortement établi sur le Rhin. Le long de la Moselle et de l'Alsace, les armées venaient aussi de joindre ce grand fleuve.

Depuis l'échec de Kayserslautern, les armées de la Moselle et du Haut-Rhin, commandées par Michaud, avaient passé leur temps à se renforcer de détachements tirés des Alpes et de la Vendée. Le 14 messidor (2 juillet), une attaque avait été essayée sur toute la ligne, depuis le Rhin jusqu'à la Moselle, sur les deux versants des Vosges. Cette attaque trop divisée n'avait eu aucun succès. Une seconde tentative, dirigée sur de meilleurs principes, fut faite le 25 messidor (13 juillet). Le principal effort avait porté sur le centre des Vosges, dans le but de s'emparer des passages, et avait amené, comme toujours, la retraite générale des armées coalisées au-delà de Franckenthal. Le comité avait ordonné alors une diversion sur Trèves, dont on s'était emparé pour punir l'électeur. Par ce mouvement, un corps principal s'était trouvé en flèche entre les armées impériales du Bas-Rhin et l'armée prussienne des Vosges, sans que celles-ci songeassent à en tirer avantage. Cependant les Prussiens, profitant enfin de la diminution de nos forces vers Kayserslautern, nous avaient attaqués de nouveau à l'improviste, et ramenés en arrière de Kayserslautern. Heureusement Jourdan venait d'être victorieux sur la Roër; Clerfayt venait de repasser le Rhin à Cologne. Les coalisés n'eurent pas alors le courage de rester dans les Vosges; ils se retirèrent, nous abandonnant tout le Palatinat, et jetant une forte garnison dans Mayence. Il ne leur restait donc plus que Luxembourg et Mayence sur la rive gauche. Le comité en ordonna aussitôt le blocus. Kléber fut appelé de la Belgique à Mayence, pour commander le siége de cette place, qu'il avait contribué à défendre en 1793, et où il avait commencé son illustration. Nos conquêtes s'étendaient donc sur tous les points, et atteignaient partout le Rhin.

Aux Alpes, l'inaction avait continué, et la grande chaîne nous était restée. Le plan d'invasion habilement imaginé par le général Bonaparte, et communiqué au comité par Robespierre le jeune, qui était en mission à l'armée d'Italie, avait été adopté. Il consistait à réunir les deux armées des Alpes et d'Italie dans la vallée de la Stura pour envahir le Piémont. Les ordres de marche étaient donnés lorsqu'arriva le 9 thermidor; l'exécution fut alors suspendue. Les commandants des places qui avaient été obligés de céder une partie de leurs garnisons, les représentants, les municipalités, et tous les partisans de la réaction, prétendirent que ce plan avait pour but de perdre l'armée en la jetant en Piémont, de rouvrir Toulon aux Anglais, et de servir les desseins secrets de Robespierre. Jean-Bon-Saint-André surtout, qui avait été envoyé à Toulon pour y réparer la marine, et qui nourrissait des projets sur la Méditerranée, se montra l'un des plus grands adversaires du plan. Le jeune Bonaparte fut même accusé d'être complice des Robespierre, à cause de la confiance que ses talents et ses projets avaient inspirée au plus jeune des deux frères. L'armée fut ramenée en désordre sur la grande chaîne, où elle reprit ses positions. Cependant la campagne s'acheva par un avantage éclatant. Les Autrichiens, d'accord avec les Anglais, voulurent faire une tentative sur Savone, pour couper la communication avec Gênes, qui par sa neutralité rendait de grands services au commerce des subsistances. Le général Colloredo s'avança avec un corps de huit à dix mille hommes, ne mit aucune célérité dans sa marche, et donna aux Français le temps de se prémunir. Saisi au milieu des montagnes par les Français, dont le général Bonaparte dirigeait les mouvements, il perdit huit cents hommes, et se retira honteusement, accusant les Anglais, qui l'accusèrent à leur tour. La communication avec Gênes fut rétablie, et l'armée consolidée dans toutes ses positions.

Aux Pyrénées, nos succès avaient recommencé leur cours. Dugommier faisait toujours le siége de Bellegarde, voulant s'emparer de cette place avant de descendre en Catalogne. La Union avait voulu, par une attaque générale sur la ligne française, venir au secours des assiégés; mais repoussé sur tous les points, il venait de s'éloigner, et la place, plus découragée que jamais par cette déroute de l'armée espagnole, s'était rendue le 6 vendémiaire (27 septembre). Dugommier, entièrement rassuré sur ses derrières, se préparait à s'avancer en

Catalogne. Aux Pyrénées occidentales, les Français, sortant enfin de leur repos, venaient d'envahir la vallée de Bastan, d'enlever Fontarabie et Saint-Sébastien, et, grace au climat de ces contrées, se disposaient, comme aux Pyrénées orientales, à pousser leurs succès malgré l'approche de l'hiver.

Dans la Vendée, la guerre continuait, non pas vive et dangereuse, mais lente et dévastatrice. Stofflet, Sapinaud, Charette, s'étaient enfin partagé le commandement. Depuis la mort de Larochejacquelein, Stofflet lui avait succédé dans l'Anjou et le Haut-Poitou. Sapinaud avait toujours conservé la petite division du centre; Charette, illustré par cette campagne du dernier hiver, où, avec des forces presque détruites, il était toujours parvenu à se soustraire à la poursuite des républicains, commandait dans la Basse-Vendée, mais ambitionnait le commandement général. On s'était réuni à Jallais, et on avait fait des conventions dictées par l'abbé Bernier, curé de Saint-Laud, conseiller et ami de Stofflet, et gouvernant le pays sous son nom. Cet abbé était aussi ambitieux que Charette, et désirait une combinaison qui lui fournît le moyen d'exercer sur tous les chefs l'empire qu'il avait sur Stofflet. On convint de former un conseil supérieur d'après les ordres duquel tout se ferait à l'avenir. Stofflet, Sapinaud et Charette se confirmèrent réciproquement leurs commandements respectifs de l'Anjou, du centre et de la Basse-Vendée. M. de Marigny, qui avait survécu à la grande expédition vendéenne sur Granville, ayant enfreint l'un des ordres de ce conseil, fut saisi. Stofflet eut la cruauté de le faire fusiller sur un rapport de Charette. On attribua à la jalousie cet acte de rigueur qui produisit une funeste impression sur tous les royalistes.

La guerre, sans aucun résultat possible, n'était plus qu'une guerre de dévastation. Les républicains avaient établi quatorze camps retranchés qui enveloppaient tout le pays insurgé. De ces camps partaient des colonnes incendiaires qui, sous le commandement en chef du général Turreau, exécutaient le formidable décret de la convention. Elles brûlaient les bois, les haies, les genêts, souvent même les villages, s'emparaient des moissons et des bestiaux, et, s'autorisant du décret qui ordonnait à tout habitant étranger à la révolte de se retirer à vingt lieues du pays insurgé, traitaient en ennemis tous ceux qu'elles rencontraient. Les Vendéens qui, obligés de vivre, ne cessaient pas de cultiver leurs champs au milieu de ces horribles scènes, résistaient à cette guerre de manière à la rendre éternelle. Au signal de leurs chefs, ils formaient des rassemblements imprévus, se jetaient sur les derrières des camps, et les enlevaient; ou bien, laissant pénétrer les colonnes, ils fondaient sur elles quand elles étaient engagées dans le pays, et s'ils parvenaient à les rompre, ils égorgeaient jusqu'au dernier homme. Ils s'emparaient alors des armes, des munitions, dont ils étaient avides, et, sans avoir rien fait pour affaiblir un ennemi trop supérieur, ils s'étaient procuré seulement les moyens de continuer cette guerre atroce.

Tel était l'état des choses sur la rive gauche de la Loire. Sur la rive droite, dans cette partie de la Bretagne qui est comprise entre la Loire et la Vilaine, s'était formé un nouveau rassemblement, composé en grande partie des restes de la colonne vendéenne détruite à Savenay, et des paysans qui habitaient ces plaines. M. de Scépeaux en était le chef. Ce corps était à peu près de la force de celui de M. de Sapinaud, et liait la Vendée à la Bretagne.

La Bretagne était devenue le théâtre d'une guerre toute différente de celle de la Vendée, et non moins déplorable. Les chouans, dont nous avons déjà parlé, étaient des contrebandiers que l'abolition des barrières avait laissés sans état, des jeunes gens qui n'avaient pas voulu obéir à la réquisition, et quelques Vendéens échappés, comme ceux de M. de Scépeaux, à la déroute de Savenay. Ils se livraient au brigandage dans les rochers et les vastes bois de la Bretagne, particulièrement dans la grande forêt du Pertre. Ils ne formaient pas, comme les Vendéens, des rassemblements nombreux, capables de tenir la campagne; ils marchaient en troupes de trente et cinquante, arrêtaient les courriers, les voitures publiques, assassinaient les juges de paix, les maires, les fonctionnaires républicains, et surtout les acquéreurs de biens nationaux. Quant à ceux qui étaient non pas acquéreurs, mais fermiers de ces biens, ils se rendaient chez eux, et se faisaient payer le prix du fermage. Ils avaient ordinairement le soin de détruire les ponts, de briser les routes, de couper l'essieu des charrettes, pour empêcher le transport des subsistances dans les villes. Ils faisaient des menaces terribles à ceux qui apportaient leurs denrées dans les marchés, et ils exécutaient ces menaces en pillant et incendiant leurs propriétés. Ne pouvant pas occuper militairement le pays, leur but évident était de le bouleverser, en empêchant les citoyens d'accepter aucune fonction de la république, en punissant l'acquisition des biens nationaux, et en affamant les villes. Moins réunis, moins forts que les Vendéens, ils étaient cependant plus redoutables, et méritaient véritablement le nom de brigands.

Ils avaient un chef secret que nous avons déja nommé, M. de Puisaye, autrefois membre de l'assemblée constituante. Il s'était retiré après le 10 août en Normandie, s'était jeté, comme on l'a vu, dans l'insurrection fédéraliste, et, après la défaite de Vernon, était venu se cacher en Bretagne, et y recueillir les restes de la conspiration de La Rouarie. A une grande intelligence, à une rare habileté pour réunir les éléments d'un parti, il joignait une extrême activité de corps et d'esprit, et une vaste ambition. Puisaye, frappé de la position péninsulaire de la Bretagne, de la vaste étendue de ses côtes, de la configuration particulière de son sol, couvert de forêts, de montagnes, de retraites impénétrables; frappé surtout de la barbarie de ses habitants, parlant une langue étrangère, privés ainsi de toute communication avec les autres habitants de la France, entièrement soumis à l'influence des prêtres, et trois ou quatre fois plus nombreux que les Vendéens, Puisaye croyait pouvoir préparer en Bretagne une insurrection bien plus formidable que celle qui avait eu pour chefs les Cathelineau, les d'Elbée, les Bonchamp, les Lescure. Le voisinage surtout de l'Angleterre, l'heureux intermédiaire des îles de Jersey et de Guernesey, lui avaient inspiré le projet de faire concourir le cabinet de Londres à ses projets. Il ne voulait donc pas que l'énergie du pays s'usât en inutiles brigandages, et il travaillait à l'organiser de manière à pouvoir le tenir tout entier sous sa main. Aidé des prêtres, il avait fait enrôler tous les hommes en état de porter les armes, sur des registres ouverts dans les paroisses. Chaque paroisse formait une compagnie; chaque canton une division; les divisions réunies formaient quatre divisions principales, celles du Morbihan, du Finistère, des Côtes-du-Nord et d'Ille-et-Vilaine, aboutissant toutes quatre à un comité central, qui représentait l'autorité suprême du pays. Puisaye présidait le comité central en qualité de général en chef, et, par le moyen de ces ramifications, faisait parvenir ses ordres à toute la contrée. Il recommandait, en attendant l'exécution de ses vastes projets, de commettre le moins d'hostilités possible, pour ne pas attirer trop de troupes en Bretagne; de se contenter de réunir des munitions, et d'empêcher le transport des subsistances dans les villes. Mais les chouans, peu propres au genre de guerre générale qu'il méditait, se livraient individuellement à des brigandages qui étaient plus profitables pour eux et plus de leur goût. Puisaye se hâtait de mettre la dernière main à son ouvrage, et se proposait, dès qu'il aurait achevé l'organisation de son parti, de passer à Londres, pour ouvrir une négociation avec le cabinet anglais et les princes français.

Comme on l'a vu dans la campagne précédente, les Vendéens n'avaient pas encore communiqué avec les étrangers; on leur avait envoyé M. de Tinténiac, pour savoir qui et combien ils étaient, quel but ils avaient, et pour leur offrir des armes et des secours, s'ils s'emparaient d'un port sur la côte. C'est là ce qui les avait engagés à venir à Granville, et à faire la tentative dont on a vu la malheureuse issue. L'escadre de lord Moira, après avoir inutilement croisé sur nos côtes, avait porté en Hollande les secours destinés à la Vendée. Puisaye espérait provoquer une expédition pareille et s'entendre avec les princes, qui n'avaient encore témoigné aucune reconnaissance, ni donné aucun encouragement aux royalistes insurgés dans l'intérieur.

De leur côté, les princes, espérant peu de l'appui des puissances, commençaient à reporter les yeux sur leurs partisans de l'intérieur de la France. Mais rien n'était disposé autour d'eux pour mettre à profit le dévouement des braves gens qui voulaient se sacrifier à leur cause. Quelques vieux seigneurs, quelques anciens amis avaient suivi Monsieur, qui était devenu régent, et qui demeurait à Vérone, depuis que le pays du Rhin n'était habitable que pour les gens de guerre. Le prince de Condé, brave, mais peu capable, continuait de réunir sur le Haut-Rhin tout ce qui voulait se servir de son épée. Une jeune noblesse suivait M. le comte d'Artois dans ses voyages, et l'avait accompagné jusqu'à Saint-Pétersbourg. Catherine avait fait au prince une réception magnifique, lui avait donné une frégate, un million, une épée, et le brave comte de Vauban, pour l'engager à s'en bien servir. Elle avait promis en outre les plus grands secours, dès que le prince serait descendu en Vendée. Cependant la descente ne s'était pas effectuée; et le comte d'Artois était revenu en Hollande au quartier-général du duc d'York.

La situation des trois princes français n'était ni brillante ni heureuse. L'Autriche, la Prusse et l'Angleterre avaient refusé de reconnaître le régent; car reconnaître un autre souverain de France que le souverain de fait, c'eût été s'ingérer dans ses affaires intérieures; ce qu'aucune puissance ne voulait avoir l'air de faire. Aujourd'hui surtout qu'elles étaient battues, toutes affectaient de dire qu'elles avaient pris les armes dans l'intérêt seul de leur propre sûreté. Reconnaître le régent avait encore un autre inconvénient : c'était se condamner à ne faire la paix qu'après la destruction de la république, chose sur laquelle on commençait à ne plus compter. En attendant, les puissances souffraient les agents des princes, mais ne leur reconnaissaient aucun titre public. Le duc d'Harcourt à Londres, le duc d'Havré à Madrid, le duc de Polignac à Vienne, transmettaient des notes peu lues, rarement écoutées; ils étaient les intermédiaires des secours fort rares dispensés aux émigrés, plutôt que les organes d'une puissance avouée. Aussi le plus grand mécontentement contre les puissances régnait dans les trois cours émigrées. On commençait à reconnaître que ce beau zèle de la coalition pour la royauté cachait la plus violente haine contre la France. L'Autriche, en plaçant son drapeau à Valenciennes et à Condé, avait, suivant les émigrés, déterminé l'élan du patriotisme français. La Prusse, dont ils avaient entrevu déjà les dispositions pacifiques, manquait, disaient-ils, à tous ses engagements. Pitt, qui était de tous les coalisés le plus positif et le plus dédaigneux à leur égard, leur était aussi le plus odieux. Ils ne l'appelaient que le perfide Anglais, et disaient qu'il fallait prendre son argent, et le tromper ensuite si l'on pouvait. Ils prétendaient qu'il n'y avait à compter que sur l'Espagne; l'Espagne seule était une fidèle parente, une sincère alliée; ce n'était que sur elle qu'on devait fonder toutes les espérances.

Les trois petites cours fugitives, si peu unies déjà avec les puissances, ne vivaient pas entre elles dans un meilleur accord. La cour de Vérone, peu agissante, donnant aux émigrés des ordres mal obéis, faisant aux cabinets des communications mal écoutées, par des agents non reconnus, se défiait des deux autres, jalousait le rôle actif du prince de Condé sur le Rhin, l'espèce de considération que son courage peu éclairé, mais énergique, lui valait auprès des cabinets, et enviait jusqu'aux voyages de M. le comte d'Artois en Europe. De son côté, le prince de Condé, aussi dépourvu d'esprit que brave, ne voulait entrer dans aucun plan, et montrait peu d'empressement pour les deux cours qui ne se battaient pas. Enfin la petite cour réunie à Arnheim fuyait et la vie qu'on menait sur le Rhin, et l'autorité supérieure qu'il fallait subir à Vérone, et se tenait au quartier-général anglais, sous prétexte de différents projets sur les côtes de France.

Une cruelle expérience ayant appris aux princes français qu'ils ne devaient pas compter sur les ennemis de leur patrie pour rétablir leur trône, ils aimaient assez à dire qu'il ne fallait compter désormais que sur les partisans de l'intérieur et sur la Vendée. Dès que la terreur cessa de régner en France, les brouillons commencèrent malheureusement à respirer aussitôt que les honnêtes gens. Les correspondances des émigrés avec l'intérieur venaient de recommencer. La cour de Vérone, par l'intermédiaire du comte d'Entraigues, correspondait avec un nommé Lemaître, intrigant qui avait été successivement avocat, secrétaire au conseil, pamphlétaire, prisonnier à la Bastille, et qui finissait par être agent des princes. On lui avait adjoint un nommé Laville-Heurnois, ancien maître des requêtes et créature de Calonne, et un abbé Brothier, précepteur des neveux de l'abbé Maury. On demandait à ces intrigants des détails sur la situation de la France, sur l'état des partis, sur leurs dispositions, et des plans de conspiration. Ils répondaient par des renseignements le plus souvent faux; ils se vantaient faussement de leurs prétendues relations avec les chefs du gouvernement, et contribuaient de toutes leurs forces à persuader aux princes français qu'il fallait tout attendre d'un mouvement dans l'intérieur. On les avait chargés de correspondre avec la Vendée et surtout avec Charette, qui par sa longue résistance était le héros des royalistes, mais avec lequel on n'avait pu entamer encore aucune négociation.

Telle était donc la situation du parti royaliste au dedans et au dehors de la France. Il faisait dans la Vendée une guerre peu alarmante par ses dangers, mais affligeante par ses ravages; il formait en Bretagne des projets étendus, mais lointains encore, et soumis à une condition bien difficile, l'union et le concert d'une foule d'individus; hors de France, il était divisé, peu considéré, peu soutenu; désabusé enfin sur l'efficacité des secours étrangers, il entretenait avec les royalistes du dedans des correspondances puériles.

La république avait donc peu à craindre des efforts de l'Europe et de la royauté. A part le sujet de peine qu'elle trouvait dans les ravages de la Vendée, elle n'avait qu'à s'applaudir de ses brillants triomphes. Sauvée l'année précédente de l'invasion, elle s'était vengée cette année-ci par des conquêtes; elle avait acquis la Belgique, le Brabant hollandais, le pays de Luxembourg, de Liége et de Juliers, l'électorat de Trèves, le Palatinat, la Savoie, Nice, une place en Catalogne, la vallée de Bastan, et menaçait ainsi à la fois la Hollande, le Piémont et l'Espagne. Tels étaient les résultats des immenses efforts du célèbre comité de salut public.

CHAPITRE III.

Hiver de l'an III. Réformes administratives dans toutes les provinces. — Nouvelles mœurs. Parti thermidorien ; la *jeunesse dorée*. Salons de Paris. — Lutte des deux partis dans les sections ; rixes et scènes tumultueuses. — Violences du parti révolutionnaire aux Jacobins et au club électoral. — Décrets sur les sociétés populaires. — Décrets relatifs aux finances. Modifications au maximum et aux réquisitions. — Procès de Carrier. — Agitation dans Paris, et exaspération croissante des deux partis. — Attaque de la salle des Jacobins par la jeunesse dorée. — Clôture du club des jacobins. — Rentrée des soixante-treize députés emprisonnés après le 31 mai. — Condamnation et supplice de Carrier. — Poursuites commencées contre Billaud-Varennes, Collot-d'Herbois et Barrère.

Pendant que les événements que nous venons de rapporter, se passaient aux frontières, la convention continuait ses réformes. Les représentants chargés de renouveler les administrations parcouraient la France, réduisant partout le nombre des comités révolutionnaires, les composant d'autres individus, faisant arrêter, comme complices du système de Robespierre, ceux que des excès trop signalés ne permettaient pas de laisser impunis, changeant les fonctionnaires municipaux, réorganisant les sociétés populaires, et les purgeant des hommes les plus violents et les plus dangereux. Cette opération ne s'exécutait pas toujours sans obstacle. A Dijon, par exemple, l'organisation révolutionnaire était plus compacte que partout ailleurs. Les mêmes individus, membres à la fois du comité révolutionnaire, de la municipalité, de la société populaire, y faisaient trembler tout le monde. Ils enfermaient arbitrairement les voyageurs et les habitants, inscrivaient sur la liste des émigrés tous ceux qu'il leur plaisait d'y porter, et les empêchaient d'obtenir des certificats de résidence en intimidant les sections. Ils s'étaient enrégimentés sous le titre d'armée révolutionnaire, et obligeaient la commune à leur payer une solde. Ils n'avaient aucune profession, assistaient aux séances du club, eux et leurs femmes, et dissipaient dans des orgies, où il n'était permis de boire que dans des calices, le double produit de leurs appointements et de leurs rapines. Ils correspondaient avec les jacobins de Lyon et de Marseille, et leur servaient d'intermédiaires pour communiquer avec ceux de Paris. Le représentant Calès eut la plus grande peine à dissoudre cette coalition ; il destitua toutes les autorités révolutionnaires, choisit vingt ou trente membres les plus modérés du club, et les chargea de faire l'épuration des autres.

Lorsqu'ils étaient chassés des municipalités, dans les provinces, les révolutionnaires faisaient comme à Paris ; ils se retiraient ordinairement dans le club jacobin. Si le club était épuré, ils l'envahissaient de nouveau après le départ des représentants, ou en formaient un autre. Là, ils tenaient des discours plus violents encore qu'autrefois, et se livraient à tout le délire de la colère et de la peur, car ils voyaient la vengeance partout. Les jacobins de Dijon envoyèrent à ceux de Paris une adresse incendiaire. A Lyon, ils présentaient un ensemble non moins dangereux ; et comme la ville se trouvait encore sous le poids des terribles décrets de la convention, les représentants étaient gênés pour réprimer leur fureur. A Marseille, ils furent plus audacieux ; joignant à l'emportement de leur parti celui du caractère local, ils formèrent un rassemblement considérable, entourèrent une salle où les deux représentants Auguis et Serres étaient à table, et leur dépêchèrent des envoyés qui, le sabre et le pistolet à la main, vinrent demander la liberté des patriotes détenus. Les deux représentants déployèrent la plus grande fermeté; mais, mal soutenus par la gendarmerie, qui avait constamment secondé les cruautés du dernier régime, et qui avait fini par s'en croire complice et responsable, ils manquèrent d'être étouffés et égorgés. Cependant plusieurs bataillons de Paris, qui se trouvaient dans le moment à Marseille, vinrent dégager les représentants, et dissipèrent le rassemblement. A Toulouse, les jacobins formèrent aussi des émeutes. Il y avait là quatre individus : un directeur des postes, un secrétaire du district, et deux comédiens, qui s'étaient rendus chefs du parti révolutionnaire. Ils avaient formé un comité de surveillance pour tout le Midi, et étendaient leur tyrannie fort au-delà de Toulouse. Ils s'opposèrent aux réformes et aux emprisonnements ordonnés par les représentants d'Artigoyte et Chaudron-Rousseau, soulevèrent la société populaire, et eurent l'audace de faire déclarer par elle que ces deux représentants avaient perdu la confiance du peuple. Vaincus cependant, ils furent renfermés avec leurs principaux complices.

Ces scènes se reproduisaient partout avec plus ou moins de violence, suivant le caractère des habitants des provinces. Néanmoins les jacobins étaient partout réprimés. Ceux de Paris, chefs de la coalition, étaient dans les plus grandes alarmes. Ils voyaient la capitale soulevée contre leurs doctrines; ils apprenaient que dans les départements, l'opinion, moins prompte à se manifester qu'à Paris, n'en était pas moins prononcée contre eux. Ils savaient que partout on les appelait des cannibales, partisans, complices et continuateurs de Robespierre. Ils se sentaient appuyés à la vérité par la foule des employés destitués, par le club électoral, par une minorité ardente et souvent victorieuse dans les sections, par une partie des membres même de la convention, dont quelques-uns siégeaient encore dans leur société; mais ils n'en étaient pas moins très-effrayés du mouvement des esprits, et ils prétendaient qu'il y avait un complot formé pour dissoudre les sociétés populaires, et la république après elles.

Ils rédigèrent une adresse aux sociétés affiliées pour répondre aux attaques dont ils étaient l'objet. « On cherche, disaient-ils, à « détruire notre union fraternelle; on cherche

« à rompre un faisceau redoutable aux enne-
« mis de l'égalité et de la liberté ; on nous ac-
« cuse, on nous poursuit par les plus noires
« calomnies. L'aristocratie et le modérantisme
« lèvent une tête audacieuse. La réaction fu-
« neste occasionée par la chute des triumvirs
« se perpétue, et, du sein des orages formés
« par tous les ennemis du peuple, est sortie
« une faction nouvelle qui tend à la dissolu-
« tion de toutes les sociétés populaires. Elle
« tourmente et cherche à soulever l'opinion
« publique; elle pousse l'audace jusqu'à nous
« présenter comme une puissance rivale de la
« représentation nationale, nous qui combat-
« tons et nous unissons toujours avec elle dans
« tous les dangers de la patrie. Elle nous ac-
« cuse d'être les continuateurs de Robespierre,
« et nous n'avons sur nos registres que les
« noms de ceux qui, dans la nuit du 9 au 10
« thermidor, ont occupé le poste que leur as-
« signait le danger de la patrie. Mais nous ré-
« pondrons à ces vils calomniateurs en les com-
« battant sans cesse; nous leur répondrons par
« la pureté de nos principes et de nos actions,
« et par un dévouement inébranlable à la cause
« du peuple qu'ils ont trahie, à la représenta-
« tion nationale qu'ils veulent déshonorer, et
« à l'égalité qu'ils détestent. »

Ils affectaient, comme on le voit, un grand respect pour la représentation nationale; ils avaient même, dans l'une de leurs séances, livré au comité de sûreté générale un de leurs membres, pour avoir dit que les principaux conspirateurs contre la liberté étaient dans le sein même de la convention. Ils faisaient répandre leur adresse dans tous les départements, et particulièrement dans les sections de Paris.

Le parti qui leur était opposé devenait chaque jour plus hardi. Il s'était déjà donné des couleurs, des mœurs à part, des lieux et des mots de ralliement. Il se composait surtout dans l'origine, comme nous l'avons dit, de jeunes gens appartenant aux familles persécutées, ou échappés à la réquisition. Les femmes s'étaient jointes à eux; elles avaient passé le dernier hiver dans l'effroi; elles voulaient passer celui-ci dans les fêtes et les plaisirs. Frimaire (décembre) approchait : elles étaient pressées de faire succéder aux apparences de l'indigence, de la simplicité, de la saleté même, qu'on avait long-temps affectées pendant la terreur, les brillantes parures, les mœurs élégantes et les festins. Elles se liguaient dans une cause commune avec ces jeunes ennemis d'une farouche démocratie; elles excitaient leur zèle, et leur faisaient une loi de la politesse et des costumes soignés. La mode recommençait son empire. Il fallait porter les cheveux noués en tresse, et rattachés sur le derrière de la tête avec un peigne. C'était un usage emprunté aux militaires, qui disposaient ainsi leurs cheveux pour parer les coups de sabre. On prouvait par là qu'on venait de prendre part aux victoires de nos armées. Il fallait porter encore de grandes cravates, des collets noirs ou verts, suivant un usage de chouans, et surtout un crêpe au bras, comme parent d'une victime du tribunal révolutionnaire. On voit quel singulier mélange d'idées, de souvenirs, d'opinions, présidait à ces modes de la *jeunesse dorée*; car c'était là le nom qu'on lui donnait alors. Le soir, dans les salons qui commençaient à redevenir brillants, on payait par des éloges les jeunes hommes qui avaient déployé leur courage dans les sections, au Palais-Royal, dans le jardin des Tuileries, et les écrivains qui, dans les mille brochures et feuilles du jour, poursuivaient de sarcasmes la *canaille révolutionnaire*. Fréron était devenu le chef des journalistes; il rédigeait l'*Orateur du peuple*, qui fut bientôt fameux. C'est le journal que lisait la jeunesse dorée, et dans lequel elle allait chercher ses instructions de chaque jour.

Les théâtres n'étaient pas encore ouverts. Les acteurs de la Comédie-Française étaient toujours en prison. A défaut de ce lieu de réunion, on allait se montrer dans des concerts qui se donnaient au théâtre de Feydeau, et où se faisait entendre une voix mélodieuse, qui commençait à charmer les Parisiens, c'était la voix de Garat. Là, se réunissait ce qu'on pourrait appeler l'aristocratie du temps; c'est-à-dire quelques nobles qui n'avaient pas quitté la France, des riches qui osaient reparaître, des fournisseurs qui ne craignaient plus la terrible sévérité du comité de salut public. Les femmes s'y montraient dans un costume qu'on avait cherché à rendre antique, suivant l'usage de l'époque, et qu'on avait copié de David. Depuis longtemps elles avaient abandonné la poudre et les paniers; elles portaient des bandelettes autour de leurs cheveux; la forme de leurs robes se rapprochait autant que possible de la simple tunique des femmes grecques; au lieu de souliers à grands talons, elles portaient cette chaussure que nous voyons sur les anciennes statues, une semelle légère, rattachée à la jambe par des nœuds de rubans. Les jeunes gens à cheveux retroussés, à collet noir, remplissaient le parterre de Feydeau, et applaudissaient quelquefois les femmes élégantes et singulièrement parées qui venaient embellir ces réunions.

Madame Tallien était la plus belle et la plus admirée de ces femmes qui introduisaient le nouveau goût; son salon était le plus brillant et le plus fréquenté. Fille du banquier espagnol Cabarrus, épouse d'un président à Bordeaux, mariée récemment à Tallien, elle tenait à la fois aux hommes de l'ancien et du nouveau régime. Elle était révoltée contre la terreur par ressentiment, et aussi par bonté; elle s'était intéressée à toutes les infortunes, et, soit à Bordeaux, soit à Paris, elle n'avait cessé un moment de jouer le rôle de sollicite use, qu'elle remplissait, dit-on, avec une grace irrésistible. C'est elle qui sut adoucir la sévérité proconsulaire que son mari déployait dans la Gironde, et le ramener à des sentiments plus humains. Elle voulait lui donner le rôle de pacificateur, de réparateur des maux de la révolution. Elle attirait dans sa maison tous ceux qui avaient contribué avec lui au 9 thermidor, et cherchait à les gagner, en les flattant, en leur faisant espérer la reconnaissance publique, l'oubli du passé, dont plusieurs avaient besoin, et le pouvoir qui aujourd'hui était promis aux adversaires plutôt qu'aux partisans de la terreur. Elle s'entourait de femmes aimables qui contribuaient à ce plan d'une séduction si pardonnable. Parmi ces femmes, brillait la veuve de l'infortuné général Alexandre Beauharnais, jeune créole attrayante, non par sa beauté, mais par une grace extrême. Dans ces réunions, on attirait ces hommes simples et exaltés qui venaient de mener une vie si dure et si tourmentée. On les caressait; quelquefois même on les raillait sur leurs costumes, sur leurs mœurs, sur leurs principes rigoureux. On les faisait asseoir à table à côté d'hommes qu'ils auraient poursuivis naguère comme des aristocrates, des spéculateurs enrichis, des dilapidateurs de la fortune publique; on les forçait ainsi à sentir leur infériorité auprès des anciens modèles du bon ton et du bel esprit. Beaucoup d'entre eux, dépourvus de moyens, perdaient leur dignité avec leur rudesse, et ne savaient pas soutenir l'énergie de leur caractère; d'autres qui, par leur esprit, savaient conserver leur rang, et se donner bientôt ces avantages de salon si frivoles et sitôt acquis, n'étaient cependant pas à l'abri d'une flatterie délicate. Tel membre d'un comité, sollicité adroitement dans un diner, accordait un service, ou laissait influencer son vote.

Ainsi une femme, née d'un financier, mariée à un magistrat, et devenue, comme l'une des dépouilles de l'ancienne société, l'épouse d'un révolutionnaire ardent, se chargeait de réconcilier des hommes simples, quelquefois grossiers et presque toujours fanatisés, avec l'élégance, le goût, les plaisirs, la liberté des mœurs et l'indifférence des opinions. La révolution, ramenée (et c'était sans doute un bonheur) de ce terme extrême de fanatisme et de grossièreté, s'avançait néanmoins d'une manière trop rapide vers l'oubli des mœurs, des principes, et, on peut presque dire, des ressentiments républicains. On reprochait ce changement aux thermidoriens; on les accusait de s'y livrer, de le produire, de l'accélérer, et le reproche était juste.

Les révolutionnaires ne paraissaient pas dans ces salons ou ces concerts. A peine quelques-uns d'entre eux osaient-ils s'y montrer, et ils n'en sortaient que pour aller dans les tribunes s'élever contre la *Cabarrus*, contre les aristocrates, contre les intrigants et les fournisseurs qu'elle trainait à sa suite. Ils n'avaient, eux, d'autres réunions que leurs clubs et leurs assemblées de sections; ils n'allaient pas y chercher des plaisirs, mais exhaler leurs passions. Leurs femmes, qu'on appelait les *furies de guillotine*, parce qu'elles avaient souvent fait cercle autour de l'échafaud, paraissaient en costume populaire dans les tribunes des clubs, pour applaudir les motions les plus violentes. Plusieurs membres de la convention se montraient encore aux séances des jacobins; quelques-uns y portaient leur célébrité, mais ils étaient silencieux et sombres : c'étaient Collot-d'Herbois, Billaud-Varennes, Carrier. D'autres, tels que Duhem, Crassous, Lanot, etc., y allaient par simple attachement pour la cause, et sans raison personnelle de défendre leur conduite révolutionnaire.

C'était au Palais-Royal, autour de la convention, dans les tribunes et dans les sections, que se rencontraient les deux partis. Dans les sections surtout, où ils avaient à délibérer et à discuter, les rixes devenaient extrêmement violentes. On colportait alors des unes aux autres l'adresse des jacobins aux sociétés affiliées, et on voulait l'y faire lire. On avait aussi à lire, par décret, le rapport de Robert Lindet sur l'état de la France, rapport qui en faisait un tableau si fidèle, et qui exprimait d'une manière si convenable les sentiments dont la convention et tous les honnêtes gens étaient animés. Cette lecture devenait chaque décadi le sujet des plus vives contestations. Les révolutionnaires demandaient à grands cris l'adresse des jacobins; leurs adversaires demandaient le rapport de Lindet. On poussait des cris affreux. Les membres des anciens comités révolutionnaires prenaient le nom de tous ceux qui montaient à la tribune pour les combattre, et en l'écrivant, ils s'écriaient : Nous les exterminerons! Leurs habitudes pendant la terreur leur avaient rendu familiers les mots de tuer, de guillotiner, et ils les avaient toujours à la bouche. Ils donnaient ainsi occasion de dire qu'ils faisaient de nouvelles listes de proscription, et qu'ils voulaient recommencer le système de Robespierre. On se battait souvent dans les sections; quelquefois la victoire restait incertaine, et on atteignait dix heures sans avoir rien pu lire. Alors les révolutionnaires, qui ne se faisaient pas scrupule de dépasser l'heure légale, attendaient que leurs adversaires, qui affectaient d'obéir à la loi, fussent partis, lisaient ce qui leur plaisait, et prenaient toutes les délibérations qui leur convenaient.

On rapportait chaque jour à la convention des scènes de ce genre, et on s'élevait contre les anciens membres des comités révolutionnaires, qui étaient, disait-on, les auteurs de tous ces troubles. Le club électoral, plus bruyant à lui seul que toutes les sections ensemble, vint pousser à bout la patience de l'assemblée, par une adresse des plus dangereuses. C'était là, comme nous l'avons dit, que se réunissaient toujours les hommes les plus compromis, et qu'on tramait les projets les plus audacieux. Une députation de ce club vint demander que l'élection des magistrats municipaux fût rendue au peuple; que la municipalité de Paris, qui n'avait pas été rétablie depuis le 9 thermidor, fût reconstituée; qu'enfin, au lieu d'une seule séance de section par décade, il fût permis de nouveau d'en tenir deux. A cette dernière pétition, une foule de députés se levèrent, firent entendre les plaintes les plus vives, et demandèrent des mesures contre les membres des anciens comités révolutionnaires, auxquels on attribuait tous les désordres. Legendre, quoiqu'il eût désapprouvé la première attaque de Lecointre contre Billaud-Varennes, Collot-d'Herbois et Barrère, dit qu'il fallait remonter plus haut; que la source du mal était dans les membres des anciens comités de gouvernement qui abusaient de l'indulgence de l'assemblée à leur égard, et qu'il était temps enfin de punir leur ancienne tyrannie, pour en empêcher une nouvelle. Cette discussion amena un nouveau tumulte plus grand que le premier. Après de longues et déplorables récriminations, l'assemblée ne rencon-

trant encore que des questions ou insolubles ou dangereuses, prononça une seconde fois l'ordre du jour. Divers moyens furent successivement proposés pour réprimer les écarts des sociétés populaires, et les abus du droit de pétition. On imagina d'ajouter au rapport de Lindet une adresse au peuple français, qui exprimerait d'une manière encore plus nette et plus énergique, les sentiments de l'assemblée, et la marche nouvelle qu'elle se proposait de suivre. Cette idée fut adoptée. Le député Richard, qui revenait de l'armée, soutint que ce n'était pas assez; qu'il fallait gouverner vigoureusement; que les adresses ne signifiaient rien, parce que tous les faiseurs de pétitions ne manqueraient pas de répondre; qu'il ne fallait plus souffrir qu'on vînt proférer à la barre des paroles qui, prononcées dans les rues, feraient arrêter ceux qui se les permettraient. « Il est temps, dit Bourdon (de
« l'Oise), de vous adresser des vérités utiles.
« Savez-vous pourquoi vos armées sont cons-
« tamment victorieuses? c'est parce qu'elles ob-
« servent une exacte discipline. Ayez dans l'état
« une bonne police, et vous aurez un bon gou-
« vernement. Savez-vous d'où viennent les
« éternelles attaques dirigées contre le vôtre?
« c'est de l'abus que font vos ennemis de ce

« qu'il y a de démocratique dans vos institu-
« tions. Ils se plaisent à répandre que vous
« n'aurez jamais un gouvernement, que vous
« serez éternellement livrés à l'anarchie. Il se-
« rait donc possible qu'une nation constam-
« ment victorieuse ne sût pas se gouverner! Et
« la convention, qui sait que cela seul empê-
« che l'achèvement de la révolution, n'y pour-
« voirait pas! Non, non; détrompons nos en-
« nemis; c'est par l'abus des sociétés populaires
« et du droit de pétition qu'ils veulent nous
« détruire; c'est cet abus qu'il faut réprimer. »

On présenta divers moyens de réprimer l'a-
bus des sociétés populaires, sans les détruire.
Pelet, pour ravir aux jacobins l'appui de plusieurs députés montagnards qui siégeaient dans
leur société, et surtout pour leur enlever Billaud-Varennes, Collot-d'Herbois et autres chefs
dangereux, proposa de défendre à tous les
membres de la convention d'être membres
d'aucune société populaire. Cette proposition
fut adoptée. Mais une foule de réclamations
s'élevèrent de la Montagne; on dit que le droit
de se réunir pour s'éclairer sur les intérêts publics, était un droit appartenant à tous les
citoyens, et dont on ne pouvait pas plus dépouiller un député qu'aucun autre membre de
l'état; que par conséquent le décret adopté

était une violation d'un droit absolu et inattaquable. Le décret fut rapporté. Dubois-Crancé fit alors une autre motion. Racontant la manière dont les jacobins s'étaient épurés, il montra que cette société recélait encore dans son sein les mêmes individus qui l'avaient égarée sous Robespierre. Il soutint que la convention avait le droit de l'épurer de nouveau, tout comme elle faisait, par ses commissaires, à l'égard des sociétés de départements; et il proposa de renvoyer la question aux comités compétents, pour qu'ils imaginassent un mode convenable d'épuration, et des moyens de rendre les sociétés populaires utiles. Cette nouvelle proposition fut encore accueillie.

Ce décret excita une grande rumeur aux jacobins. Ils s'écrièrent que Dubois-Crancé avait trompé la convention; que l'épuration ordonnée après le 9 thermidor s'était rigoureusement exécutée; qu'on n'avait pas le droit de la recommencer; qu'ils étaient tous également dignes de siéger dans cette illustre société qui avait rendu tant de services à la patrie; que, du reste, ils ne craignaient pas l'examen le plus sévère, et qu'ils étaient prêts à se soumettre à l'investigation de la convention. En conséquence, ils décidèrent que la liste de tous les membres serait imprimée, et portée à la barre

par une députation. Le jour suivant, 13 vendémiaire (4 octobre), ils furent moins dociles; ils dirent que leur décision rendue la veille était inconsidérée; que remettre la liste des membres de la société à l'assemblée, c'était lui reconnaître le droit d'épuration, qui n'appartenait à personne; que tous les citoyens ayant la faculté de se réunir, sans armes, pour conférer sur les questions d'intérêt public, nul individu ne pouvait être déclaré indigne de faire partie d'une société; que, par conséquent, l'épuration était contre tous les droits, et qu'il ne fallait point aller porter la liste. « Les so-
« ciétés populaires, s'écria le nommé Giot,
« jacobin forcené, et l'un des employés auprès
« des armées, les sociétés populaires n'appar-
« tiennent qu'à elles-mêmes. S'il en était au-
« trement, l'infâme cour aurait épuré celle
« des jacobins, et vous auriez vu ces banquet-
« tes, qui ne doivent être occupées que par
« la vertu, souillées par la présence des Jau-
« court et des Feuillant. Eh bien! la cour elle-
« même, qui ne respectait rien, n'osa pas vous
« attaquer; et ce que la cour n'a pas osé, on
« l'entreprendrait au moment où les jacobins
« ont juré d'abattre tous les tyrans, quels qu'ils
« soient, et d'être toujours soumis à la con-
« vention!... J'arrive des départements; je puis

firent deux adresses contradictoires, l'une aux jacobins, l'autre à la convention. Dans la première, on célébrait les services des sociétés populaires, et on faisait des vœux pour leur conservation; dans l'autre, on disait que la section, délivrée du joug des anarchistes et des terroristes, venait enfin exprimer son libre vœu à la convention, lui offrir ses bras et sa vie, pour combattre à la fois les continuateurs de Robespierre et les agents du royalisme. La convention assistait à ces débats, attendant le projet sur la police des sociétés populaires.

Il fut présenté le 25 vendémiaire (16 octobre). Il avait pour but principal de rompre la coalition que formaient en France toutes les sociétés des jacobins. Affiliées à la société-mère, correspondant régulièrement avec elle, et obéissant à ses ordres, elles composaient un vaste parti, habilement organisé, qui avait un centre et une direction; et c'était là ce qu'on voulait détruire. Le décret défendait *toutes affiliations, fédérations, ainsi que toutes correspondances en nom collectif entre sociétés populaires*. Il portait en outre qu'aucune pétition ou adresse ne pourrait être faite en nom collectif, afin d'éviter ces manifestes impérieux que les envoyés des jacobins ou du club électoral venaient lire à la barre, et qui étaient devenus souvent des ordres pour l'assemblée. Toute adresse ou pétition devait être individuellement signée. On s'assurait par là le moyen de poursuivre les auteurs des propositions dangereuses, et on espérait les mettre en considération par la nécessité de signer. Le tableau des membres de chaque société devait être adressé sur-le-champ et affiché dans le lieu des réunions. A peine ce décret fut-il lu à l'assemblée, qu'une foule de voix s'élevèrent pour le combattre. — « On veut, disaient les montagnards, détruire les sociétés populaires; on oublie qu'elles ont sauvé la révolution et la liberté; on oublie qu'elles sont le moyen le plus puissant de réunir les citoyens, et de conserver en eux l'énergie et le patriotisme; on attente, en leur défendant la correspondance, au droit essentiel appartenant à tous les citoyens, de correspondre entre eux, droit aussi sacré que celui de se réunir paisiblement pour conférer sur les questions d'intérêt public. » Les députés Lejeune, Duhem, Crassous, tous jacobins, tous intéressés vivement à écarter ce décret, n'étaient pas les seuls à s'exprimer ainsi. Le député Thibaudeau, républicain sincère, étranger aux montagnards et aux thermidoriens, paraissait lui-même effrayé des conséquences de ce décret, et en demandait l'ajournement, craignant qu'il ne nuisît à l'existence même des sociétés populaires. — On ne veut pas les détruire, répondaient les thermidoriens, auteurs du décret; on ne veut que les soumettre à une police nécessaire. — Au milieu de ce conflit, Merlin (de Thionville) s'écrie : « Président, « rappelle les préopinants à l'ordre; ils préten- « dent que nous voulons anéantir les sociétés « populaires, tandis qu'il s'agit seulement de « régler leurs rapports actuels. » Rewbell, Bentabolle, Thuriot, démontrent qu'il n'est nullement question de les supprimer. — Les empêche-t-on, disent-ils, de se réunir paisiblement et sans armes, pour conférer sur les intérêts publics? non sans doute; ce droit reste intact. On les empêche de s'affilier, de se fédérer, et on ne fait à leur égard que ce qu'on a déjà fait à l'égard des autorités départementales. Celles-ci, par le décret du 14 frimaire qui institue le gouvernement révolutionnaire, ne peuvent ni correspondre, ni se concerter entre elles. Serait-il possible qu'on permît aux sociétés populaires ce qu'on a défendu aux autorités départementales? On leur défend de correspondre en nom collectif, et en cela on ne viole aucun droit : tout citoyen peut sans doute correspondre d'un bout de la France à

l'autre; mais les citoyens correspondent-ils par président et secrétaires? C'est cette correspondance officielle entre corps puissants et constitués qu'on veut et qu'on a raison de vouloir empêcher, pour détruire un fédéralisme plus monstrueux et plus dangereux que celui des départements. C'est par ces affiliations, par ces correspondances, que les jacobins sont parvenus à exercer une influence véritable sur le gouvernement, et à se donner dans la direction des affaires une part qui ne devrait jamais appartenir qu'à la représentation nationale elle-même. — Bourdon (de l'Oise), l'un des principaux membres du comité de sûreté générale, et, comme on a vu, souvent en lutte avec ses amis quoique thermidorien, s'écrie : « Les so-
« ciétés populaires ne sont pas le peuple; je ne
« vois le peuple que dans les assemblées pri-
« maires : les sociétés populaires sont une col-
« lection d'hommes qui se sont choisis eux-
« mêmes, comme des moines, qui ont fini par
« former une aristocratie exclusive, perma-
« nente, qui s'intitule le peuple, et qui vient
« se placer à côté de la représentation natio-
« nale, pour inspirer, modifier ou combattre
« ses résolutions. A côté de la convention, je
« vois une autre représentation s'élever, et cette
« représentation siége aux Jacobins. » Des ap-

plaudissements nombreux interrompent Bourdon ; il continue en ces termes : « J'apporte si « peu de passion ici, que pour avoir l'unité et « la paix, je dirais volontiers au peuple : Choi- « sis entre les hommes que tu as désignés pour « te représenter, et ceux qui se sont élevés à « côté d'eux; peu importe, pourvu que tu aies « une représentation unique. » De nouveaux applaudissements interrompent Bourdon; il reprend : « Oui, s'écrie-t-il, que le peuple « choisisse entre vous et les hommes qui ont « voulu proscrire les représentants chargés de « la confiance nationale, entre vous et les « hommes qui, liés avec la municipalité de Pa- « ris, voulaient, il y a quelques mois, assassiner « la liberté ! Citoyens, voulez-vous faire une paix « glorieuse ? voulez-vous arriver jusqu'aux an- « ciennes limites de la Gaule ? présentez aux « Belges, aux peuples qui bordent le Rhin, une « révolution paisible, une république sans une « double représentation, une république sans « comités révolutionnaires, teints du sang des « citoyens. Dites aux Belges et aux peuples du « Rhin : Vous vouliez une demi-liberté, nous « vous la donnons tout entière, mais en vous « épargnant les maux cruels qui précèdent son « établissement, en vous épargnant les san- « glantes épreuves par lesquelles nous avons

« passé nous-mêmes. Songez, citoyens, que
« pour dégoûter les peuples voisins de s'unir
« à vous, on leur dit que vous n'avez point
« de gouvernement, qu'en traitant avec vous,
« on ne sait s'il faut s'adresser à la convention
« ou aux jacobins. Donnez au contraire l'unité
« et l'ensemble à votre gouvernement, et vous
« verrez qu'aucun peuple n'a d'éloignement
« pour vous et vos principes; vous verrez
« qu'aucun peuple ne hait la liberté. »

Duhem, Crassous, Clausel, veulent au moins l'ajournement du décret, disant qu'il est trop important pour être rendu brusquement; ils réclament la parole tous à la fois. Merlin (de Thionville) la demande contre eux avec cette ardeur qu'il porte à la tribune comme sur les champs de bataille. Le président la leur donne successivement. Dubarran, Levasseur, Romme, sont encore entendus contre le décret; Thuriot pour. Enfin Merlin s'élance une dernière fois à la tribune : « Citoyens, dit-il, quand il fut
« question d'établir la république, vous l'avez
« décrétée sans renvoi ni rapport; aujourd'hui
« il s'agit en quelque sorte de l'établir une se-
« conde fois, en la sauvant des sociétés popu-
« laires coalisées contre elle. Citoyens, il ne
« faut pas craindre d'aborder cette caverne,
« malgré le sang et les cadavres qui en obs-

« truent l'entrée; osez y pénétrer, osez en
« chasser les fripons et les assassins, et n'y laisser
« que les bons citoyens, pour y peser tranquil-
« lement les grands intérêts de la patrie. Je
« vous demande de rendre ce décret qui sauve
« la république, comme celui qui l'a créée,
« c'est-à-dire sans renvoi ni rapport. »

Merlin est applaudi, et le décret voté sur-le-champ, article par article. C'était le premier coup porté à cette société célèbre, qui jusqu'à ce jour avait fait trembler la convention, et avait servi à lui imprimer la direction révolutionnaire. C'étaient moins les dispositions du décret, d'ailleurs assez faciles à éluder, que le courage de le rendre, qui importait ici, et qui devait faire pressentir aux jacobins leur fin prochaine. Réunis le soir dans leur salle, ils commentent le décret, et la manière dont il a été rendu. Le député Lejeune, qui le matin s'était opposé de toutes ses forces à son adoption, se plaint de n'avoir pas été secondé; il dit que peu de membres de l'assemblée ont pris la parole pour défendre la société dont ils font partie. « Il est, dit-il, des membres de la con-
« vention, célèbres par leur énergie révolu-
« tionnaire et patriotique, qui aujourd'hui ont
« gardé un silence condamnable. Ou ces mem-
« bres sont coupables de tyrannie comme on

« les en a accusés, ou ils ont travaillé pour le
« bonheur public. Dans le premier cas, ils sont
« coupables et doivent être punis; dans le se-
« cond, leur tâche n'est pas finie. Après avoir
« préparé par leurs veilles les succès des défen-
« seurs de la patrie, ils doivent défendre les
« principes et les droits du peuple attaqués. Il
« y a deux mois, vous parliez sans cesse des droits
« du peuple à cette tribune, vous Collot et Bil-
« laud, pourquoi avez-vous cessé de les défendre?
« pourquoi vous taisez-vous aujourd'hui qu'une
« foule d'objets réclament encore votre courage
« et vos lumières? »

Billaud et Collot gardaient, depuis l'accusation qui avait été portée contre eux, un morne silence. Interpellés par leur collègue Lejeune, et accusés de n'avoir pas défendu la société, ils prennent la parole et déclarent que, s'ils ont gardé le silence, c'est par prudence et non par faiblesse; qu'ils ont craint de nuire à l'avis soutenu par les patriotes, en l'appuyant; que depuis long-temps la crainte de nuire aux discussions est le seul motif de leur réserve; que, d'ailleurs accusés d'avoir dominé la convention, ils ont voulu répondre à leurs accusateurs en cherchant à s'annuler; qu'ils sont charmés de se voir provoqués par leurs collègues à sortir de cette nullité volontaire, et autorisés en quelque sorte à se dévouer encore à la cause de la liberté et de la république.

Contents de cette explication, les jacobins les applaudissent et reviennent à la loi rendue le matin; ils se consolent en disant qu'ils correspondront avec toute la France par la tribune. Goujon les engage à respecter la loi rendue, ils le promettent; mais le nommé Terrasson leur propose un moyen de remplacer la correspondance, tout en restant fidèles à la loi. Ils feront une lettre circulaire, non pas écrite au nom des jacobins, et adressée à d'autres jacobins, mais *signée par tous les hommes libres, réunis dans la salle des Jacobins, et adressée à tous les hommes libres de France, réunis en sociétés populaires*. Le moyen est adopté avec grande joie, et le projet d'une pareille circulaire résolu.

On voit quel cas les jacobins faisaient des menaces de la convention, et combien peu ils étaient disposés à profiter de la leçon qu'elle venait de leur donner. En attendant que de nouveaux faits provoquassent de nouvelles mesures à leur égard, la convention se mit à poursuivre la tâche que Robert Lindet lui avait tracée dans son rapport, et à discuter les questions proposées par lui. Il s'agissait de réparer les conséquences d'un régime violent sur l'agriculture, le commerce, les finances, et de rendre à toutes les classes la sécurité, le goût de l'ordre et du travail. Mais ici on était aussi divisé de système et aussi disposé à s'emporter que sur toutes les autres matières.

Les réquisitions, le *maximum*, les assignats, le séquestre des biens des étrangers, excitaient contre l'ancien gouvernement des sorties aussi violentes que les emprisonnements et les exécutions. Les thermidoriens, fort ignorants en matière d'économie publique, s'attachaient, par esprit de réaction, à censurer d'une manière amère et outrageante tout ce qui s'était fait en ce genre; et cependant, si dans l'administration générale de l'état, pendant l'année précédente, quelque chose était irréprochable et complétement justifié par la nécessité, c'était l'administration des finances, des subsistances et des approvisionnements. Cambon, le membre le plus influent du comité des finances, avait mis le plus grand ordre dans le trésor; il avait fait émettre, à la vérité, beaucoup d'assignats, mais c'était là l'unique ressource; et il s'était brouillé avec Robespierre, Saint-Just et Couthon, en ne consentant pas à plusieurs dépenses révolutionnaires. Quant à Lindet, chargé des transports et des réquisitions, il avait travaillé avec un zèle admirable à tirer de l'étranger, à requérir en France, et à transporter soit aux armées, soit dans les grandes communes, les approvisionnements nécessaires. Le moyen des réquisitions était violent; mais il était reconnu le seul possible, et Lindet s'était appliqué à en user avec le plus grand ménagement. Il ne pouvait d'ailleurs répondre ni de la fidélité de tous ses agents, ni de la conduite de tous ceux qui avaient droit de requérir, tels que les fonctionnaires municipaux, les représentants, et les commissaires aux armées.

Les thermidoriens et surtout Tallien dirigeaient les plus sottes et les plus injustes attaques contre le système général de ces moyens révolutionnaires, et contre la manière de les employer. La cause première de tous les maux, selon eux, c'était la trop grande émission des assignats; cette émission excessive les avait dépréciés, et ils s'étaient trouvés en disproportion démesurée avec les denrées et les marchandises. C'est ainsi que le *maximum* était devenu si oppressif et si désastreux, parce qu'il obligeait le vendeur ou le créancier remboursé à recevoir une valeur nominale toujours plus illusoire. Il n'y avait dans ces objections rien de bien neuf, rien de bien utile;

il n'y avait surtout l'indication d'aucun remède ; tout le monde en savait autant ; mais Tallien et ses amis attribuaient l'émission excessive des assignats à Cambon, et semblaient lui imputer ainsi tous les maux de l'état. Ils lui reprochaient encore le séquestre des biens étrangers, mesure qui, ayant provoqué des représailles contre les Français, avait interrompu toute circulation de valeurs, détruit toute espèce de crédit, et ruiné entièrement le commerce. Quant à la commission des approvisionnements, les mêmes censeurs l'accusaient d'avoir tourmenté la France par les réquisitions, d'avoir dépensé des sommes énormes à l'étranger pour se procurer des grains, en laissant Paris dans le dénûment, à l'entrée d'un hiver rigoureux. Ils proposèrent de lui faire rendre des comptes sévères.

Cambon était d'une intégrité que tous les partis ont reconnue. Il joignait à un zèle ardent pour la bonne administration des finances, un caractère bouillant qu'un reproche injuste jetait hors de toutes les bornes. Il avait fait dire à Tallien et à ses amis qu'il ne les attaquerait pas, s'ils le laissaient tranquille, mais qu'il les poursuivrait impitoyablement à la première calomnie. Tallien eut l'imprudence d'ajouter à ses attaques de tribune des articles de journal. Cambon n'y tint pas, et dans une des nombreuses séances consacrées à la discussion de ces matières, il s'élança à la tribune, et dit à Tallien : « Ah ! tu m'attaques, « tu veux jeter des nuages sur ma probité ! eh « bien ! je vais te prouver que tu es un voleur « et un assassin. Tu n'as pas rendu tes comptes « de secrétaire de la commune, et j'en ai la « preuve au comité des finances ; tu as ordonnancé « une dépense de quinze cent mille « francs pour un objet qui te couvrira de « honte. Tu n'as pas rendu tes comptes pour « ta mission à Bordeaux, et j'ai encore la preuve « de tout cela au comité. Tu resteras à jamais « suspect de complicité dans les crimes de « septembre, et je vais te prouver, par tes « propres paroles, cette complicité qui devrait « à jamais te condamner au silence. » On interrompit Cambon ; on lui dit que ces personnalités étaient étrangères à la discussion, que personne n'accusait sa probité, qu'il s'agissait seulement du système financier. Tallien balbutia quelques mots mal assurés, et dit qu'il ne répondrait pas à ce qui lui était personnel, mais seulement à ce qui touchait aux questions générales. Cambon prouva ensuite que les assignats avaient été la seule ressource de la révolution ; que les dépenses s'étaient élevées à trois cents millions par mois; que les recettes, dans le désordre qui régnait, avaient à peine fourni le quart de cette somme, qu'il avait fallu y suppléer chaque mois avec des assignats; que la quantité en circulation n'était pas un mystère, et montait à six milliards quatre cents millions; que du reste les biens nationaux représentaient douze milliards, et fournissaient un moyen suffisant d'acquitter la république; qu'il avait, au péril de sa vie, sauvé cinq cents millions que Robespierre, Saint-Just et Couthon proposaient de consacrer à certaines dépenses; qu'il avait long-temps résisté au *maximum* et au séquestre; et que quant à la commission de commerce, obligée de payer les blés à l'étranger vingt-un francs le quintal, et de les donner en France pour quatorze, il n'était pas étonnant qu'elle eût fait des pertes énormes.

Ces controverses si imprudentes de la part des thermidoriens, qui, à tort ou à raison, n'avaient pas une réputation intacte, et qui s'attaquaient à un homme très-pur, très-instruit et très-violent, firent perdre beaucoup de temps à l'assemblée. Quoique les attaques eussent cessé du côté des thermidoriens, Cambon n'avait plus aucun repos, et chaque jour il répétait à la tribune : « M'accuser moi! vile canaille!

Venez donc vérifier mes comptes et juger ma conduite. »—« Restez donc tranquille, lui criait-on ; on n'accuse pas votre probité. » Mais il y revenait tous les jours. Au milieu de ce conflit de personnalités, l'assemblée prit, autant qu'elle put, les mesures les plus capables de réparer ou d'adoucir le mal.

Elle ordonna un compte général des finances, présentant les recettes et les dépenses, et un travail sur les moyens de retirer une partie des assignats, sans toutefois recourir à la démonétisation, afin de ne pas les discréditer. Sur la proposition de Cambon, elle renonça à une ressource financière misérable, qui donnait lieu à de nombreuses exactions, et contrariait les préjugés de beaucoup de provinces : c'était la fonte de l'argenterie des églises. On avait évalué d'abord cette argenterie à un milliard ; en réalité elle ne s'élevait qu'à trente millions. Il fut décidé qu'il ne serait plus permis d'y toucher, et qu'elle resterait en dépôt dans les communes. La convention chercha ensuite à corriger les plus graves inconvénients du *maximum*. Quelques voix s'élevaient déjà pour le faire abolir ; mais la crainte d'une hausse disproportionnée dans les prix, empêcha de céder à cette impulsion des réacteurs. On songea seulement à modifier la loi. Le *maximum* avait contribué à tuer le commerce, parce que les commerçants ne retrouvaient, en se conformant au tarif, ni le prix du fret ni celui des assurances. En conséquence toute denrée coloniale, toute marchandise de première nécessité, toute matière première apportée de l'étranger dans nos ports, fut affranchie du *maximum* et des réquisitions, et put être vendue à prix libre, de gré à gré. Même faveur fut accordée aux marchandises provenant des prises, parce qu'elles gisaient dans les ports sans trouver le débit. Le *maximum* uniforme des grains avait un inconvénient extrêmement grave. La production du blé étant plus coûteuse et moins abondante dans certaines provinces, le prix que recevaient les fermiers dans ces provinces, ne payait pas même leurs avances. Il fut décidé que les prix des grains varieraient dans chaque département, d'après ceux de 1790, et qu'ils seraient portés à deux tiers en sus. En augmentant ainsi le prix des subsistances, on songea à élever les appointements, les salaires, le revenu des petits rentiers; mais cette idée, loyalement proposée par Cambon, fut repoussée comme perfide par Tallien, et ajournée.

On s'occupa ensuite des réquisitions. Pour qu'elles ne fussent plus générales, illimitées, confuses, qu'elles n'épuisassent plus les moyens de transport, on décida que la commission des approvisionnements aurait seule le droit de requérir; qu'elle ne pourrait plus requérir ni toute une denrée, ni tous les produits d'un département, mais qu'elle désignerait l'objet, sa nature, sa quantité, l'époque de la livraison et du paiement; qu'elle ne demanderait qu'au fur et à mesure du besoin, et dans le district le plus voisin du lieu à approvisionner. Les représentants près les armées eurent seuls, dans le cas urgent d'un défaut de vivres ou d'un mouvement rapide, la faculté de faire immédiatement les réquisitions nécessaires.

La question du séquestre des valeurs étrangères fut vivement agitée. Les uns disaient — que la guerre ne devait pas s'étendre des gouvernements aux sujets; qu'il fallait laisser les sujets continuer paisiblement leurs relations et leurs échanges, et n'attaquer que les armées; que les Français n'avaient saisi que 25 millions, tandis qu'on leur en avait saisi 100; qu'il fallait rendre les 25 millions, pour qu'on nous rendît les 100; que le séquestre était ruineux pour nos banquiers, car ils étaient obligés de déposer au trésor ce qu'ils devaient à l'étranger, tandis qu'ils ne recevaient pas ce que l'étranger leur devait à eux, les gouvernements s'en emparant toujours par représailles; que cette mesure ainsi prolongée rendait le commerce français suspect même aux neutres; qu'enfin la circulation des effets de crédit ayant cessé, il fallait payer en argent une partie des denrées tirées des pays voisins. Les autres répondaient — que, puisqu'on voulait distinguer dans la guerre les sujets des gouvernements, il faudrait ne diriger aussi les boulets et les balles que sur la tête des rois, et non sur celle de leurs soldats; qu'il faudrait rendre au commerce anglais les vaisseaux pris par nos corsaires, et ne garder que les vaisseaux de guerre; que, si on rendait les 52 millions séquestrés, l'exemple ne serait pas suivi par les gouvernements ennemis, et que les 100 millions des Français seraient toujours retenus; que rétablir la circulation des valeurs, ce n'était que fournir aux émigrés le moyen de recevoir des fonds.

La convention n'osa pas trancher la question, et décida seulement que le séquestre serait levé à l'égard des Belges, que la conquête avait en quelque sorte remis en paix avec la France, et à l'égard des négociants de Hambourg, qui n'étaient pas coupables de la guerre déclarée par l'empire, et dont les valeurs représentaient des blés fournis à la France.

A toutes ces mesures réparatrices prises dans l'intérêt de l'agriculture et du commerce, la convention ajouta toutes celles qui pouvaient ramener la sécurité et rappeler les négociants. Un ancien décret mettait hors la loi tous ceux qui s'étaient soustraits ou à un jugement, ou à l'application d'une loi ; il fut aboli, et les condamnés par les commissions révolutionnaires, les suspects qui s'étaient cachés, purent rentrer dans leur domicile. On rendit aux suspects encore détenus l'administration de leurs biens. Lyon fut déclaré n'être plus en état de rébellion ; son nom lui fut rendu ; les démolitions cessèrent ; on lui restitua les marchandises qui étaient séquestrées par les communes environnantes ; ses négociants n'eurent plus besoin de certificat de civisme pour recevoir ou expédier, et la circulation recommença pour cette cité malheureuse. Les membres de la commission populaire de Bordeaux et leurs adhérents, c'est-à-dire presque tous les négociants bordelais, étaient hors la loi : le décret porté contre eux fut rapporté. Une colonne infamante devait être placée à Caen en mémoire du fédéralisme ; on décida qu'elle ne serait pas élevée. Sedan fut libre de fabriquer toutes les espèces de drap. Les départements du Nord, du Pas-de-Calais, de l'Aisne et de la Somme, furent dispensés de l'impôt territorial pendant quatre ans, à la condition pour eux de rétablir la culture du lin et du chanvre. Enfin on jeta un regard sur la malheureuse Vendée. Les représentants Hentz et Francastel, le général Turreau et plusieurs autres qui avaient exécuté les décrets formidables de la terreur, furent rappelés. On prétendit, naturellement, qu'ils étaient complices de Robespierre et du comité de salut public, qui avaient voulu faire durer éternellement la guerre de la Vendée en employant la cruauté. On ne sait pourquoi le comité aurait eu une pareille intention; mais les partis se rendent absurdité pour absurdité. Vimeux fut appelé à commander dans la Vendée, le jeune Hoche en Bretagne; on envoya dans ces contrées de nouveaux représentants avec mission d'examiner s'il serait possible d'y faire accepter une amnistie, et d'y amener ainsi une pacification.

On voit combien était rapide et général le retour vers d'autres idées. Il était naturel qu'en songeant à toutes les espèces de maux, à toutes les classes de proscrits, l'assemblée songeât aussi à ses propres membres. Depuis plus d'un an soixante-treize d'entre eux étaient détenus à Port-Libre, pour avoir signé une protestation

contre le 31 mai. Ils avaient écrit une lettre pour demander des juges. Tout ce qui restait du côté droit, une partie des membres dits du *ventre*, se levèrent dans une question qui intéressait la sécurité du vote, et demandèrent la réintégration de leurs collègues. Alors s'éleva une de ces discussions orageuses et interminables qui prenaient toujours naissance dès qu'on soulevait le passé. « Vous voulez donc con-
« damner le 31 mai? s'écrièrent les monta-
« gnards; vous voulez flétrir une journée que
« jusqu'à ce jour vous avez proclamée glorieuse
« et salutaire; vous voulez relever une faction
« qui, par son opposition, manqua perdre la
« république; vous voulez réhabiliter le fédé-
« ralisme!!! » Les thermidoriens, auteurs ou approbateurs du 31 mai, étaient embarrassés; et, pour reculer la décision, la convention ordonna un rapport sur les soixante-treize.

Il est dans la nature des réactions non-seulement de chercher à réparer le mal accompli, mais encore de vouloir des vengeances. On réclamait chaque jour le jugement de Lebon et de Fouquier-Tinville; on avait déjà demandé celui de Billaud, Collot, Barrère, Vadier, Amar, Vouland, David, membres des anciens comités. Le temps amenait à tout instant des propositions du même genre. Les noyades de Nantes,

restées long-temps inconnues, venaient enfin
d'être révélées. Cent trente-trois Nantais, envoyés à Paris pour être jugés par le tribunal
révolutionnaire, n'étaient arrivés qu'après le
9 thermidor; ils avaient été acquittés, et écou-
tés avec faveur dans toutes les révélations qu'ils
firent sur les malheurs de leur ville. L'indignation publique fut telle, qu'on se vit obligé
de mander à Paris les membres du comité révolutionnaire de Nantes. Leur procès venait
de faire connaître toutes les atrocités ordinaires
de la guerre civile. A Paris, et loin du théâtre
de la guerre, on ne concevait pas que la fureur eût été poussée aussi loin. Les accusés
n'avaient qu'une excuse, et ils l'opposaient à
tous les griefs : la Vendée à leurs portes, et
les ordres du représentant Carrier. Voyant le
terme de l'instruction approcher, ils s'élevaient
chaque jour plus fortement contre Carrier, et
demandaient qu'il vînt partager leur sort, et
rendre compte lui-même des actes qu'il avait
ordonnés. Le public en masse réclamait l'arrestation de Carrier et sa comparution devant
le tribunal révolutionnaire. La convention devait prendre un parti. Les montagnards demandaient si, après avoir déjà enfermé Lebon et
David, et accusé plusieurs fois Billaud, Collot
et Barrère, on ne finirait pas par poursuivre

tous les députés qui étaient allés en mission. Pour rassurer leurs craintes, on imagina de rendre un décret sur les formes à employer dans les poursuites contre un membre de la représentation nationale. Ce décret fut longtemps discuté, et avec le plus grand acharnement de part et d'autre. Les montagnards voulaient, pour éviter une nouvelle décimation, rendre les formalités longues et difficiles. Ceux qu'on appelait les réacteurs voulaient, au contraire, les simplifier, pour rendre plus prompte et plus sûre la punition de certains députés désignés sous le nom de proconsuls. Il fut décrété enfin que toute dénonciation serait renvoyée aux trois comités, de salut public, de sûreté générale et de législation, qui décideraient s'il y avait lieu à examen; que, dans le cas d'une décision affirmative, il serait formé au sort une commission de vingt-un membres pour faire un rapport; que, d'après ce rapport et la défense contradictoire du député inculpé, la convention déciderait enfin s'il y avait lieu à accusation, et enverrait le député devant le tribunal compétent.

Aussitôt le décret rendu, les trois comités déclarèrent qu'il y avait lieu à examen contre Carrier : une commission de vingt-un membres fut formée; elle s'empara des pièces du procès, fit comparaître Carrier devant elle, et commença une instruction. D'après ce qui s'était passé au tribunal révolutionnaire, et la connaissance que tout le monde avait acquise des faits, le sort de Carrier ne pouvait être douteux. Les montagnards, tout en condamnant les crimes de Carrier, prétendaient que, si on le poursuivait, ce n'était pas pour punir ses crimes, mais pour commencer une longue série de vengeances contre les hommes dont l'énergie avait sauvé la France. Leurs adversaires, au contraire, en entendant chaque jour les membres du comité révolutionnaire demander la comparution de Carrier, et en voyant les lenteurs de la commission des vingt-un, disaient qu'on voulait le sauver. Le comité de sûreté générale, craignant qu'il ne prît la fuite, le fit entourer d'agents de police qui ne le perdaient pas de vue. Carrier cependant ne songeait pas à s'enfuir. Quelques révolutionnaires l'avaient secrètement engagé à s'échapper, et il n'osa pas prendre un parti; il semblait accablé et paralysé en quelque sorte par l'horreur publique. Un jour il s'aperçut qu'il était poursuivi, s'arrêta devant un des agents, lui demanda pourquoi il le suivait, et fit mine de l'ajuster avec un pistolet; une rixe s'ensuivit, la force armée accourut, Carrier fut saisi et conduit à sa demeure. Cette scène excita une grande rumeur dans l'assemblée et de violentes réclamations aux Jacobins. On dit que la représentation nationale avait été violée dans la personne de Carrier, et on demanda des explications au comité de sûreté générale. Ce comité expliqua comment les faits s'étaient passés, et, quoique vivement censuré, il eut du moins l'occasion de prouver qu'il ne voulait pas favoriser l'évasion de Carrier. Enfin, la commission des vingt-un fit son rapport, et conclut à la mise en accusation devant le tribunal révolutionnaire. Carrier essaya faiblement de se défendre; il rejeta toutes les cruautés sur l'exaspération produite par la guerre civile, sur la nécessité de terrifier la Vendée toujours menaçante, enfin sur l'impulsion du comité de salut public, auquel il n'osa pas imputer les noyades, mais auquel il attribua cette inspiration d'énergie féroce qui avait entraîné plusieurs commissaires de la convention. Ici renaissaient des questions dangereuses, déjà soulevées plusieurs fois; on se voyait exposé encore à discuter la part de chacun dans les violences de la révolution. Les commissaires pouvaient rejeter sur les comités, les comités sur la convention, la convention sur la France, cette inspiration qui avait amené de si affreuses, mais de si grandes choses, qui était commune à tout le monde, et qui surtout dépendait d'une situation sans exemple. — « Tout le monde, dit Carrier dans « un moment de désespoir, tout le monde est « coupable ici, jusqu'à la sonnette du président. » — Cependant le récit des horreurs commises à Nantes avait excité une indignation si grande, que pas un membre n'osa défendre Carrier, et ne songea à le justifier par des considérations générales. Il fut décrété d'accusation à l'unanimité, et envoyé au tribunal révolutionnaire.

La réaction faisait donc des progrès rapides. Les coups qu'on n'avait pas osé frapper encore sur les membres des anciens comités de gouvernement, étaient dirigés sur Carrier. Tous les membres des comités révolutionnaires, tous ceux de la convention qui avaient rempli des missions, tous les hommes enfin qui avaient été chargés de fonctions rigoureuses, commençaient à trembler pour eux-mêmes.

Les jacobins, déjà frappés d'un décret qui leur interdisait l'affiliation et la correspondance en nom collectif, avaient besoin de prudence; mais depuis les derniers événements, il était peu probable qu'ils sussent se contenir, et éviter une lutte avec la convention et les thermidoriens. Ce qui s'était passé à l'égard de Carrier amena en effet une séance orageuse dans leur club. Crassous, député et jacobin, fit un tableau des moyens employés par l'aristocratie pour perdre les patriotes.—« Le procès qui s'instruit maintenant devant le tribunal révolutionnaire, dit-il, est sa principale ressource, et celle sur laquelle elle fait le plus de fond; les accusés ont à peine la faculté d'être entendus devant le tribunal; les témoins sont presque tous des gens intéressés à faire grand bruit de cette affaire; quelques-uns ont des passe-ports signés des chouans; les journalistes, les pamphlétaires sont coalisés pour exagérer les moindres faits, entraîner l'opinion publique, et faire perdre de vue les cruelles circonstances qui ont amené et qui expliquent les malheurs arrivés, non-seulement à Nantes, mais dans toute la France. Si la convention n'y prend garde, elle se verra déshonorée par ces aristocrates, qui ne font tant de bruit de ce procès que pour en faire rejaillir sur elle tout l'odieux. Ce ne sont plus les jacobins qu'il faut accuser de vouloir dissoudre la convention, mais ces hommes coalisés pour la compromettre, et l'avilir aux yeux de la France. Que tous les bons patriotes y prennent donc garde; l'attaque contre eux est commencée; qu'ils se serrent et soient prêts à se défendre avec énergie. »

Plusieurs jacobins parlèrent après Crassous, et répétèrent à peu près les mêmes choses. — On parle, disaient-ils, de fusillades et de noyades, mais on ne dit pas que ces individus sur lesquels on vient de s'apitoyer avaient fourni des secours aux brigands; on ne rappelle pas les cruautés commises envers nos volontaires, que l'on pendait à des arbres, et que l'on fusillait à la file. Si l'on demande vengeance pour les brigands, que les familles de deux cent mille républicains massacrés impitoyablement viennent donc aussi demander vengeance. — Les esprits étaient extrêmement animés; la séance se changeait en un véritable tumulte, lorsque Billaud-Varennes, auquel les jacobins reprochaient son silence, prit à son tour la parole. « La marche des contre-révo-
« lutionnaires, dit-il, est connue; quand ils
« voulurent, sous l'assemblée constituante,
« faire le procès à la révolution, ils appelèrent
« les jacobins des désorganisateurs, et les fusil-
« lèrent au Champ-de-Mars. Après le 2 septem-
« bre, lorsqu'ils voulurent empêcher l'établis-
« sement de la république, ils les appelèrent
« des buveurs de sang, et les chargèrent de
« calomnies atroces : aujourd'hui ils recommen-
« cent les mêmes machinations : mais qu'ils ne
« s'imaginent pas de triompher; les patriotes

« ont pu garder un instant le silence, mais le
« lion n'est pas mort quand il sommeille, et à
« son réveil il extermine tous ses ennemis. La
« tranchée est ouverte, les patriotes vont se
« réveiller et reprendre toute leur énergie; nous
« avons déjà mille fois exposé notre vie; si l'é-
« chafaud nous attend encore, songeons que
« c'est l'échafaud qui a couvert de gloire l'im-
« mortel Sidney ! »

Ce discours électrisa tous les esprits; on applaudit Billaud-Varennes, on se serra autour de lui, on se promit de faire cause commune avec tous les patriotes menacés, et de se défendre jusqu'à la mort.

Dans la situation où étaient les partis, une pareille séance ne pouvait manquer d'exciter une grande attention. Ces paroles de Billaud-Varennes, qui jusque-là s'était abstenu de se montrer à aucune des deux tribunes, étaient une véritable déclaration de guerre. Les thermidoriens les prirent en effet comme telles. Le lendemain, Bentabolle saisit le journal de la Montagne, où était le compte rendu de la séance des Jacobins, et dénonce ces expressions de Billaud-Varennes: *Le lion n'est pas mort quand il sommeille, et à son réveil il extermine tous ses ennemis.* A peine Bentabolle a-t-il le temps d'achever la lecture de cette phrase, que les montagnards se soulèvent, l'accablent d'injures, et lui disent qu'il est du nombre de ceux qui ont fait élargir les aristocrates. Duhem le traite de coquin. Tallien demande vivement la parole pour Bentabolle, qui, effrayé du tumulte, veut descendre de la tribune. Cependant on l'y fait rester : il demande alors qu'on oblige Billaud-Varennes à s'expliquer sur le *réveil du lion*. Billaud prononce quelques mots de sa place. A la tribune! lui crie-t-on de toutes parts; il résiste, mais il est enfin obligé d'y monter, et de prendre la parole. « Je ne « désavoue pas, dit-il, l'opinion que j'ai émise « aux Jacobins; tant que j'ai cru qu'il ne s'a- « gissait que de querelles individuelles, j'ai « gardé le silence; mais je n'ai pu me taire « quand j'ai vu l'aristocratie se lever plus me- « naçante que jamais. » — A ces derniers mots le rire éclate dans une tribune, on fait du bruit dans une autre. — Faites sortir les chouans! s'écrie-t-on à la Montagne. — Billaud continue au milieu des applaudissements des uns et des murmures des autres. Il dit, d'une voix embarrassée, qu'on a élargi des royalistes connus, et enfermé les patriotes les plus purs; il cite madame de Tourzel, la gouvernante des enfants de France, qu'on vient de mettre en liberté, et qui peut former à elle seule un noyau de contre-révolution. On éclate de rire à ces derniers mots. Il ajoute que la conduite secrète des comités dément le langage public des adresses de la convention; que dans un pareil état de choses, il a été fondé à parler du réveil nécessaire des patriotes, car c'est le sommeil des hommes sur leurs droits qui les conduit à l'esclavage.

Quelques applaudissements se font entendre à la Montagne en faveur de Billaud, mais une partie des tribunes et de l'assemblée laissent éclater le rire avec plus de force, et semblent n'éprouver que cette insultante pitié qu'inspire la puissance renversée, balbutiant de vaines paroles pour sa justification. Tallien se hâte de succéder à Billaud pour repousser ses reproches. « Il est temps, dit-il, de répondre à « ces hommes qui veulent diriger les mains du « peuple contre la convention. » — Personne ne le veut, s'écrient quelques voix dans la salle. — Oui, oui, répondent d'autres, on veut diriger les mains du peuple contre la convention ! — « Ce sont, continue Tallien, ces hommes « qui ont peur en voyant le glaive suspendu « sur les têtes criminelles, en voyant la lumière « portée dans toutes les parties de l'adminis- « tration, la vengeance des lois prête à s'appe- « santir contre les assassins; ce sont ces hom-

« mes qui s'agitent aujourd'hui, qui prétendent
« que le peuple doit se réveiller, qui veulent
« égarer les patriotes en leur persuadant qu'ils
« sont tous compromis, et qui espèrent enfin,
« à la faveur d'un mouvement général, empê-
« cher de poursuivre les approbateurs ou les
« complices de Carrier. » Des applaudissements
universels interrompent Tallien. Billaud, qui
ne veut pas de cette complicité avec Carrier,
s'écrie de sa place : « Je déclare que je n'ai
« point approuvé la conduite de Carrier. » On
ne fait pas attention à cette parole de Billaud,
on applaudit Tallien, et celui-ci continue. « Il
« n'est pas possible, ajoute-t-il, que l'on souf-
« fre plus long-temps deux autorités rivales,
« que l'on permette à des membres, qui se tai-
« sent ici, d'aller ensuite dénoncer ailleurs ce
« que vous avez fait. » — Non, non, s'écrient
plusieurs voix; point d'autorités rivales de la
convention ! — « Il ne faut pas, reprend Tal-
« lien, qu'on aille, quelque part que ce soit,
« déverser l'ignominie sur la convention et sur
« ceux de ses membres auxquels elle a confié
« le gouvernement. Je ne prendrai, ajoute-t-il,
« aucune conclusion dans ce moment. Il suf-
« fit que cette tribune ait répondu à ce qui
« a été dit dans une autre ; il suffit que l'u-
« nanimité de la convention soit fortement

« prononcée contre les hommes de sang. »

De nouveaux applaudissements prouvent à Tallien que l'assemblée est décidée à seconder tout ce qu'on voudra faire contre les jacobins. Bourdon (de l'Oise) appuie les paroles du préopinant, quoiqu'en beaucoup de questions il différât de ses amis les thermidoriens. Legendre fait entendre aussi sa voix énergique. « Quels sont ceux, dit-il, qui blâment nos « opérations? c'est une poignée d'hommes de « proie. Regardez-les en face : vous verrez sur « leur figure un vernis composé avec le fiel « des tyrans. » Ces expressions, qui étaient dirigées contre la figure sombre et livide de Billaud-Varennes, sont vivement applaudies. « De « quoi vous plaignez-vous, continue Legendre, « vous qui nous accusez sans cesse? Est-ce de « ce qu'on ne fait plus incarcérer les citoyens « par centaines? de ce qu'on ne guillotine plus « cinquante, soixante et quatre-vingts person- « nes par jour? Ah! je l'avoue, en cela notre « plaisir est différent du vôtre, et notre ma- « nière de déblayer les prisons n'est pas la « même. Nous nous y sommes transportés; « nous avons fait, autant que nous l'avons pu, « la distinction des aristocrates et des patrio- « tes; si nous nous sommes trompés, nos têtes « sont là pour en répondre. Mais tandis que

« nous réparons des crimes, que nous cher-
« chons à vous faire oublier que ces crimes
« sont les vôtres, pourquoi allez-vous dans une
« société fameuse nous dénoncer, et égarer le
« peuple, heureusement peu nombreux, qui s'y
« porte? Je demande, ajoute Legendre en finis-
« sant, que la convention prenne les moyens
« d'empêcher ses membres d'aller prêcher la
« révolte aux Jacobins. » La convention adopte
la proposition de Legendre, et charge les comités de lui présenter ces moyens.

La convention et les jacobins étaient ainsi
en présence, et dans cette situation où, tous
les discours étant épuisés, il ne reste plus qu'à
frapper. L'intention de détruire cette société
célèbre commençait à n'être plus douteuse; il
fallait seulement que les comités eussent le courage d'en faire la proposition. Les jacobins le
sentaient, et se plaignaient dans toutes leurs
séances de ce qu'on voulait les dissoudre; ils
comparaient le gouvernement actuel à Léopold,
à Brunswick, à Cobourg, qui avaient aussi demandé leur dissolution. Un mot surtout, prononcé à la tribune, leur avait fourni un texte
fécond pour se prétendre calomniés et attaqués. Il avait été dit que dans des lettres sai-
sies se trouvait la preuve que le comité des
émigrés en Suisse était d'accord avec les jaco-

bins de Paris. Si on voulait dire seulement par là, que les émigrés souhaitaient des agitations qui troublassent la marche du gouvernement, on avait raison sans doute. Une lettre saisie sur un émigré portait en effet que l'espoir de vaincre la révolution par les armes était une folie, et qu'il fallait chercher à l'anéantir par ses propres désordres. Mais si, au contraire, on allait jusqu'à supposer que les jacobins et les émigrés correspondaient et se concertaient pour arriver à une même fin, on disait une chose aussi absurde que ridicule, et les jacobins ne demandaient pas mieux que de se voir accusés de cette manière. Aussi ne cessèrent-ils pendant plusieurs jours de se dire calomniés; et Duhem demanda à plusieurs reprises qu'on vînt lire ces prétendues lettres à la tribune.

L'agitation dans Paris était extrême. Des groupes nombreux, partis les uns du Palais-Royal, et composés de jeunes gens à cadenettes et à collet noir, les autres du faubourg Saint-Antoine, des rues Saint-Denis, Saint-Martin, de tous les quartiers dominés par les jacobins, se rencontraient au Carrousel, dans le jardin des Tuileries, sur la place de la Révolution. Les uns criaient *vive la convention! à bas les terroristes et la queue de Robespierre!* Les autres répondaient par les cris de *vive la convention! vive les jacobins! à bas les aristocrates!* Ils avaient des chants différents. La jeunesse dorée avait adopté un air qui s'appelait le *Réveil du peuple;* les partisans des jacobins faisaient entendre ce vieil air de la révolution, immortalisé par tant de victoires: *Allons, enfants de la patrie!* On se rencontrait, on chantait les airs opposés, puis on poussait les cris ennemis, et souvent on s'attaquait à coups de pierres et de bâton; le sang coulait, on se faisait des prisonniers qu'on livrait de part et d'autre au comité de sûreté générale. Les jacobins disaient que ce comité, tout composé de thermidoriens, relâchait les jeunes gens qu'on lui livrait, et ne détenait que les patriotes.

Ces scènes durèrent plusieurs jours de suite, et finirent par devenir assez alarmantes pour que les comités de gouvernement prissent des mesures de sûreté, et doublassent la garde de tous les postes. Le 19 brumaire (9 novembre 1794), les rassemblements étaient encore plus nombreux et plus considérables que les jours précédents. Un groupe, parti du Palais-Royal, et longeant la rue Saint-Honoré, était arrivé devant la salle des Jacobins et l'avait entourée. La foule augmentant sans cesse, toutes les avenues étaient obstruées; et les jacobins, qui dans ce moment étaient en séance, pouvaient se croire assiégés. Quelques groupes qui leur étaient favorables avaient fait entendre les cris de : *Vive la convention! vive les jacobins!* auxquels on répondait par les cris contraires ; une lutte s'était engagée, et comme les jeunes gens étaient les plus forts, ils étaient bientôt parvenus à dissiper tous les groupes ennemis. Ils avaient alors entouré la salle du club, et en cassaient les vitres à coups de pierres. Déjà d'énormes cailloux étaient tombés au milieu des jacobins assemblés. Ceux-ci, furieux, s'écriaient qu'on les égorgeait ; et, se prévalant surtout de ce qu'il se trouvait parmi eux des membres de la convention, ils disaient qu'on assassinait la représentation nationale. Les femmes qui remplissaient leurs tribunes, et qu'on appelait *les furies de la guillotine*, avaient voulu sortir pour échapper au danger ; mais les jeunes gens qui les attendaient, s'étant saisis de celles qui cherchaient à fuir, leur avaient fait subir les traitements les plus indécents, et en avaient même châtié quelques-unes avec cruauté. Plusieurs étaient rentrées dans la salle, éperdues, échevelées, disant qu'on voulait les égorger. Les pierres pleuvaient toujours dans l'assemblée. Les jacobins avaient alors résolu de faire des sorties et de tomber sur les assaillants. L'énergique Duhem, armé d'un bâton, s'était mis à la tête de l'une de ces sorties, et il en était résulté une cohue épouvantable dans la rue Saint-Honoré. Si de part et d'autre les armes eussent été meurtrières, un massacre s'en serait suivi. Les jacobins étaient rentrés avec quelques prisonniers; les jeunes gens, restés au dehors, menaçaient, si on ne leur rendait pas leurs camarades, de fondre dans la salle, et de tirer de leurs adversaires la plus éclatante vengeance.

Cette scène durait depuis plusieurs heures avant que les comités de gouvernement fussent réunis et pussent donner des ordres. Des émissaires, partis des Jacobins, étaient venus dire au comité de sûreté générale qu'on assassinait les députés qui siégeaient dans la société. Les quatre comités, de salut public, de sûreté générale, de législation et de la guerre, s'étaient assemblés, et avaient arrêté d'envoyer sur-le-champ des patrouilles, pour dégager leurs collègues compromis dans cette scène plus scandaleuse que meurtrière.

Les patrouilles partirent avec un membre de chaque comité pour se rendre sur le lieu du combat : il était huit heures. Les membres des comités qui conduisaient les patrouilles ne firent pas charger les assaillants, comme le désiraient les jacobins; ils ne voulurent pas non plus entrer dans la salle, comme les y engageaient ceux de leurs collègues qui s'y trouvaient; ils restèrent dehors, invitant les jeunes gens à se dissiper, et promettant de faire rendre leurs camarades. En effet, ils dissipèrent peu à peu les groupes; ils firent ensuite évacuer la salle des Jacobins, et renvoyèrent tout le monde chez soi.

Le calme rétabli, ils retournèrent vers leurs collègues, et les quatre comités passèrent la nuit à discuter sur le parti à prendre. Les uns étaient d'avis de suspendre les jacobins, les autres s'y opposaient. Thuriot surtout, quoique l'un des adversaires de Robespierre au 9 thermidor, commençait à s'effrayer de la réaction, et semblait pencher pour les jacobins. On se sépara sans avoir pris un parti.

Le lendemain matin (20 brumaire), une scène des plus violentes éclata dans l'assemblée. Duhem fut le premier, comme on le pense bien, à soutenir que la veille on avait égorgé les patriotes, et que le comité de sûreté générale n'avait pas fait son devoir. Les tribunes prenant part à la discussion faisaient un bruit épouvantable, et semblaient d'un côté appuyer, de l'autre contester les faits. On fit sortir les perturbateurs et immédiatement après une foule de membres demandèrent la parole : Bourdon (de l'Oise), Rewbell, Clausel, pour appuyer le comité ; Duhem, Duroy, Bentabolle pour le combattre. Chacun parla à son tour, présenta les faits dans un sens, et fut interrompu par les démentis de ceux qui avaient vu les faits dans un sens contraire. Les uns n'avaient aperçu que des groupes où l'on maltraitait les patriotes ; les autres n'avaient rencontré que des groupes où l'on maltraitait les jeunes gens, et où l'on attaquait la convention et les comités. Duhem, qui pouvait difficilement se contenir dans toutes les discussions de ce genre, s'écria que les coups avaient été dirigés par les aristocrates qui dînaient chez la Cabarrus, et qui allaient chasser au Raincy. On lui retira la parole, et ce qui demeura évident au milieu de ce conflit d'assertions contraires, c'est que les comités, malgré leur empressement à se réunir et à convoquer la force armée, n'avaient pu cependant l'envoyer que fort tard sur les lieux ; qu'une fois les patrouilles dirigées vers la rue Saint-Honoré, ils n'avaient pas voulu dégager les jacobins par la force, et s'étaient contentés de faire écouler peu à peu l'attroupement ; qu'enfin, ils avaient montré une indulgence assez naturelle pour les groupes qui criaient

Vive la convention! et dans lesquels on ne disait pas que le gouvernement fût livré à des contre-révolutionnaires. On ne pouvait guère, en effet, leur demander davantage. Empêcher qu'on ne maltraitât leurs ennemis était leur devoir; mais c'était trop exiger de vouloir qu'ils chargeassent à la baïonnette leurs propres amis, c'est-à-dire ces jeunes gens qui tous les jours se présentaient en foule prêts à les appuyer contre les révolutionnaires. Ils déclarèrent à la convention qu'ils avaient passé la nuit à discuter la question de savoir s'il fallait ou non suspendre les jacobins. On leur demanda s'ils avaient arrêté un projet, et sur leur déclaration qu'ils ne s'étaient pas encore entendus, on leur renvoya le tout pour prendre un parti, et venir ensuite soumettre leur résolution à l'assemblée.

Cette journée du 20 fut un peu plus calme, parce qu'il n'y avait pas réunion aux Jacobins. Mais le lendemain 21, jour de séance, les rassemblements se renouvelèrent. Des deux côtés on semblait préparé, et il était évident qu'on allait en venir aux mains dans la soirée même. Les quatre comités se réunirent aussitôt, suspendirent par un arrêté les séances des jacobins, et ordonnèrent que la clef de la salle fût

apportée sur-le-champ au secrétariat du comité de sûreté générale.

L'ordre fut exécuté, la salle fermée, et les clefs portées au secrétariat. Cette mesure prévint le tumulte qu'on redoutait; les rassemblements se dissipèrent, et la nuit fut parfaitement calme. Le lendemain, Laignelot vint au nom des quatre comités faire part à la convention de l'arrêté qu'ils avaient pris.—« Nous n'avons jamais eu, dit-il, l'intention d'attaquer les sociétés populaires; mais nous avons le droit de fermer les portes là où il s'élève des factions, et où l'on prêche la guerre civile. » La convention le couvrit d'applaudissements. L'appel nominal fut demandé, et l'arrêté fut sanctionné à la presque unanimité, au milieu des acclamations et des cris de *Vive la république! vive la convention!*

Ainsi finit cette société dont le nom est resté si célèbre et si odieux, et qui, semblable à toutes les assemblées, à tous les hommes qui figurèrent successivement sur la scène, semblable à la révolution même, eut le mérite et les torts de l'extrême énergie. Placée au-dessous de la convention, ouverte à tous les nouveaux venus, elle était la lice où les jeunes révolutionnaires qui n'avaient pas figuré encore, et qui étaient impatients de se montrer, venaient essayer leurs forces, et presser la marche ordinairement plus lente des révolutionnaires déjà assis au pouvoir. Tant qu'il fallut de nouveaux sujets, de nouveaux talents, de nouvelles vies prêtes à se sacrifier, la société des jacobins fut utile, et fournit des hommes dont la révolution avait besoin dans cette lutte sanglante et terrible. Quand la révolution, arrivée à son dernier terme, commença à rétrograder, c'est dans la société des jacobins que furent refoulés les hommes ardents élevés dans son sein, et qui avaient survécu à cette action violente. Bientôt elle devint importune par ses inquiétudes, dangereuse même par ses terreurs. Elle fut alors sacrifiée par les hommes qui cherchaient à ramener la révolution du terme extrême où elle était arrivée, à un juste milieu de raison, d'équité, de liberté, et qui, aveuglés, comme tous les hommes qui agissent, par l'espérance, croyaient pouvoir la fixer dans ce milieu désiré. Ils avaient raison sans doute de vouloir revenir à la modération, et les jacobins avaient raison de leur dire qu'ils allaient à la contre-révolution. Les révolutions, semblables à un pendule violemment agité, courant d'une extrémité à une autre, on est toujours fondé à leur prédire des excès; mais heureusement les sociétés politiques, après avoir violemment oscillé en sens contraires, finissent par se renfermer dans un mouvement égal et justement limité. Mais que de temps encore, que de maux, que de sang avant d'arriver à cette heureuse époque! Nos devanciers les Anglais eurent encore à traverser Cromwell et deux Stuarts.

Les jacobins dispersés n'étaient pas gens à se renfermer dans la vie privée, et à renoncer aux agitations politiques. Les uns se réfugièrent au club électoral, qui, chassé de l'Évêché par les comités, s'était réuni dans une des salles du Muséum; les autres se portèrent au faubourg Saint-Antoine, dans la société populaire de la section des Quinze-Vingts. C'est là que se réunissaient les hommes les plus marquants et les plus prononcés du faubourg. Les jacobins s'y présentèrent en foule le 24 brumaire, en disant : « Braves citoyens du faubourg An« toine, vous qui êtes les seuls soutiens du « peuple, vous voyez les malheureux jacobins « persécutés. Nous vous demandons à être reçus « dans votre société. Nous nous sommes dit : « Allons au faubourg Antoine, nous y serons « inattaquables; réunis, nous porterons des « coups plus sûrs pour garantir le peuple et la « convention de l'esclavage. » Ils furent tous admis sans examen, se permirent les propos les plus violents et les plus dangereux, et lurent plusieurs fois cet article de la déclaration des droits : *Quand le gouvernement viole les droits du peuple, l'insurrection est pour le peuple le plus sacré des droits et le plus indispensable des devoirs.*

Les comités, qui avaient essayé leurs forces, et qui se sentaient capables de vigueur, ne crurent pas devoir poursuivre les jacobins dans leur asile, et leur permirent de vains propos, se tenant prêts à agir au premier signal, si les faits venaient à suivre les paroles.

La plupart des sections de Paris reprirent courage, expulsèrent de leur sein ce qu'on appelait les terroristes, qui se retirèrent du côté du Temple, vers les faubourgs Saint-Antoine et Saint-Marceau. Délivrées de cette opposition, elles rédigèrent de nombreuses adresses pour féliciter la convention de l'énergie qu'elle venait de déployer contre les *complices de Robespierre*. De presque toutes les villes partirent des adresses semblables, et la convention, ainsi entraînée dans la direction qu'elle venait de prendre, s'y engagea encore davantage. Les soixante-treize déjà redemandés le furent tous les jours à grands cris par les membres du centre et du côté droit, qui tenaient à se renforcer de soixante-treize voix, et qui voulaient surtout assurer la liberté du vote en rappelant leurs collègues. Les soixante-treize furent enfin élargis et réintégrés; la convention, sans s'expliquer sur le 31 mai, déclara qu'on avait pu penser sur cet événement autrement que la majorité, sans pour cela être coupable. Ils rentrèrent tous ensemble, le vieux Dusaulx à leur tête. Celui-ci prit la parole pour eux, et assura qu'en venant se rasseoir à côté de leurs collègues ils déposaient tout ressentiment, et n'étaient occupés que du désir de faire le bien public. Ce pas fait, il n'était plus temps de s'arrêter. Louvet, Lanjuinais, Henri Larivière, Doulcet, Isnard, tous les girondins échappés à la proscription, et cachés la plupart dans des cavernes, écrivirent et demandèrent leur réintégration. Une scène violente s'éleva à ce sujet. Les thermidoriens, épouvantés de la rapidité de la réaction, s'arrêtèrent, et imposèrent au côté droit, qui, croyant avoir besoin d'eux, n'osa pas leur déplaire, et cessa d'insister. Il fut décrété que les députés mis hors la loi ne seraient plus poursuivis, mais qu'ils ne rentreraient pas dans le sein de l'assemblée.

Le même esprit qui faisait absoudre les uns devait porter à condamner les autres. Un vieux député, nommé Raffron, s'écria qu'il était temps de poursuivre tout ce qui était coupable, et de prouver à la France que la convention n'était pas complice des assassins; il demanda qu'on mît sur-le-champ en jugement Lebon et David, tous deux arrêtés. Ce qui s'était passé dans le Midi, et surtout à Bédouin (Vaucluse), ayant été connu, on voulut un rapport et un acte d'accusation contre Maignet. Une foule de voix demandèrent le jugement de Fouquier-Tinville, et une instruction contre l'ancien ministre de la guerre Bouchotte, celui qui avait livré les bureaux de la guerre aux jacobins. On fit la même proposition contre l'ex-maire Pache, complice, disait-on, des hébertistes, et sauvé par Robespierre. Au milieu de ce torrent d'attaques contre les chefs révolutionnaires, les trois chefs principaux, long-temps défendus, devaient enfin succomber. Billaud-Varennes, Collot-d'Herbois et Barrère, accusés de nouveau, et d'une manière formelle par Legendre, ne purent échapper au sort commun. Les comités ne purent se dispenser de recevoir la dénonciation, et de donner leur avis. Lecointre, déclaré calomniateur dans sa première accusation, annonça qu'il avait fait imprimer les pièces qui lui avaient manqué d'abord; elles furent renvoyées aux comités : ceux-ci, entraînés par l'opinion, n'osèrent pas résister, et déclarèrent qu'il y avait lieu à examen contre Billaud, Collot et Barrère mais non contre Vadier, Vouland, Amar et David.

Le procès de Carrier, longuement instruit en présence d'un public qui déguisait mal l'esprit de réaction dont il était animé, s'acheva enfin le 26 frimaire (16 décembre). Carrier et deux membres du comité révolutionnaire de Nantes, Pinel et Grand-Maison, furent condamnés à la peine de mort, comme agents et complices du système de la terreur; les autres furent acquittés comme excusés de leur participation aux noyades par l'obéissance à leurs supérieurs. Carrier, persistant à soutenir que la révolution tout entière, ceux qui l'avaient faite, soufferte ou dirigée, étaient aussi coupables que lui, fut traîné à l'échafaud : il prit de la résignation au moment fatal, et reçut la mort avec calme et courage. En preuve de l'entraînement aveugle des guerres civiles, on citait de Carrier des traits de caractère qui, avant sa mission à Nantes, prouvaient chez lui une humeur nullement sanguinaire. Les révolutionnaires, tout en condamnant sa conduite, furent effrayés de son sort; ils ne pouvaient pas se dissimuler que cette exécution était le commencement de sanglantes représailles que leur préparait la contre-révolution. Outre les poursuites dirigées contre les représentants membres des anciens comités, ou envoyés en mission, d'autres lois récemment rendues leur prouvaient que la vengeance allait descendre plus bas, et que l'infériorité du rôle ne les sauverait pas. Un décret obligea tous ceux qui avaient rempli des fonctions quelconques et manié les deniers publics, à rendre compte de leur gestion. Or, comme tous les membres des comités révolutionnaires avaient formé des caisses avec le revenu des impôts, avec l'argenterie des églises, avec les taxes révolutionnaires, pour organiser les premiers bataillons de volontaires, pour solder des armées révolutionnaires, pour payer des transports, pour faire la police, pour mille dépenses enfin du même genre, il était évident que tout individu, fonctionnaire pendant la terreur, allait être exposé à des poursuites.

A ces craintes fondées se joignaient encore des bruits fort alarmants. On parlait de paix avec la Hollande, la Prusse, l'Empire, l'Espagne, la Vendée même, et on prétendait que les conditions de cette paix seraient funestes au parti révolutionnaire.

CHAPITRE IV.

Continuation de la guerre sur le Rhin. Prise de Nimègue par les Français. — Politique extérieure de la France. Plusieurs puissances demandent à traiter. — Décret d'amnistie pour la Vendée. — Conquête de la Hollande par Pichegru. Prise d'Utrecht, d'Amsterdam et des principales villes ; occupation des sept Provinces-Unies. Nouvelle organisation politique de la Hollande. — Victoires aux Pyrénées. — Fin de la campagne de 1794. — La Prusse et plusieurs autres puissances coalisées demandent la paix. Premières négociations. — État de la Vendée et de la Bretagne. Puisaye en Angleterre. Mesures de Hoche pour la pacification de la Vendée. Négociations avec les chefs vendéens.

Les armées françaises, maîtresses de toute la rive gauche du Rhin, et prêtes à déboucher sur la rive droite, menaçaient la Hollande et l'Allemagne : fallait-il les porter en avant ou les faire entrer dans leurs cantonnements ? telle était la question qui s'offrait.

Malgré leurs triomphes, malgré leur séjour dans la riche Belgique, elles étaient dans le plus grand dénûment. Le pays qu'elles occupaient, foulé pendant trois ans par d'innombrables légions, était entièrement épuisé. Aux maux de la guerre s'étaient joints ceux de l'administration française, qui avait introduit à sa suite les assignats, le *maximum* et les réquisitions. Des municipalités provisoires, huit administrations intermédiaires, et une administration centrale établie à Bruxelles, gouvernaient la contrée en attendant son sort définitif. Quatre-vingts millions avaient été frappés sur le clergé, les abbayes, les nobles, les corporations. Les assignats avaient été mis en circulation forcée; les prix de Lille avaient servi à déterminer le *maximum* dans toute la Belgique. Les denrées, les marchandises utiles aux armées étaient soumises à la réquisition. Ces réglements n'avaient pas fait cesser la disette. Les marchands, les fermiers cachaient tout ce qu'ils possédaient; et tout manquait à l'officier comme au soldat.

Levée en masse l'année précédente, équipée sur-le-champ, transportée en hâte à Hondschoote, Watignies, Landau, l'armée entière n'avait plus rien reçu de l'administration que de la poudre et des projectiles. Depuis long-temps elle ne campait plus sous toile; elle bivouaquait sous des branches d'arbre, malgré le commencement d'un hiver déjà très-rigoureux. Beaucoup de soldats, manquant de souliers, s'enveloppaient les pieds avec des tresses de paille, ou se couvraient avec des nattes en place de capotes. Les officiers, payés en assignats, voyaient leurs appointements se réduire quelquefois à huit ou dix francs effectifs par mois; ceux qui recevaient quelques secours de leurs familles n'en pouvaient guère faire usage, car tout était requis d'avance par l'administration française. Ils étaient soumis au régime du soldat, marchant à pied, portant le sac sur le dos, mangeant le pain de munition, et vivant des hasards de la guerre.

L'administration semblait épuisée par l'effort extraordinaire qu'elle avait fait pour lever et armer douze cent mille hommes. La nouvelle organisation du pouvoir, faible et divisée, n'était pas propre à lui rendre le nerf et l'activité nécessaires. Ainsi tout aurait commandé de faire entrer l'armée en quartiers d'hiver, et de la récompenser de ses victoires et de ses vertus militaires par du repos et d'abondantes fournitures.

Cependant nous étions devant la place de Nimègue, qui, placée sur le Wahal (c'est le nom du Rhin près de son embouchure), en commandait les deux rives, et pouvait servir de tête de pont à l'ennemi pour déboucher à la campagne suivante sur la rive gauche. Il était donc important de s'emparer de cette place avant d'hiverner; mais l'attaque en était très-difficile. L'armée anglaise, rangée sur la rive droite, y campait au nombre de trente-huit mille hommes; un pont de bateaux lui fournissait le moyen de communiquer avec la place et de la ravitailler. Outre ses fortifications, Nimègue était précédée par un camp retranché garni de troupes. Il aurait donc fallu, pour rendre l'investissement complet, jeter sur la rive droite une armée qui aurait eu à courir les chances du passage et d'une bataille, et qui, en cas de défaite, n'aurait eu aucun moyen de retraite. On ne pouvait donc agir que par la rive gauche, et on était réduit à attaquer le camp retranché sans un grand espoir de succès.

Cependant les généraux français étaient décidés à essayer une de ces attaques brusques et hardies qui venaient de leur ouvrir en si peu de temps les places de Maëstricht et Venloo. Les coalisés, sentant l'importance de Nimègue, s'étaient réunis à Arnheim pour concerter les moyens de la défendre. Il avait été convenu qu'un corps autrichien, sous les ordres du général Wernek, passerait à la solde anglaise, et formerait la gauche du duc d'York pour la défense de la Hollande. Tandis que le duc d'York, avec ses Anglais et ses Hanovriens, resterait sur la rive droite devant le pont de Nimègue, et renouvellerait les forces de la place, le général Wernek devait tenter du côté de Wesel, fort au-dessus de Nimègue, un mouvement singulier, que les militaires expérimentés ont jugé l'un des plus absurdes que la coalition ait imaginés pendant toutes ces campagnes. Ce corps, profitant d'une île que forme le Rhin vers Buderich, devait passer sur la rive gauche, et essayer une pointe entre l'armée de Sambre-et-Meuse et celle du Nord. Ainsi vingt mille hommes allaient être jetés au-delà d'un grand fleuve entre deux armées victorieuses, de quatre-vingt à cent mille hommes chacune, pour voir quel effet ils produiraient sur elles : on devait les renforcer suivant l'événement. On conçoit que ce mouvement, exécuté avec les armées coalisées réunies, pût devenir grand et décisif; mais, essayé avec vingt mille hommes, il n'était qu'une tentative puérile et peut-être désastreuse pour le corps qui en serait chargé.

Néanmoins, croyant sauver Nimègue par ces moyens, les coalisés firent d'une part avancer le corps de Wernek vers Buderich, et de l'autre exécuter des sorties par la garnison de Nimègue. Les Français repoussèrent les sorties, et, comme à Maëstricht et Venloo, ouvrirent la tranchée à une proximité de la place encore inusitée à la guerre. Un hasard heureux accéléra leurs travaux. Les deux extrémités de l'arc qu'ils décrivaient autour de Nimègue aboutissaient au Wahal; ils essayaient de tirer de ces extrémités sur le pont. Quelques-uns de leurs projectiles atteignirent plusieurs pontons, et mirent en péril les communications de la garnison avec l'armée anglaise. Les Anglais, qui étaient dans la place, surpris de cet événement imprévu, rétablirent les pontons, et se hâtèrent de rejoindre le gros de leur armée sur l'autre rive, abandonnant à elle-même la garnison, composée de trois mille Hollandais. A peine les républicains se furent-ils aperçus de l'évacuation, qu'ils redoublèrent le feu. Le gouverneur, épouvanté, fit part au prince d'Orange de sa position, et obtint la permission de se retirer dès qu'il jugerait le péril assez grand. A peine eut-il reçu cette autorisation, qu'il repassa le Wahal de sa personne. Le désordre se mit dans la garnison; une partie rendit les armes; une autre, ayant voulu se sauver sur un pont volant, fut arrêtée par les Français, qui coupèrent les câbles, et vint échouer dans une île où elle fut faite prisonnière.

Le 18 brumaire (8 novembre), les Français

entrèrent dans Nimègue, et se trouvèrent maîtres de cette place importante, grace à leur témérité et à la terreur qu'inspiraient leurs armes. Pendant ce temps, les Autrichiens, commandés par Wernek, avaient essayé de déboucher de Wesel; mais l'impétueux Vandamme, fondant sur eux au moment où ils mettaient le pied au-delà du Rhin, les avait rejetés sur la rive droite, et ils étaient fort heureux de n'avoir pas obtenu plus de succès, car ils auraient couru la chance d'être détruits, s'ils se fussent avancés davantage.

Le moment était enfin arrivé d'entrer dans les cantonnements, puisqu'on était maître de tous les points importants sur le Rhin. Sans doute, conquérir la Hollande, s'assurer ainsi la navigation de trois grands fleuves, l'Escaut, la Meuse et le Rhin; priver l'Angleterre de sa plus puissante alliance maritime, menacer l'Allemagne sur ses flancs, interrompre les communications de nos ennemis du continent avec ceux de l'Océan, ou du moins les obliger à faire le long circuit de Hambourg; nous ouvrir enfin la plus riche contrée du monde, et la plus désirable pour nous dans l'état où se trouvait notre commerce, était un but digne d'exciter l'ambition de notre gouvernement et de nos armées; mais comment oser tenter cette conquête de la Hollande, presque impossible en tout temps, mais surtout inexécutable dans la saison des pluies? Située à l'embouchure de plusieurs fleuves, la Hollande ne consiste qu'en quelques lambeaux de terre jetés entre les eaux de ces fleuves et celles de l'Océan. Son sol, partout inférieur au lit des eaux, est sans cesse menacé par la mer, le Rhin, la Meuse, l'Escaut, et coupé en outre par de petits bras détachés des fleuves, et par une multitude de canaux artificiels. Ces bas-fonds si menacés sont couverts de jardins, de villes manufacturières et d'arsenaux. A chaque pas que veut y faire une armée, elle trouve ou de grands fleuves, dont les rives sont des digues élevées et chargées de canons, ou des bras de rivières et des canaux, tous défendus par l'art des fortifications, ou enfin des places qui sont les plus fortes de l'Europe. Ces grandes manœuvres, qui souvent déconcertent la défense méthodique en rendant les siéges inutiles, sont donc impossibles au milieu d'un pays coupé et défendu par des lignes innombrables. Si une armée parvient cependant à vaincre tant d'obstacles et à s'avancer en Hollande, ses habitants, par un acte d'héroïsme dont ils donnèrent l'exemple sous Louis XIV, n'ont qu'à percer leurs digues, et peuvent engloutir avec leur pays l'armée assez téméraire pour y pénétrer. Il leur reste leurs vaisseaux, avec lesquels ils peuvent, comme les Athéniens, s'enfuir avec leurs principales dépouilles, et attendre des temps meilleurs, ou aller dans les Indes habiter un vaste empire qui leur appartient. Toutes ces difficultés deviennent bien plus grandes encore dans la saison des inondations, et une alliance maritime telle que celle de l'Angleterre les rend insurmontables.

Il est vrai que l'esprit d'indépendance qui travaillait les Hollandais à cette époque, leur haine du stathoudérat, leur aversion contre l'Angleterre et la Prusse, la connaissance qu'ils avaient de leurs intérêts véritables, leurs ressentiments de la révolution si malheureusement étouffée en 1787, donnaient la certitude aux armées françaises d'être vivement désirées. On devait croire que les Hollandais s'opposeraient à ce qu'on perçât les digues, et qu'on ruinât le pays pour une cause qu'ils détestaient. Mais l'armée du prince d'Orange, celle du duc d'York les comprimaient encore, et réunies, elles suffisaient pour empêcher le passage des innombrables lignes qu'il fallait emporter en leur présence. Si donc une surprise était téméraire du temps de Dumouriez, elle était presque folle à la fin de 1794.

Néanmoins le comité de salut public, excité par les réfugiés hollandais, songeait sérieusement à pousser une pointe au-delà du Wahal. Pichegru, presque aussi maltraité que ses soldats, qui étaient couverts de gale et de vermine, était allé à Bruxelles se faire guérir d'une maladie cutanée. Moreau et Regnier l'avaient remplacé : tous deux conseillaient le repos et les quartiers d'hiver. Le général hollandais Daendels, réfugié hollandais, militaire intrépide, proposait avec instance une première tentative sur l'île de Bommel, sauf à ne pas poursuivre si cette attaque ne réussissait pas. La Meuse et le Wahal, coulant parallèlement vers la mer, se joignent un moment fort au-dessous de Nimègue, se séparent de nouveau, et se réunissent encore à Wondrichem, un peu au-dessus de Gorcum. Le terrain compris entre leurs deux bras forme ce qu'on appelle l'île de Bommel. Malgré l'avis de Moreau et Regnier, une attaque fut tentée sur cette île par trois points différents : elle ne réussit pas, et fut abandonnée sur-le-champ avec une grande bonne foi, surtout de la part de Daendels, qui s'empressa d'en avouer l'impossibilité dès qu'il l'eut reconnue.

Alors, c'est-à-dire vers le milieu de frimaire (commencement de décembre), on donna à l'armée les quartiers d'hiver dont elle avait tant besoin, et on établit une partie des cantonnements autour de Breda pour en former le blocus. Cette place et celle de Grave ne s'étaient pas rendues, mais le défaut de communications pendant la durée de l'hiver devait certainement les obliger à se rendre.

C'est dans cette position que l'armée croyait voir s'achever la saison; et certes, elle avait assez fait pour être fière de sa gloire et de ses services. Mais un hasard presque miraculeux lui réservait de nouvelles destinées : le froid, déjà très-vif, augmenta bientôt au point de faire espérer que peut-être les grands fleuves seraient gelés. Pichegru quitta Bruxelles, et n'acheva pas de se faire guérir, afin d'être prêt à saisir l'occasion de nouvelles conquêtes, si la saison la lui offrait. En effet, l'hiver devint bientôt plus rude, et s'annonça comme le plus rigoureux du siècle. Déjà la Meuse et le Wahal charriaient, et leurs bords étaient pris. Le 3 nivôse (23 décembre), la Meuse fut entièrement gelée, et de manière à pouvoir porter du canon. Le général Walmoden, à qui le duc d'York avait laissé le commandement en partant pour l'Angleterre, et qu'il avait condamné ainsi à n'essuyer que des désastres, se vit dans la position la plus difficile. La Meuse étant glacée, son front se trouvait découvert; et le Wahal charriant, menaçant même d'emporter tous les ponts, sa retraite était compromise. Bientôt même il apprit que le pont d'Arnheim venait d'être emporté; il se hâta de faire filer sur ses derrières ses bagages et sa grosse cavalerie, et lui-même dirigea sa retraite sur Deventer, vers les bords de l'Yssel. Pichegru, profitant de l'occasion que lui offrait la fortune de surmonter des obstacles ordinairement invincibles, se prépara à franchir la Meuse sur la glace. Il se disposa à la passer sur trois points, et à s'emparer de l'île de Bommel, tandis que la division qui bloquait Breda attaquerait les lignes qui entouraient cette place. Ces braves Français, exposés presque sans vêtements au plus rude hiver du siècle, marchant avec des souliers auxquels il ne restait que l'empeigne, sortirent aussitôt de leurs quartiers, et renoncèrent gaîment au repos dont ils commençaient à peine à jouir. Le 8 nivôse (28 décembre), par un froid de dix-sept degrés, ils se présentèrent sur trois points, à Crèvecœur, Empel et le fort Saint-André; ils franchirent la glace avec leur artillerie, surprirent les Hollandais presque engourdis par le froid, et les défirent complétement. Tandis qu'ils s'emparaient de l'île de Bommel, celle de leurs divisions qui assiégeait Breda en attaqua les lignes, et les emporta. Les Hollandais, assaillis sur tous les points, se retirèrent en désordre, les uns vers le quartier-général du prince d'Orange, qui s'était toujours tenu à Gorcum, les autres à Thiel. Dans le désordre de leur retraite, ils ne songèrent pas même à défendre les passages du Wahal, qui n'était pas entièrement gelé. Pichegru, maître de l'île de Bommel, dans laquelle il avait pénétré en passant sur les glaces de la Meuse, franchit le Wahal sur différents points, mais n'osa pas s'aventurer au-delà du fleuve, la glace n'étant pas assez forte pour porter du canon. Dans cette situation, le sort de la Hollande était désespéré si la gelée continuait, et tout annonçait que le froid durerait. Le prince d'Orange avec ses Hollandais découragés à Gorcum, Walmoden avec ses Anglais en pleine retraite sur Deventer, ne pouvaient tenir contre un vainqueur formidable, qui leur était de beaucoup supérieur en forces, et qui venait d'enfoncer le centre de leur ligne. La situation politique n'était pas moins alarmante que la situation militaire. Les Hollandais, pleins d'espérance et de joie en voyant s'approcher les Français, commençaient à s'agiter. Le parti orangiste était de beaucoup trop faible pour imposer au parti républicain. Partout les ennemis de la puissance stathoudérienne lui reprochaient d'avoir aboli les libertés du pays, d'avoir enfermé ou banni les meilleurs et les plus généreux patriotes, d'avoir surtout sacrifié la Hollande à l'Angleterre, en l'entraînant dans une alliance contraire à tous ses intérêts commerciaux et maritimes. Ils se réunissaient secrètement en comités révolutionnaires, prêts à se soulever au premier signal, à destituer les autorités, et à en nommer d'autres. La province de Frise, dont les états étaient assemblés, osa déclarer qu'elle voulait se séparer du stathouder; les citoyens d'Amsterdam firent une pétition aux autorités de la province, dans laquelle ils déclaraient qu'ils étaient prêts à s'opposer à tout préparatif de défense, et qu'ils ne souffriraient jamais surtout qu'on voulût percer les digues. Dans cette situation désespérée, le stathouder songea à négocier, et adressa des envoyés au quartier-général de Pichegru, pour demander une trêve, et offrir pour conditions de paix, la neutralité et une indemnité des frais de la guerre. Le général français et les représentants refusèrent la trêve; et, quant aux offres de paix, en référèrent aussitôt au comité de salut public. Déjà l'Espagne, menacée par Dugommier, que nous

avons laissé descendant des Pyrénées, et par Moncey, qui, maître du Guipuscoa, s'avançait sur Pampelune, avait fait des propositions d'accommodement. Les représentants envoyés en Vendée, pour examiner si une pacification était possible, avaient répondu affirmativement et demandé un décret d'amnistie. Quelque secret que soit un gouvernement, toujours les négociations de ce genre transpirent : elles transpirent même avec des ministres absolus, inamovibles; comment seraient-elles restées secrètes avec des comités renouvelés par quart tous les mois? On savait dans le public que la Hollande, l'Espagne faisaient des propositions; on ajoutait que la Prusse, revenue de ses illusions, et reconnaissant la faute qu'elle avait faite de s'allier à la maison d'Autriche, demandait à traiter; on savait par tous les journaux de l'Europe qu'à la diète de Ratisbonne plusieurs états de l'Empire, fatigués d'une guerre qui les touchait peu, avaient demandé l'ouverture d'une négociation : tout disposait donc les esprits à la paix ; et de même qu'ils étaient revenus des idées de terreur révolutionnaire à des sentiments de clémence, ils passaient maintenant des idées de guerre à celles d'une réconciliation générale avec l'Europe. On recueillait les moindres circonstances pour en tirer des conjectures. Les malheureux enfants de Louis XVI, privés de tous leurs parents, et séparés l'un de l'autre dans la prison du Temple, avaient vu leur sort un peu amélioré depuis le 9 thermidor. Le cordonnier Simon, gardien du jeune prince, avait péri comme complice de Robespierre. On lui avait substitué trois gardiens, dont un seul changeait chaque jour, et qui montraient au jeune prince plus d'humanité. On tirait de ces changements opérés au Temple de vastes conséquences. Le travail projeté sur les moyens de retirer les assignats donnait lieu aussi à de grandes conjectures. Les royalistes, qui se montraient déjà, et dont le nombre s'augmentait de ces incertains qui abandonnent toujours un parti qui commence à faiblir, disaient avec malice qu'on allait faire la paix. Ne pouvant plus dire aux républicains : Vos armées seront battues, ce qui avait été répété trop souvent sans succès, et ce qui devenait trop niais, ils leur disaient : On va les arrêter dans la victoire; la paix est signée; on n'aura pas le Rhin; la condition de la paix sera le rétablissement de Louis XVII sur le trône, la rentrée des émigrés, l'abolition des assignats, la restitution des biens nationaux. On conçoit combien de tels bruits devaient irriter les patriotes. Ceux-ci, déjà effrayés des poursuites dirigées contre eux, voyaient avec désespoir le but qu'ils avaient poursuivi avec tant d'effort, compromis par le gouvernement.—A quoi destinez-vous le jeune Capet? disaient-ils; qu'allez-vous faire des assignats? Nos armées n'auront-elles versé tant de sang que pour être arrêtées au milieu de leurs victoires? n'auront-elles pas la satisfaction de donner à leur patrie la ligne du Rhin et des Alpes? L'Europe a voulu démembrer la France; la juste représaille de la France victorieuse sur l'Europe doit être de conquérir les provinces qui complètent son sol. Que va-t-on faire pour la Vendée? Va-t-on pardonner aux rebelles quand on immole les patriotes? « Il vaudrait mieux, s'écria un membre de la Montagne dans un transport d'indignation, être Charette que député à la convention. »

On conçoit combien tous ces sujets de division, joints à ceux que la politique intérieure fournissait déjà, devaient agiter les esprits. Le comité de salut public, se voyant pressé entre les deux partis, se crut obligé de s'expliquer: il vint déclarer à deux reprises différentes, une première fois par l'organe de Carnot, une autre fois par celui de Merlin (de Douai), que les armées avaient reçu ordre de poursuivre leurs triomphes, et de n'entendre les propositions de paix qu'au milieu des capitales ennemies.

Les propositions de la Hollande lui parurent en effet trop tardives pour être acceptées, et il ne crut pas devoir consentir à négocier à l'instant où on allait être maître du pays. Abattre la puissance stathoudérienne, relever la république hollandaise, lui sembla digne de la république française. On s'exposait, à la vérité, à voir toutes les colonies de la Hollande, et même une partie de sa marine, devenir la proie des Anglais, qui déclareraient s'en emparer au nom du stathouder; mais les considérations politiques devaient l'emporter. La France ne pouvait pas ne pas abattre le stathoudérat; cette conquête de la Hollande ajoutait au merveilleux de ses victoires, intimidait davantage l'Europe, compromettait surtout les flancs de la Prusse, obligeait cette puissance à traiter sur-le-champ, et par-dessus tout rassurait les patriotes français. En conséquence Pichegru eut ordre de ne plus s'arrêter. La Prusse, l'Empire n'avaient encore fait aucune ouverture, et on n'eut rien à leur répondre. Quant à l'Espagne, qui promettait de reconnaître la république et de lui payer des indemnités, à condition qu'on ferait vers les Pyrénées un petit état à Louis XVII, elle fut écoutée avec mépris et indignation, et ordre fut donné aux deux généraux français de s'avancer sans relâche. Quant à la Vendée, un décret d'amnistie fut rendu : il portait que tous les rebelles, sans distinction de grade, qui poseraient les armes dans l'intervalle d'un mois, ne seraient pas poursuivis pour le fait de leur insurrection.

Le général Canclaux, destitué à cause de sa modération, fut replacé à la tête de l'armée dite de l'Ouest, qui comprenait la Vendée. Le jeune Hoche, qui avait déjà le commandement de l'armée des côtes de Brest, reçut en outre celui de l'armée des côtes de Cherbourg : personne n'était plus capable que ces deux généraux de pacifier le pays, par le mélange de la prudence et de l'énergie.

Pichegru, qui avait reçu ordre de poursuivre sa marche victorieuse, attendait que la surface du Wahal fût entièrement prise. Notre armée longeait le fleuve; elle était répandue sur ses bords vers Millingen, Nimègue, et tout le long de l'île de Bommel, dont nous étions maîtres. Walmoden, voyant que Pichegru, vers Bommel, n'avait laissé que quelques avant-postes sur la rive droite, les replia, et commença un mouvement offensif. Il proposait au prince d'Orange de se joindre à lui, pour former de leurs deux armées réunies une masse imposante, qui pût arrêter par une bataille l'ennemi qu'on ne pouvait plus contenir maintenant par la ligne des fleuves. Le prince d'Orange, tenant à ne pas découvrir la route d'Amsterdam, ne voulut jamais quitter Gorcum. Walmoden songea à se placer sur sa ligne de retraite, qu'il avait tracée d'avance du Wahal à la Linge, de la Linge au Leck, du Leck à l'Yssel, par Thiel, Arnheim et Deventer.

Tandis que les républicains attendaient la gelée avec la plus vive impatience, la place de Grave, défendue avec un courage héroïque par le commandant Debons, se rendit presque réduite en cendres. C'était la principale des places que les Hollandais possédaient au-delà de la Meuse, et la seule qui n'eût pas cédé à l'ascendant de nos armes. Les Français y entrèrent le 9 nivôse (29 décembre). Enfin, le 19 nivôse (8 janvier 1795), le Wahal se trouva solidement gelé. La division Souham le franchit vers Bommel; la brigade Dewinther, détachée du corps de Macdonald, le traversa vers Thiel. A Nimègue et au-dessus, le passage n'était pas aussi facile, parce que le Wahal n'était pas entièrement pris. Néanmoins, le 21 (10), la droite des Français le passa au-dessus de Nimègue, et Macdonald, appuyé par elle, passa à Nimègue même dans des bateaux. En voyant ce mouvement général, l'armée de Walmoden se retira. Une bataille seule aurait pu la sauver; mais dans l'état de division et de découragement où se trouvaient les coalisés, une bataille n'aurait peut-être amené qu'un désastre. Walmoden exécuta un changement de front en arrière, en se portant sur la ligne de l'Yssel, afin de gagner le Hanovre par les provinces de la terre ferme. Conformément au plan de retraite qu'il s'était tracé, il abandonna ainsi les provinces d'Utrecht et de la Gueldre aux Français. Le prince d'Orange resta vers la mer, c'est-à-dire à Gorcum. N'espérant plus rien, il abandonna son armée, se présenta aux états réunis à La Haye, leur déclara qu'il avait essayé tout ce qui était en son pouvoir pour la défense du pays, et qu'il ne lui restait plus rien à faire. Il engagea les représentants à ne pas résister davantage au vainqueur, pour ne pas amener de plus grands malheurs. Il s'embarqua aussitôt après pour l'Angleterre.

Dès cet instant, les vainqueurs n'avaient plus qu'à se répandre comme un torrent dans toute la Hollande. Le 28 nivôse (17 janvier), la brigade Salm entra à Utrecht, et le général Vandamme à Arnheim. Les états de Hollande décidèrent qu'on ne résisterait plus aux Français, et que des commissaires iraient leur ouvrir les places dont ils croiraient avoir besoin pour leur sûreté. De toutes parts, les comités secrets qui s'étaient formés, manifestaient leur existence, chassaient les autorités établies, et en nommaient spontanément de nouvelles. Les Français étaient reçus à bras ouverts et comme des libérateurs : on leur apportait les vivres, les vêtements dont ils manquaient. A Amsterdam, où ils n'étaient pas entrés encore, et où on les attendait avec impatience, la plus grande fermentation régnait. La bourgeoisie, irritée contre les orangistes, voulait que la garnison sortît de la ville, que la régence se démît de son autorité, et qu'on rendît leurs armes aux citoyens. Pichegru, qui approchait, envoya un aide-de-camp pour engager les autorités municipales à maintenir le calme et à empêcher les désordres. Le 1er pluviôse enfin (20 janvier), Pichegru, accompagné des représentants Lacoste, Bellegarde et Joubert, fit son entrée dans Amsterdam. Les habitants accoururent à sa rencontre, portant en triomphe les patriotes persécutés, criant *vive la république française! vive Pichegru! vive la liberté!!!* Ils admiraient ces braves gens, qui, à moitié nus, venaient de braver un pareil hiver et de remporter tant

de victoires. Les soldats français donnèrent dans cette occasion le plus bel exemple d'ordre et de discipline. Privés de vivres et de vêtements, exposés à la glace et à la neige, au milieu de l'une des plus riches capitales de l'Europe, ils attendirent pendant plusieurs heures, autour de leurs armes rangées en faisceaux, que les magistrats eussent pourvu à leurs besoins et à leurs logements. Tandis que les républicains entraient d'un côté, les orangistes et les émigrés français fuyaient de l'autre. La mer était couverte d'embarcations chargées de fugitifs et de dépouilles de toute espèce.

Le même jour, 1er pluviôse, la division Bonnaud, qui venait la veille de s'emparer de Gertruydemberg, traversa le Biesbos gelé, et entra dans la ville de Dordrecht, où elle trouva six cents pièces de canon, dix mille fusils, et des magasins de vivres et des munitions pour une armée de trente mille hommes. Cette division traversa ensuite Rotterdam pour entrer à La Haye, où siégeaient les états. Ainsi, la droite vers l'Yssel, le centre vers Amsterdam, la gauche vers La Haye, prenaient successivement possession de toutes les provinces. Le merveilleux lui-même vint s'ajouter à cette opération de guerre déjà si extraordinaire.

Une partie de la flotte hollandaise mouillait près du Texel. Pichegru, qui ne voulait pas qu'elle eût le temps de se détacher des glaces et de faire voile vers l'Angleterre, envoya des divisions de cavalerie et plusieurs batteries d'artillerie légère vers la Nord-Hollande. Le Zuyderzée était gelé : nos escadrons traversèrent au galop ces plaines de glace, et l'on vit des hussards et des artilleurs à cheval sommer comme une place forte ces vaisseaux devenus immobiles. Les vaisseaux hollandais se rendirent à ces assaillants d'une espèce si nouvelle.

A la gauche, il ne restait plus qu'à s'emparer de la province de Zélande, qui se compose des îles placées à l'embouchure de l'Escaut et de la Meuse ; et à la droite, des provinces de l'Over-Yssel, Drente, Frise et Groningue, qui joignent la Hollande au Hanovre. La province de Zélande, forte de sa position inaccessible, proposa une capitulation un peu fière, par laquelle elle demandait à ne pas recevoir de garnison dans ses principales places, à ne pas être soumise à des contributions, à ne pas recevoir d'assignats, à conserver ses vaisseaux et ses propriétés publiques et particulières, en un mot à ne subir aucun des inconvénients de la guerre. Elle demandait aussi pour les

émigrés français la faculté de se retirer sains
et saufs. Les représentants acceptèrent quelques-uns des articles de la capitulation, ne
prirent aucun engagement quant aux autres,
disant qu'il fallait en référer au comité de salut public; et sans plus d'explications, ils entrèrent dans la province, fort contents d'éviter
les dangers d'une attaque de vive force, et de
conserver les escadres, qui auraient pu être
livrées à l'Angleterre. Tandis que ces choses se
passaient à la gauche, la droite franchissant
l'Yssel, chassait les Anglais devant elle, et les
rejetait jusqu'au-delà de l'Ems. Les provinces
de Frise, de Drente et de Groningue, se trouvèrent ainsi conquises, et les sept Provinces-
Unies soumises aux armes victorieuses de la
république.

Cette conquête, due à la saison, à la constance admirable de nos soldats, à leur heureux
tempérament pour résister à toutes les souffrances, beaucoup plus qu'à l'habileté de nos
généraux, excita en Europe un étonnement
mêlé de terreur, et en France un enthousiasme
extraordinaire. Carnot, ayant dirigé les opérations des armées pendant la campagne des
Pays-Bas, était le premier et véritable auteur
des succès. Pichegru, et surtout Jourdan, l'a-
vaient secondé à merveille pendant cette suite

sanglante de combats. Mais depuis qu'on avait passé de la Belgique en Hollande, tout était dû aux soldats et à la saison. Néanmoins Pichegru, général de l'armée, eut toute la gloire de cette conquête merveilleuse, et son nom, porté sur les ailes de la renommée, circula dans toute l'Europe comme celui du premier général français.

Ce n'était pas tout d'avoir conquis la Hollande, il fallait s'y conduire avec prudence et politique. D'abord il importait de ne pas fouler le pays, pour ne point indisposer les habitants. Après ce soin, il restait à imprimer à la Hollande une direction politique, et on allait se trouver entre deux opinions contraires. Les uns voulaient qu'on rendît cette conquête utile à la liberté, en révolutionnant la Hollande; les autres voulaient qu'on n'affichât pas un trop grand esprit de prosélytisme, afin de ne pas alarmer de nouveau l'Europe prête à se réconcilier avec la France.

Le premier soin des représentants fut de publier une proclamation, dans laquelle ils déclaraient qu'ils respecteraient toutes les propriétés particulières, excepté cependant celles du stathouder; que ce dernier étant le seul ennemi de la république française, ses propriétés étaient dues aux vainqueurs en dédommagement des

frais de la guerre ; que les Français entraient
en amis de la nation batave, non point pour lui
imposer ni un culte, ni une forme de gouvernement quelconques, mais pour l'affranchir
de ses oppresseurs, et lui rendre les moyens
d'exprimer son vœu. Cette proclamation, suivie de véritables effets, produisit l'impression
la plus favorable. Partout les autorités furent
renouvelées sous l'influence française. On ex-
clut des états quelques membres qui n'y avaient
été introduits que par l'influence stathoudérienne; on choisit pour président Petter Pau-
lus, ministre de la marine avant le renverse-
ment du parti républicain en 1787, homme
distingué et très-attaché à son pays. Cette assemblée abolit le stathoudérat à perpétuité,
et proclama la souveraineté du peuple. Elle
vint en informer les représentants, et leur faire
hommage en quelque sorte de sa résolution.
Elle se mit à travailler ensuite à une constitution, et confia à une administration provisoire les affaires du pays. Sur les quatre-vingts
ou quatre-vingt-dix vaisseaux composant la
marine militaire de Hollande, cinquante étaient
demeurés dans les ports et furent conservés à
la république batave; les autres avaient été saisis par les Anglais. L'armée hollandaise, dissoute depuis le départ du prince d'Orange, dut

se réorganiser sur un nouveau pied, et sous les ordres du général Daendels. Quant à la fameuse banque d'Amsterdam, le mystère de sa caisse fut enfin dévoilé. Avait-elle continué à être banque de dépôt, ou bien était-elle devenue banque d'escompte en prêtant, soit à la compagnie des Indes, soit au gouvernement, soit aux provinces? Telle était la question qu'on s'adressait depuis long-temps, et qui diminuait singulièrement le crédit de cette banque célèbre. Il fut constaté qu'elle avait prêté pour huit à dix millions de florins environ sur les obligations de la compagnie des Indes, de la chambre des emprunts, de la province de Frise et de la ville d'Amsterdam. C'était là une violation de ses statuts. On prétendit que, du reste, il n'y avait pas de déficit, parce que ces obligations représentaient des valeurs certaines. Mais il fallait que la compagnie, la chambre des emprunts, le gouvernement, pussent payer, pour que les obligations acceptées par la banque ne donnassent pas lieu à déficit.

Cependant, tandis que les Hollandais songeaient à régler l'état de leur pays, il fallait pourvoir aux besoins de l'armée française qui manquait de tout. Les représentants firent en draps, en souliers, en vêtements de toute espèce, en vivres et munitions, une réquisition

au gouvernement provisoire, à laquelle il se
chargea de satisfaire. Cette réquisition, sans
être excessive, était suffisante pour équiper
l'armée et la nourrir. Le gouvernement hollandais invita les villes à fournir chacune leur
part de cette réquisition, leur disant avec raison qu'il fallait se hâter de satisfaire un vainqueur généreux, qui demandait au lieu de
prendre, et qui n'exigeait tout juste que ce que
réclamaient ses besoins. Les villes montrèrent
le plus grand empressement, et les objets mis
en réquisition furent fournis exactement. On
fit ensuite un arrangement pour la circulation
des assignats. Les soldats ne recevant leur solde
qu'en papier, il fallait que ce papier eût cours
de monnaie pour qu'ils pussent payer ce qu'ils
prenaient. Le gouvernement hollandais rendit
une décision à cet égard. Les boutiquiers et les
petits marchands étaient obligés de recevoir les
assignats de la main des soldats français, au taux
de neuf sous pour franc; ils ne pouvaient vendre pour plus de dix francs au même soldat;
ils devaient ensuite, à la fin de chaque semaine, se présenter aux municipalités, qui
retiraient les assignats au taux d'après lequel
ils avaient été reçus. Grace à ces divers arrangements, l'armée, qui avait souffert si long-temps, se trouva enfin dans l'abondance, et

commença à goûter le fruit de ses victoires.

Nos triomphes si surprenants en Hollande n'étaient pas moins éclatants en Espagne. Là, grace au climat, les opérations avaient pu continuer. Dugommier, quittant les Hautes-Pyrénées, s'était porté en présence de la ligne ennemie, et avait attaqué sur trois points la longue chaîne des positions prises par le général La Union. Le brave Dugommier fut tué d'un boulet de canon à l'attaque du centre. La gauche n'avait pas été heureuse; mais sa droite, grace à la bravoure et à l'énergie d'Augereau, avait obtenu une victoire complète. Le commandement avait été donné à Pérignon, qui recommença l'attaque le 30 brumaire (20 novembre), et remporta un succès décisif. L'ennemi avait fui en désordre, et nous avait laissé le camp retranché de Figuières. La terreur même s'emparant des Espagnols, le commandant de Figuières nous avait ouvert la place le 9 frimaire, et nous étions entrés ainsi dans l'une des premières forteresses de l'Europe. Telle était notre position en Catalogne. Vers les Pyrénées occidentales, nous avions pris Fontarabie, Saint-Sébastien, Tolosa, et nous occupions toute la province de Guipuscoa. Moncey, qui remplaçait le général Muller, avait franchi les montagnes, et s'était porté jusqu'aux portes de Pampelune. Cependant, croyant sa position trop hasardée, il était revenu sur ses pas, et, appuyé sur des positions plus sûres, il attendait le retour de la belle saison pour pénétrer dans les Castilles.

L'hiver donc n'avait pu arrêter le cours de cette immortelle campagne, et elle venait de s'achever, au milieu de la saison des neiges et des frimas, en pluviôse, c'est-à-dire en janvier et février. Si la belle campagne de 93 nous avait sauvés de l'invasion par le déblocus de Dunkerque, de Maubeuge et de Landau, celle de 94 venait de nous ouvrir la carrière des conquêtes, en nous donnant la Belgique, la Hollande, les pays compris entre Meuse et Rhin, le Palatinat, la ligne des grandes Alpes, la ligne des Pyrénées, et plusieurs places en Catalogne et en Biscaye. Plus tard on verra de plus grandes merveilles encore; mais ces deux campagnes resteront dans l'histoire comme les plus nationales, les plus légitimes et les plus honorables pour la France.

La coalition ne pouvait résister à tant et de si rudes secousses. Le cabinet anglais, qui, par les fautes du duc d'York, n'avait perdu que les états de ses alliés; qui, sous prétexte de les rendre au stathouder, venait de gagner quarante ou cinquante vaisseaux, et qui allait s'emparer sous le même prétexte des colonies hollandaises; le cabinet anglais pouvait n'être pas pressé de terminer la guerre; il tremblait au contraire de la voir finir par la dissolution de la coalition; mais la Prusse, qui apercevait les Français sur les bords du Rhin et de l'Ems, et qui voyait le torrent prêt à se déborder sur elle, la Prusse n'hésita plus; elle envoya sur-le-champ au quartier-général de Pichegru un commissaire pour stipuler une trêve, et promettre d'ouvrir immédiatement des négociations de paix. Le lieu choisi pour ces négociations fut Bâle, où la république française avait un agent qui s'était attiré une grande considération auprès des Suisses, par ses lumières et sa modération. Le prétexte employé pour choisir ce lieu fut qu'on pourrait y traiter avec plus de secret et de repos qu'à Paris même, où fermentaient encore trop de passions, et où se croisaient une multitude d'intrigues étrangères; mais ce n'était point là le motif véritable. Tout en faisant des avances de paix à cette république qu'on s'était promis d'anéantir par une seule marche militaire, on voulait dissimuler l'aveu d'une défaite, et on aimait mieux venir chercher la paix en pays neutre qu'au milieu de Paris. Le comité de salut public, moins altier que son prédécesseur, et sentant la nécessité de détacher la Prusse de la coalition, consentit à revêtir son agent à Bâle de pouvoirs suffisants pour traiter. La Prusse envoya le baron de Goltz, et les pouvoirs furent échangés à Bâle le 3 pluviôse an III (22 janvier 1795).

L'Empire avait tout autant d'envie de se retirer de la coalition que la Prusse. La plupart de ses membres, incapables de fournir le quintuple contingent et les subsides votés sous l'influence de l'Autriche, s'étaient laissé inutilement presser, pendant toute la campagne, de tenir leurs engagements. Excepté ceux qui avaient leurs états compromis au-delà du Rhin, et qui voyaient bien que la république ne les leur rendrait pas à moins d'y être forcée, tous désiraient la paix. La Bavière, la Suède, pour le duché de Holstein, l'électeur de Mayence, et plusieurs autres états, avaient dit qu'il était temps de mettre fin *par une paix acceptable à une guerre ruineuse*; que l'empire germanique n'avait eu pour but que le maintien des stipulations de 1648, et n'avait pris fait et cause que pour ceux de ses états voisins de l'Alsace et de la Lorraine; qu'il songeait à sa conservation et non à son agrandissement; que jamais *son intention n'avait été ni pu être de se mêler du gouvernement intérieur de la*

France; que cette déclaration pacifique devait être faite au plus tôt, pour mettre un terme aux maux qui affligeaient l'humanité; que la Suède, garante des stipulations de 1648, et heureusement restée neutre au milieu de cette guerre universelle, pourrait se charger de la médiation. La majorité des votes avait accueilli cette proposition. L'électeur de Trèves, privé de ses états, l'envoyé impérial pour la Bohême et l'Autriche, avaient déclaré seuls que sans doute il fallait rechercher la paix, mais qu'elle n'était guère possible avec un pays sans gouvernement. Enfin, le 25 décembre, la diète avait publié provisoirement un *conclusum* tendant à la paix, sauf à décider ensuite par qui la proposition serait faite. Le sens du *conclusum* était que, tout en faisant les préparatifs d'une nouvelle campagne, on n'en devait pas moins faire des ouvertures de paix; que sans doute la France, touchée des maux de l'humanité, convaincue qu'on ne voulait pas se mêler de ses affaires intérieures, consentirait à des conditions honorables pour les deux partis.

Ainsi, quiconque avait commis des fautes songeait à les réparer, s'il en était temps encore. L'Autriche, quoique épuisée par ses efforts, avait trop perdu en perdant les Pays-Bas, pour songer à poser les armes. L'Espagne aurait voulu se retirer; mais, engagée dans les intrigues anglaises, et retenue par une fausse honte dans la cause de l'émigration française, elle n'osait pas encore demander la paix.

Le découragement qui s'emparait des ennemis extérieurs de la république, gagnait aussi ses ennemis intérieurs. Les Vendéens, divisés, épuisés, n'étaient pas éloignés de la paix; pour les décider, il n'y avait qu'à la leur proposer adroitement, et la leur faire espérer sincère. Les forces de Stofflet, Sapinaud et Charette, étaient singulièrement réduites. Ce n'était plus que par contrainte qu'ils faisaient marcher leurs paysans. Ceux-ci, fatigués de carnage, et surtout ruinés par les dévastations, auraient volontiers abandonné cette horrible guerre. Il ne restait d'entièrement dévoués aux chefs que quelques hommes d'un tempérament tout-à-fait militaire, des contrebandiers, des déserteurs, des braconniers, pour lesquels les combats et le pillage étaient devenus un besoin, et qui se seraient ennuyés des travaux agricoles; mais ceux-là étaient peu nombreux. Ils composaient la troupe d'élite, constamment réunie, mais très-insuffisante pour soutenir les efforts républicains. Ce n'était qu'avec la plus grande peine qu'on pouvait, les jours d'expédition, arracher les paysans à leurs champs.

Ainsi les trois chefs vendéens n'avaient presque plus de forces. Malheureusement pour eux, ils n'étaient pas même unis. On a vu que Stofflet, Sapinaud et Charette, avaient fait à Jalais des conventions qui n'étaient qu'un ajournement de leurs rivalités. Bientôt Stofflet, inspiré par l'ambitieux abbé Bernier, avait voulu organiser son armée à part, et se donner des finances, une administration, tout ce qui constitue enfin une puissance régulière; et, dans ce but, il voulait fabriquer un papier-monnaie. Charette, jaloux de Stofflet, s'était vivement opposé à ses desseins. Secondé de Sapinaud, dont il disposait, il avait sommé Stofflet de renoncer à son projet, et de comparaître devant le conseil commun institué par les conventions de Jalais. Stofflet refusa de répondre. Sur son refus, Charette déclara les conventions de Jalais annulées. C'était en quelque sorte le dépouiller de son commandement, car c'était à Jalais qu'ils s'étaient réciproquement reconnu leurs titres. La brouille était donc complète, et ne leur permettait pas de remédier à l'épuisement par le bon accord. Malgré que les agents royalistes de Paris eussent mission de lier correspondance avec Charette, et de lui faire arriver les lettres du régent, rien n'était encore parvenu à ce chef.

La division de Scépeaux, entre la Loire et la Vilaine, présentait le même spectacle. En Bretagne, il est vrai, l'énergie était moins relâchée : une longue guerre n'avait point épuisé les habitants. La chouannerie était un brigandage lucratif, qui ne fatiguait nullement ceux qui s'y livraient, et d'ailleurs un chef unique, et d'une persévérance sans égale, était là pour ranimer l'ardeur prête à s'éteindre. Mais ce chef, qui, comme on l'a vu, n'attendait pour partir que d'avoir achevé l'organisation de la Bretagne, venait de se rendre à Londres, afin d'entrer en communication avec le cabinet anglais et les princes français. Puisaye avait laissé, pour le remplacer auprès du comité central, en qualité de major-général, un sieur Desotteux, se disant baron de Cormatin. Les émigrés, si abondants dans les cours de l'Europe, étaient fort rares en Vendée, en Bretagne, partout où l'on faisait cette pénible guerre civile. Ils affectaient un grand mépris pour ce genre de service, et appelaient cela *chouanner*. Par cette raison, les sujets manquaient, et Puisaye avait pris cet aventurier qui venait de se parer du titre de baron de Cormatin, parce que sa femme avait hérité en Bourgogne d'une petite baronnie de ce nom. Il avait été tour à tour chaud révolutionnaire, officier de Bouillé, puis chevalier du poignard, et enfin il avait émigré, cherchant partout un rôle. C'était un énergumène, parlant et gesticulant avec une grande vivacité, et capable des plus subits changements. Tel est l'homme que Puisaye, sans le connaître assez, laissa en Bretagne.

Puisaye avait eu soin d'organiser une correspondance par les îles de Jersey; mais son absence se prolongeait; souvent ses lettres n'arrivaient pas; Cormatin n'était nullement capable de suppléer à sa présence, et de ranimer les courages; les chefs s'impatientaient ou se décourageaient, et ils voyaient les haines, calmées par la clémence de la convention, se relâcher autour d'eux, et les éléments de la guerre civile se dissoudre. La présence d'un général comme Hoche était peu propre à les encourager; de sorte que la Bretagne, quoique moins épuisée que la Vendée, était tout aussi disposée à recevoir une paix adroitement offerte.

Canclaux et Hoche étaient tous deux fort capables de la faire réussir. On a déjà vu agir Canclaux dans la première guerre de la Vendée : il avait laissé dans le pays une grande réputation de modération et d'habileté. L'armée qu'on lui donnait à commander était considérablement affaiblie par les renforts continuels envoyés aux Pyrénées et sur le Rhin, et, de plus, entièrement désorganisée par un si long séjour dans les mêmes lieux. Par le désordre ordinaire des guerres civiles, l'indiscipline l'avait gagnée, et il s'en était suivi le pillage, la débauche, l'ivrognerie, les maladies. C'était la seconde rechute de cette armée depuis le commencement de cette guerre funeste. Sur quarante-six mille hommes dont elle se composait, quinze ou dix-huit étaient dans les hôpitaux; les trente mille restant étaient mal armés et la moitié gardait les places : ainsi quinze mille tout au plus étaient disponibles. Canclaux se fit donner vingt mille hommes, dont quatorze mille pris à l'armée de Brest, et six à celle de Cherbourg. Avec ce renfort il doubla tous les postes, fit reprendre le camp des Sorinières près de Nantes, récemment enlevé par Charette, et se porta en forces sur le Layon, qui formait la ligne défensive de Stofflet dans le Haut-Anjou. Après avoir pris cette attitude imposante, il répandit en quantité les décrets et la proclamation de la convention, et envoya des émissaires dans tout le pays.

Hoche, habitué à la grande guerre, doué de qualités supérieures pour la faire, se voyait avec désespoir condamné à une guerre civile sans générosité, sans combinaisons, sans gloire. Il avait d'abord demandé son remplacement; mais il s'était résigné bientôt à servir son pays dans un poste désagréable et trop obscur pour ses talents. Il allait être récompensé de cette résignation en trouvant, sur le théâtre même qu'il voulait quitter, l'occasion de déployer les qualités d'un homme d'état autant que celles d'un général. Son armée était entièrement affaiblie par les renforts envoyés à Canclaux; il avait à peine quarante mille hommes mal organisés pour garder un pays coupé, montagneux, boisé, et plus de trois cent cinquante lieues de côtes depuis Cherbourg jusqu'à Brest. On lui promit douze mille hommes tirés du Nord. Il demandait surtout des soldats habitués à la discipline, et il se mit aussitôt à corriger les siens des habitudes contractées dans la guerre civile. « Il faut, disait-il, ne mettre en « tête de nos colonnes que des hommes disci-« plinés, qui puissent se montrer aussi vail-« lants que modérés, et être des médiateurs « autant que des soldats. » Il les avait formés en une multitude de petits camps, et il leur recommandait de se répandre par troupes de quarante et cinquante, de chercher à acquérir la connaissance des lieux, de s'habituer à cette guerre de surprises, de lutter d'artifice avec les chouans, de parler aux paysans, de se lier avec eux, de les rassurer, de s'attirer leur amitié et même leur concours. « Ne perdons « jamais de vue, écrivait-il à ses officiers, que « la politique doit avoir beaucoup de part à « cette guerre. Employons tour à tour l'huma- « nité, la vertu, la probité, la force, la ruse, « et toujours la dignité qui convient à des répu- « blicains. » En peu de temps il avait donné à cette armée un autre aspect et une autre attitude; l'ordre indispensable à la pacification y était revenu. C'est lui qui, mêlant envers ses soldats l'indulgence à la sévérité, écrivait ces paroles charmantes à l'un de ses lieutenants qui se plaignait trop amèrement de quelques excès d'ivrognerie : « Eh! mon ami, si les « soldats étaient philosophes, ils ne se battraient « pas!.... Corrigeons cependant les ivrognes, si « l'ivresse les fait manquer à leur devoir. » Il avait conçu les idées les plus justes sur le pays, et sur la manière de le pacifier. « Il faut des prê- « tres à ces paysans, écrivait-il; laissons-les- « leur, puisqu'ils en veulent. Beaucoup ont « souffert, et soupirent après leur retour à la « vie agricole; qu'on leur donne quelques se- « cours pour réparer leurs fermes. Quant à « ceux qui ont pris l'habitude de la guerre,

« les rejeter dans leur pays est impossible; ils
« le troubleraient de leur oisiveté et de leur
« inquiétude. Il faut en former des légions
« et les enrôler dans les armées de la républi-
« que. Ils feront d'excellents soldats d'avant-
« garde; et leur haine de la coalition, qui ne
« les a pas secourus, nous garantit de leur fidé-
« lité. D'ailleurs que leur importe la cause? il
« leur faut la guerre. Souvenez-vous, ajoutait-il,
« des bandes de Duguesclin allant détrôner
« Pierre-le-Cruel, et du régiment levé par Vil-
« lars dans les Cévennes. » Tel était le jeune
général appelé à pacifier ces malheureuses contrées.

Les décrets de la convention répandus à
profusion en Vendée et en Bretagne, l'élargissement des suspects, soit à Nantes, soit à Rennes, la grace accordée à madame de Bonchamp,
qui fut sauvée par un décret de la mort prononcée contre elle, l'annulation de toutes les
condamnations non exécutées, la liberté accordée à l'exercice des cultes, la défense de
dévaster les églises, l'élargissement des prêtres, la punition de Carrier et de ses complices, commencèrent à produire l'effet qu'on
en attendait dans les deux pays, et disposèrent
les esprits à profiter de l'amnistie commune
promise aux chefs et aux soldats. Les haines

s'apaisaient, et le courage avec elles. Les représentants en mission à Nantes eurent des entrevues avec la sœur de Charette, et lui firent parvenir, par son intermédiaire, le décret de la convention. Il était dans ce moment réduit aux abois. Quoique doué d'une opiniâtreté sans pareille, il ne pouvait pas se passer d'espérance, et il n'en voyait luire d'aucun côté. La cour de Vérone, où il jouissait de tant d'admiration, comme on l'a vu plus haut, ne faisait cependant rien pour lui. Le régent venait de lui écrire une lettre dans laquelle il le nommait lieutenant-général, et l'appelait le second fondateur de la monarchie. Mais, confiée aux agents de Paris, cette lettre, qui aurait pu du moins alimenter sa vanité, ne lui était pas encore parvenue. Il avait, pour la première fois, demandé des secours à l'Angleterre, et envoyé son jeune aide-de-camp, La Roberie, à Londres; mais il n'en avait pas de nouvelles. Ainsi pas un mot de récompense ou d'encouragement, ni de ces princes auxquels il se dévouait, ni de ces puissances dont il secondait la politique. Il consentit donc à une entrevue avec Canclaux et les représentants du peuple.

A Rennes, le rapprochement désiré fut encore amené par la sœur de l'un des chefs. Le nommé Botidoux, l'un des principaux chouans du Morbihan, avait appris que sa sœur, qui était à Rennes, venait d'être enfermée à cause de lui. On l'engagea à s'y rendre pour obtenir son élargissement. Le représentant Boursault lui rendit sa sœur, le combla de caresses, le rassura sur l'intention du gouvernement, et parvint à le convaincre de la sincérité du décret d'amnistie. Botidoux s'engagea à écrire au nommé Bois-Hardi, jeune chouan intrépide, qui commandait la division des Côtes-du-Nord, et qui passait pour le plus redoutable des révoltés. « Quelles sont vos espérances? lui écri« vit-il. Les armées républicaines sont maî« tresses du Rhin. La Prusse demande la paix. « Vous ne pouvez compter sur la parole de « l'Angleterre; vous ne pouvez compter sur des « chefs qui ne vous écrivent que d'outre-mer, « ou qui vous ont abandonné sous prétexte « d'aller chercher des secours; vous ne pouvez « plus faire qu'une guerre d'assassinats. » Bois-Hardi, embarrassé de cette lettre, et ne pouvant quitter les côtes du Nord, où des hostilités encore assez actives exigeaient sa présence, engagea le comité central à se rendre auprès de lui, pour répondre à Botidoux. Le comité, à la tête duquel se trouvait Cormatin, comme major-général de Puisaye, se rendit auprès de Bois-Hardi. Il y avait dans l'armée républicaine un jeune général, hardi, brave, plein d'esprit naturel, et surtout de cette finesse qu'on dit être particulière à la profession qu'il avait autrefois exercée, celle de *maquignon* : c'était le général Humbert. « Il était, dit Puisaye, du « nombre de ceux qui n'ont que trop prouvé « qu'une année de pratique à la guerre supplée « avantageusement à tous les apprentissages « d'esplanade. » Il écrivit une lettre dont le style et l'orthographe furent dénoncés au comité de salut public, mais qui était telle qu'il la fallait pour toucher Bois-Hardi et Cormatin. Il y eut une entrevue. Bois-Hardi montra la facilité d'un jeune militaire courageux, point haineux, et se battant par caractère plutôt que par fanatisme; toutefois il ne s'engagea à rien, et laissa faire Cormatin. Ce dernier, avec son inconséquence habituelle, tout flatté d'être appelé à traiter avec les généraux de la puissante république française, accueillit toutes les ouvertures de Humbert, et demanda à être mis en rapport avec les généraux Hoche et Canclaux, et avec les représentants. Des entrevues furent convenues, le jour et le lieu fixés. Le comité central fit des reproches à Cormatin pour s'être trop avancé. Celui-ci, joignant la duplicité à l'inconséquence, assura le comité qu'il ne voulait pas trahir sa cause; qu'en acceptant une entrevue, il voulait observer de près les ennemis communs, juger leurs forces et leurs dispositions. Il donna surtout deux raisons importantes selon lui : premièrement, on n'avait jamais vu Charette, on ne s'était jamais concerté avec lui; en demandant à le voir sous prétexte de rendre la négociation commune à la Vendée comme à la Bretagne, il pourrait l'entretenir des projets de Puisaye, et l'engager à y concourir. Secondement, Puisaye, compagnon d'enfance de Canclaux, lui avait écrit une lettre capable de le toucher, et renfermant les offres les plus brillantes pour le gagner à la monarchie. Sous prétexte d'une entrevue, Cormatin lui remettrait la lettre, et achèverait l'ouvrage de Puisaye. Affectant ainsi le rôle de diplomate habile auprès de ses collègues, Cormatin obtint l'autorisation d'aller entamer une négociation simulée avec les républicains, pour se concerter avec Charette et séduire Canclaux. Il écrivit à Puisaye dans ce sens, et partit, la tête pleine des idées les plus contraires; tantôt fier de tromper les républicains, de comploter sous leurs yeux, de leur enlever un général; tantôt enorgueilli d'être le médiateur des insurgés auprès des représentants de la république, et prêt, dans cette agitation d'idées, à être dupe en voulant

faire des dupes. Il vit Hoche; il lui demanda
d'abord une trêve provisoire, et exigea ensuite
la faculté de visiter tous les chefs de chouans
l'un après l'autre, pour leur inspirer des vues
pacifiques, de voir Canclaux, et surtout Charette, pour se concerter avec ce dernier, disant
que les Bretons ne pouvaient se séparer des
Vendéens. Hoche et les représentants lui accordèrent ce qu'il demandait; mais ils lui donnèrent Humbert pour l'accompagner et assister
à toutes les entrevues. Cormatin, au comble
de ses vœux, écrivait au comité central et à
Puisaye que ses artifices réussissaient, que les
républicains étaient ses dupes, qu'il allait raf-
fermir les chouans, donner le mot à Charette,
l'engager seulement à temporiser en attendant
la grande expédition, et enfin séduire Canclaux. Il se mit ainsi à parcourir la Bretagne,
voyant partout les chefs, les étonnant par des
paroles de paix et par cette trêve singulière.
Tous ne comprenaient pas ses finesses, et se
relâchaient de leur courage. La cessation des
hostilités faisait aimer le repos et la paix, et,
sans qu'il s'en doutât, Cormatin avançait la
pacification. Lui-même commençait à y être
porté; et, tandis qu'il voulait duper les républicains, c'étaient les républicains qui, sans
le vouloir, le trompaient lui-même. Pendant

ce temps, on avait fixé avec Charette le jour et le lieu de l'entrevue. C'était près de Nantes. Cormatin devait s'y rendre, et là devaient commencer les négociations. Cormatin, tous les jours plus embarrassé des engagements qu'il prenait avec les républicains, commençait à écrire plus rarement au comité central, et le comité, voyant la tournure qu'allaient prendre les choses, écrivait à Puisaye en nivôse : « Hâ-« tez-vous d'arriver. Les courages sont ébranlés; « les républicains séduisent les chefs. Il faut « venir, ne fût-ce qu'avec douze mille hommes, « avec de l'argent, des prêtres et des émigrés. « Arrivez avant la fin de janvier (pluviôse). » Ainsi, tandis que l'émigration et les puissances fondaient tant d'espérances sur Charette et sur la Bretagne, une négociation allait pacifier ces deux contrées. En pluviôse (janvier-février), la république traitait donc à Bâle, avec l'une des principales puissances, et à Nantes, avec les royalistes, qui l'avaient jusqu'ici combattue et méconnue.

CHAPITRE V.

Réouverture des salons, des spectacles, des réunions savantes; établissement des écoles primaires, normale, de droit et de médecine; décrets relatifs au commerce, à l'industrie, à l'administration de la justice et des cultes. — Disette des subsistances dans l'hiver de l'an III. — Destruction des bustes de Marat. — Abolition du *maximum* et des réquisitions. — Systèmes divers sur les moyens de retirer les assignats. — Augmentation de la disette à Paris. — Réintégration des députés girondins. — Scènes tumultueuses à l'occasion de la disette; agitation des révolutionnaires; insurrection du 12 germinal; détails de cette journée. — Déportation de Barrère, Billaud-Varennes et Collot-d'Herbois. — Arrestation de plusieurs députés montagnards. — Troubles dans les villes. — Désarmement des patriotes.

Les jacobins étaient dispersés, les principaux agents ou chefs du gouvernement révolutionnaire poursuivis, Carrier mis à mort, plusieurs autres députés recherchés pour leurs missions; enfin Billaud-Varennes, Collot-d'Herbois, Barrère et Vadier étaient mis en état de prévention, et destinés à être traduits bientôt devant le tribunal de leurs collègues. Mais tandis que la France cherchait ainsi à se venger des hommes qui avaient exigé d'elle des efforts douloureux, et l'avaient condamnée à un régime terrible, elle revenait avec passion aux plaisirs, aux douceurs des arts et de la civilisation, dont ces hommes la privèrent un instant. Nous avons déja vu avec quelle ardeur on se préparait à jouir de cet hiver, avec quel goût singulier et nouveau les femmes avaient cherché à se parer, avec quel empressement on se rendait aux concerts de la rue Feydeau. Maintenant tous les spectacles étaient rouverts. Les acteurs de la Comédie-Française étaient sortis de prison : Larive, Saint-Prix, Molé, Dazincourt, Saint-Phal, mesdemoiselles Contat, Devienne, avaient reparu sur la scène. On se portait aux spectacles avec fureur. On y applaudissait tous les passages qui pouvaient faire allusion à la terreur; on y chantait l'air du *Réveil du Peuple*; on y proscrivait la *Marseillaise*. Dans les loges paraissaient les beautés du temps, femmes ou amies des thermidoriens;

dans le parterre, la jeunesse dorée de Fréron semblait narguer par ses plaisirs, par sa parure et par son goût, ces terroristes sanguinaires, grossiers, qui, disait-on, avaient voulu chasser toute civilisation. Les bals étaient suivis avec le même empressement. On en vit un où il n'était personne qui n'eût perdu des parents dans la révolution : on l'appela le bal *des victimes*. Les lieux publics consacrés aux arts étaient aussi rouverts. La convention, qui avec toutes les passions a eu toutes les grandes idées, avait ordonné la formation d'un musée, où l'on réunissait aux tableaux que possédait déjà la France ceux que nous procurait la conquête. Déjà on y avait transporté ceux de l'école flamande conquis en Belgique. Le Lycée, où Laharpe avait célébré tout récemment la philosophie et la liberté en bonnet rouge, le Lycée, fermé pendant la terreur, venait d'être rendu au public, grace aux bienfaits de la convention, qui avait fait une partie des frais de l'établissement, et qui avait distribué quelques centaines de cartes aux jeunes gens de chaque section. Là, on entendait Laharpe déclamer contre l'anarchie, la terreur, l'avilissement de la langue, le *philosophisme*, et tout ce qu'il avait vanté autrefois, avant que cette liberté, qu'il célébrait sans la connaître, eût effrayé sa petite ame. La convention avait accordé des pensions à presque tous les gens de lettres, à tous les savants sans aucune distinction d'opinions. Elle venait de décréter les écoles primaires, où le peuple devait apprendre les éléments de la langue parlée et écrite, les règles du calcul, les principes de l'arpentage, et quelques notions pratiques sur les principaux phénomènes de la nature; les écoles centrales, destinées aux classes plus élevées, et où la jeunesse devait apprendre les mathématiques, la physique, la chimie, l'histoire naturelle, l'hygiène, les arts et métiers, les arts du dessin, les belles-lettres, les langues anciennes, les langues vivantes les plus appropriées aux localités, la grammaire générale, la logique et l'analyse, l'histoire, l'économie politique, les éléments de législation, le tout dans l'ordre le mieux approprié au développement de l'esprit; l'école normale, où devaient se former, sous les savants et les littérateurs les plus célèbres, de jeunes professeurs, qui ensuite iraient répandre dans toute la France l'instruction puisée au foyer des lumières; enfin les écoles spéciales de médecine, de droit, d'art vétérinaire. Outre ce vaste système d'éducation destiné à répandre, à propager cette civilisation qu'on accusait si injustement la révolution d'avoir bannie, la convention vota des encouragements pour des travaux de toute espèce. L'établissement de diverses manufactures venait d'être ordonné. On avait donné aux Suisses expatriés pour cause de troubles, des domaines nationaux à Besançon, afin d'y former une manufacture d'horlogerie. La convention avait demandé en outre à ses comités des projets de canaux, des plans de banque, et un système d'avances pour certaines provinces ruinées par la guerre. Elle avait adouci quelques lois qui pouvaient nuire à l'agriculture et au commerce. Une foule de cultivateurs et d'ouvriers avaient quitté l'Alsace, lorsqu'elle fut évacuée par Wurmser, Lyon pendant le siége, et tout le Midi depuis les rigueurs exercées contre le fédéralisme. Elle les distingua des émigrés, et rendit une loi par laquelle les laboureurs, les ouvriers sortis de France depuis le 1er mai 1793, et disposés à y rentrer avant le 1er germinal, ne seraient pas considérés comme émigrés. La loi des suspects, dont on demandait le rapport, fut maintenue; mais elle n'était plus redoutable qu'aux patriotes, qui étaient devenus les suspects du jour. Le tribunal révolutionnaire venait d'être entièrement recomposé, et ramené à la forme des tribunaux criminels ordinaires : il y avait juges, jurés et défenseurs. On ne pouvait plus juger sur pieces écrites et sans entendre les témoins. La loi qui permettait la mise hors des débats, et qui avait été rendue contre Danton, était rapportée. Les administrations de district devaient cesser d'être permanentes, excepté dans les villes au-dessus de cinquante mille ames. Enfin, le grand intérêt du culte était réglé par une loi nouvelle. Cette loi rappelait qu'en vertu de la déclaration des droits, tous les cultes étaient libres; mais elle déclarait que l'état n'en salariait plus aucun, et n'en permettait plus la célébration publique. Chaque secte pouvait construire, louer des édifices, et se livrer aux pratiques de son culte dans l'intérieur de ces édifices. Enfin, pour remplacer les anciennes cérémonies de la religion catholique, et celles de la *Raison*, la convention venait de faire un plan de fêtes décadaires. Elle avait combiné la danse, la musique et les exhortations morales, de manière à rendre profitables les plaisirs du peuple, et à produire sur son imagination des impressions à la fois utiles et agréables. Ainsi, distraite du soin pressant de se défendre, la révolution dépouillait ses formes violentes, et revenait à sa mission véritable, celle de favoriser les arts, l'industrie, les lumières et la civilisation.

Mais tandis qu'on voyait les lois cruelles disparaître, les hautes classes se recomposer et se livrer aux plaisirs, les classes inférieures souffraient d'une affreuse disette, et d'un froid presque inconnu dans nos climats. Cet hiver de l'an III, qui nous avait permis de traverser à pied sec les fleuves et les bras de mer de la Hollande, nous faisait payer cher cette conquête, en condamnant le peuple des villes et des campagnes à de rudes souffrances. C'était sans contredit le plus rigoureux du siècle : il surpassait encore celui qui précéda l'ouverture des états-généraux en 1789. Les subsistances manquaient par différentes causes. La principale était l'insuffisance de la récolte. Quoiqu'elle se fût annoncée très-belle, la sécheresse, puis les brouillards, avaient trompé toutes les espérances. Le battage avait été négligé, comme dans les années précédentes, soit par le défaut de bras, soit par la mauvaise volonté des fermiers. Les assignats baissant tous les jours, et étant tombés récemment au dixième de leur valeur, le *maximum* était devenu plus oppressif, et la répugnance à y obéir, les efforts pour s'y soustraire plus grands. Les fermiers faisaient partout de fausses déclarations, et étaient aidés dans leurs mensonges par les municipalités, qui venaient, comme on sait, d'être renouvelées. Composées presque toutes d'hommes modérés, elles secondaient volontiers la désobéissance aux lois révolutionnaires; enfin tous les ressorts de l'autorité étant relâchés, et le gouvernement ayant cessé de faire peur, les réquisitions pour l'approvisionnement des armées et des grandes communes n'étaient plus obéies. Ainsi, le système extraordinaire des approvisionnements, destiné à suppléer au commerce, se trouvait désorganisé bien avant que le commerce eût repris son mouvement naturel. La disette devait être plus sensible encore dans les grandes communes, toujours plus difficiles à approvisionner. Paris était menacé d'une famine plus cruelle qu'aucune de celles dont on avait eu peur dans le cours de la révolution. Aux causes générales se réunissaient des causes toutes particulières. Par la suppression de la commune conspiratrice du 9 thermidor, le soin d'alimenter Paris avait été transmis de la commune à la commission de commerce et d'approvisionnement : il était résulté de ce changement une interruption dans les services. Les ordres avaient été donnés fort tard, et avec une précipitation dangereuse. Les moyens de transport manquaient; tous les chevaux, comme on l'a vu, avaient été crevés, et outre la difficulté de réunir des quantités suffisantes de blé, il y avait encore celle de les transporter à Paris. Les lenteurs, les pillages sur les routes, tous les accidents ordinaires des disettes, déjouaient les efforts de la commission. A la disette des subsistances se joignait celle des bois de chauffage et du charbon. Le canal de Briare avait été desséché pendant tout l'été. Les charbons de terre n'étaient pas arrivés, les usines avaient consumé tout le charbon de bois. Les coupes de bois avaient été tardivement ordonnées, et les entrepreneurs de flottage, vexés par les autorités locales, étaient entièrement découragés. Les charbons, le bois manquaient donc, et, par cet affreux hiver, cette disette de combustible était aussi funeste que celle des grains.

Ainsi, une souffrance cruelle dans les basses classes contrastait avec les plaisirs nouveaux auxquels se livraient les classes élevées. Les révolutionnaires, irrités contre le gouvernement, suivaient l'exemple de tous les partis battus, et se servaient des maux publics comme d'autant d'arguments contre les chefs actuels de l'état. Ils contribuaient même à augmenter ces maux, en contrariant les ordres de l'administration. « N'envoyez pas vos blés à Paris, di-
« saient-ils aux fermiers ; le gouvernement est
« contre-révolutionnaire, il fait rentrer les

« émigrés, il ne veut pas mettre en vigueur la
« constitution, il laisse pourrir les grains dans
« les magasins de la commission de commerce;
« il veut affamer le peuple pour l'obliger à se
« jeter dans les bras de la royauté. » Ils engageaient ainsi les possesseurs de grains à les garder. Ils quittaient leurs communes pour se rendre dans les grandes villes où ils étaient inconnus, et hors de la portée de ceux qu'ils avaient persécutés. Là, ils répandaient le trouble. A Marseille, ils venaient de faire de nouvelles violences aux représentants, qu'ils avaient obligés à suspendre les procédures commencées contre les prétendus complices de la terreur. Il avait fallu mettre la ville en état de siége. C'est à Paris surtout qu'ils s'amassaient en grand nombre, et qu'ils étaient plus turbulents. Ils revenaient toujours au même sujet, la souffrance du peuple, et la mettaient en comparaison avec le luxe des nouveaux meneurs de la convention. Madame Tallien était la femme du jour qu'ils accusaient le plus, car à toutes les époques on en avait accusé une : c'était la perfide enchanteresse à laquelle ils reprochaient, comme autrefois à madame Rolland, et plus anciennement à Marie-Antoinette, tous les maux du peuple. Son nom, prononcé plusieurs fois à la convention, avait paru

ne pas émouvoir Tallien. Enfin, il prit un jour la parole pour la venger de tant d'outrages; il la présenta comme un modèle de dévouement et de courage, comme une des victimes que Robespierre avait destinées à l'échafaud, et il déclara qu'elle était devenue son épouse. Barras, Legendre, Fréron, se joignirent à lui; ils s'écrièrent qu'il était temps enfin de s'expliquer; ils échangèrent des injures avec la Montagne, et la convention se vit obligée, comme à l'ordinaire, de mettre fin à la discussion par l'ordre du jour. Une autre fois, Duhem dit au député Clausel, membre du comité de sûreté générale, qu'il l'assassinerait. Le tumulte fut épouvantable, et l'ordre du jour vint encore terminer cette nouvelle scène.

L'infatigable Duhem découvrit un écrit intitulé *le Spectateur de la Révolution*, dans lequel se trouvait un dialogue sur les deux gouvernements monarchique et républicain. Ce dialogue donnait une préférence évidente au gouvernement monarchique, et engageait, même d'une manière assez ouverte, le peuple français à y revenir. Duhem dénonça cet écrit avec indignation, comme l'un des symptômes de la conspiration royaliste. La convention, faisant droit à cette réclamation, envoya l'auteur au tribunal révolutionnaire; mais Duhem s'étant permis de dire que le royalisme et l'aristocratie triomphaient, elle l'envoya lui-même pour trois jours à l'Abbaye, comme ayant insulté l'assemblée. Ces scènes avaient ému tout Paris. Dans les sections on voulait faire des adresses sur ce qui venait d'arriver, et on se battait pour la rédaction, chacun voulant que ces adresses fussent écrites dans son sens. Jamais la révolution n'avait présenté un spectacle aussi agité. Jadis les jacobins, tout-puissants, n'avaient trouvé aucune résistance capable de produire une véritable lutte. Ils avaient tout chassé devant eux, et étaient demeurés vainqueurs; vainqueurs bruyants et colères, mais uniques. Aujourd'hui un parti puissant venait de s'élever; et quoiqu'il fût moins violent, il suppléait par la masse à la violence, et pouvait lutter à chance égale. On fit des adresses en tout sens. Quelques jacobins, réunis dans les cafés, vers les quartiers populeux de Saint-Denis, du Temple, de Saint-Antoine, tinrent des propos comme ils avaient coutume d'en tenir. Ils menacèrent d'aller attaquer au Palais-Royal, aux spectacles, à la convention même, les nouveaux conspirateurs. De leur côté, les jeunes gens faisaient un bruit épouvantable dans le parterre des théâtres. Ils se promirent de faire un outrage sensible aux jacobins. Le buste de Marat était dans tous les lieux publics, et particulièrement dans les salles de spectacle. Au théâtre Feydeau, des jeunes gens s'élancèrent au balcon, et, montant sur les épaules les uns des autres, renversèrent le buste du saint, le brisèrent, et le remplacèrent aussitôt par celui de Rousseau. La police fit de vains efforts pour empêcher cette scène. Des applaudissements universels couvrirent l'action de ces jeunes gens. Des couronnes furent jetées sur le théâtre pour en couronner le buste de Rousseau; des vers, préparés pour cette circonstance, furent débités ; on cria : *A bas les terroristes! à bas Marat! à bas ce monstre sanguinaire qui demandait trois cent mille têtes! Vive l'auteur d'Émile, du Contrat social, de la Nouvelle Héloïse!* Cette scène se répéta le lendemain dans les spectacles et dans tous les lieux publics. On se précipita dans les halles, on barbouilla de sang le buste de Marat, et on le précipita ensuite dans la boue. Des enfants firent dans le quartier Montmartre une procession, et après avoir porté un buste de Marat jusqu'au bord d'un égout, l'y précipitèrent. L'opinion se prononça avec une violence extrême; la haine et le dégoût de Marat étaient dans tous les cœurs, même chez la plupart des montagnards; car aucun d'eux n'avait pu suivre dans ses écarts la pensée de ce maniaque audacieux. Mais le nom de Marat étant consacré, le poignard de Corday lui ayant valu une espèce de culte, on craignait de toucher à ses autels comme à ceux de la liberté elle-même. On a vu que pendant les dernières sans-culottides, c'est-à-dire quatre mois auparavant, il avait été mis au Panthéon à la place de Mirabeau. Les comités s'empressèrent d'accueillir ce signal, et proposèrent à la convention de décréter qu'aucun individu ne pourrait être porté au Panthéon avant un délai de vingt ans, et que le buste ou portrait d'aucun citoyen ne pourrait être exposé dans les lieux publics. On ajouta que tout décret contraire était rapporté. En conséquence Marat, introduit au Panthéon, en fut chassé seulement après quatre mois. Telle est l'instabilité des révolutions!.. on décerne, on retire l'immortalité; et l'impopularité menace les chefs de parti au-delà même de la mort! Dès cet instant commença la longue infamie qui a poursuivi Marat, et qu'il a partagée avec Robespierre. Tous deux, divinisés naguère par le fanatisme, jugés aujourd'hui par la douleur, furent voués à une longue exécration.

Les jacobins, irrités de cet outrage fait à une des plus grandes renommées révolutionnaires, s'assemblèrent au faubourg Saint-Antoine, et jurèrent de venger la mémoire de Marat. Ils prirent son buste, le portèrent en triomphe dans tous les quartiers qu'ils dominaient, et, armés jusqu'aux dents, menacèrent d'égorger quiconque viendrait troubler cette fête sinistre. Les jeunes gens avaient envie de fondre sur ce cortége ; ils s'encourageaient à l'attaquer, et une bataille s'en serait suivie infailliblement, si les comités n'avaient fait fermer le club des Quinze-Vingts, défendu les processions de ce genre, et dispersé les attroupements. A la séance du 20 nivôse (9 janvier), les bustes de Marat et de Lepelletier furent enlevés de la convention, ainsi que les deux belles peintures dans lesquelles David les avait représentés mourants. Les tribunes, qui étaient partagées, firent éclater des cris contraires : les unes applaudirent, les autres poussèrent d'affreux murmures. Dans ces dernières se trouvaient de ces femmes qu'on appelait *furies de guillotine* : on les fit sortir. L'assemblée applaudit, et la Montagne, morne et silencieuse, en voyant enlever ces célèbres tableaux, crut voir s'anéantir la révolution et la république.

La convention venait d'enlever aux deux partis une occasion d'en venir aux mains ; mais la lutte n'était retardée que de quelques jours.

Les ressentiments étaient si profonds, et les souffrances du peuple si grandes, qu'on devait s'attendre à quelqu'une de ces scènes violentes qui avaient ensanglanté la révolution. Dans l'incertitude de ce qui allait arriver, on discutait toutes les questions que faisait naître la situation commerciale et financière du pays; questions malheureuses, qu'on prenait et reprenait à chaque instant, pour les traiter et les résoudre d'une manière différente, suivant les changements qu'avaient subis les idées.

Deux mois auparavant on avait modifié le *maximum*, en rendant le prix des grains variable suivant les localités; on avait modifié les réquisitions, en les rendant spéciales, limitées, régulières, et on avait ajourné les questions relatives au séquestre, au numéraire et aux assignats. Aujourd'hui tout ménagement pour les créations révolutionnaires avait disparu. Ce n'était plus une simple modification qu'on demandait, c'était l'abolition même du système d'urgence établi pendant la terreur. Les adversaires de ce système donnaient d'excellentes raisons. Tout n'étant pas maximé, disaient-ils, le *maximum* était absurde et inique. Le fermier payant 30 francs un soc qu'il payait jadis 50 sous, 700 francs un domestique qu'il payait 100, et 10 francs le journalier qu'il payait 50 sous, ne pourrait jamais donner ses denrées au même prix qu'autrefois. Les matières premières apportées de l'étranger ayant été affranchies récemment du *maximum*, pour rendre quelque activité au commerce, il était absurde de les y soumettre ouvrées; car elles seraient payées huit ou dix fois moins qu'à l'état brut. Ces exemples n'étaient pas les seuls : on en pouvait citer mille du même genre. Le *maximum* exposant ainsi le marchand, le manufacturier, le fermier à des pertes inévitables, ils ne voudraient jamais le subir; les uns abandonneraient les boutiques ou la fabrication, les autres enfouiraient leur blé ou le feraient consommer dans les basses-cours, parce qu'ils trouveraient plus d'avantages à vendre de la volaille ou des cochons engraissés. De manière ou d'autre il fallait, si on voulait que les marchés fussent approvisionnés, que les prix fussent libres; car jamais personne ne voudrait travailler pour perdre. Du reste, ajoutaient les adversaires du système révolutionnaire, le *maximum* n'avait jamais été exécuté; ceux qui voulaient trouver à acheter se résignaient à payer d'après le prix réel, et non d'après le prix légal. Toute la question se réduisait donc à ces mots : payer cher ou n'avoir rien. Vainement voudrait-on suppléer à l'activité spontanée de l'industrie et du commerce par les réquisitions, c'est-à-dire par l'action du gouvernement. Un gouvernement commerçant était une monstruosité ridicule. Cette commission des approvisionnements, qui faisait tant de bruit de ses opérations, sait-on ce qu'elle avait apporté en France de blé étranger? De quoi nourrir la France pendant cinq jours. Il fallait donc en revenir à l'activité individuelle, c'est-à-dire au commerce libre, et ne s'en fier qu'à lui. Lorsque le *maximum* serait supprimé, et que le négociant pourrait retrouver le prix du fret, des assurances, de l'intérêt de ses capitaux, et son juste bénéfice, il ferait venir des denrées de tous les points du globe. Les grandes communes surtout, qui n'étaient pas comme celle de Paris approvisionnées aux frais de l'état, ne pouvaient recourir qu'au commerce, et seraient affamées si on ne lui rendait sa liberté.

En principe ces raisonnements étaient justes; il n'en était pas moins vrai que la transition du commerce forcé au commerce libre devait être dangereuse dans un moment d'aussi grande crise. En attendant que la liberté des prix eût réveillé l'industrie individuelle, et approvisionné les marchés, le renchérissement de toutes choses allait être extraordinaire. C'était un inconvénient très-passager pour toutes les marchandises qui n'étaient pas de première nécessité, ce n'était qu'une interruption momentanée jusqu'à l'époque où la concurrence ferait tomber les prix; mais pour les subsistances qui n'admettent pas d'interruption, comment se ferait la transition? En attendant que la faculté de vendre les blés à prix libre eût fait expédier des vaisseaux en Crimée, en Pologne, en Afrique, en Amérique, et obligé par la concurrence les fermiers à livrer leurs grains, comment vivrait le peuple des villes sans *maximum* et sans réquisitions? Encore valait-il mieux du mauvais pain, produit avec les pénibles efforts de l'administration, avec d'incroyables tiraillements, que la disette absolue. Sans doute, il fallait sortir de ce système forcé le plus tôt possible, mais avec de grands ménagements, et sans un sot emportement.

Quant aux reproches de M. Boissy-d'Anglas à la commission des approvisionnements, ils étaient aussi injustes que ridicules. Ses importations, disait-il, n'auraient pu nourrir la France que pendant cinq jours. D'abord on niait le calcul; mais peu importait. Ce n'est jamais que le peu qui manque à un pays, autrement il serait impossible d'y suppléer; mais n'était-ce pas un service immense que d'avoir fourni ce peu? Se figure-t-on le désespoir d'une

contrée privée de pain pendant cinq jours?
Encore si cette privation eût été également répartie, elle aurait pu n'être pas mortelle; mais tandis que les campagnes auraient regorgé de blé, on aurait vu les grandes villes, et surtout la capitale en manquer, non pas seulement pendant cinq jours, mais pendant dix, vingt, cinquante, et un bouleversement s'ensuivre. Du reste, la commission de commerce et des approvisionnements, dirigée par Lindet, ne s'était pas bornée seulement à tirer des denrées du dehors, mais elle avait encore fait transporter les grains, les fourrages, les marchandises qui existaient en France, des campagnes aux frontières ou dans les grandes communes; et le commerce, effrayé par la guerre et les fureurs politiques, n'aurait jamais fait cela spontanément. Il avait fallu y suppléer par la volonté du gouvernement, et cette volonté, énergique, extraordinaire, méritait la reconnaissance et l'admiration de la France, malgré les cris de ces petits hommes qui, pendant les dangers de la patrie, n'avaient su que se cacher.

La question fut résolue d'assaut en quelque sorte. On abolit le *maximum* et les réquisitions d'entraînement, comme on avait rappelé les soixante-treize, comme on avait décrété

Billaud, Collot et Barrère. Cependant on laissa subsister quelques restes du système des réquisitions. Celles qui avaient pour but d'approvisionner les grandes communes devaient avoir leur effet encore un mois. Le gouvernement conservait le droit de préhension, c'est-à-dire la faculté de prendre les denrées d'autorité, en les payant au prix des marchés. La fameuse commission perdit une partie de son titre; elle ne s'appela plus commission de commerce et des approvisionnements, mais seulement commission des approvisionnements. Ses cinq directeurs furent réduits à trois; ses dix mille employés à quelques centaines. Le système de l'entreprise fut avec raison substitué à celui de la régie; et, en passant, on s'éleva contre Pache, pour sa création du comité des marchés. Les charrois furent donnés à des entrepreneurs. La manufacture d'armes de Paris, qui avait rendu des services coûteux, mais immenses, fut dissoute. On le pouvait alors sans inconvénient. La fabrication des armes fut remise à l'entreprise. Les ouvriers, qui voyaient bien qu'ils allaient être moins payés, poussèrent quelques murmures; excités même par les jacobins, ils menaçaient d'un mouvement; mais ils furent contenus et renvoyés dans leurs communes.

La question du séquestre, ajournée précédemment, parce qu'on craignait, en rétablissant la circulation des valeurs, de fournir des aliments à l'émigration, et de faire renaître l'agiotage sur le papier étranger, cette question fut reprise, et cette fois résolue à l'avantage de la liberté du commerce. Le séquestre fut levé; on restitua aussi aux négociants étrangers les valeurs séquestrées, au risque de ne pas obtenir la même restitution en faveur des Français. Enfin la libre circulation du numéraire fut rétablie après une vive discussion. On l'avait interdite autrefois pour empêcher les émigrés d'emporter le numéraire de la France; on la permit de nouveau sur le motif que, les moyens de retour nous manquant, Lyon ne pouvant plus fournir 60 millions manufacturés, Nîmes 20, Sedan 10, le commerce serait impossible si on ne permettait pas de payer en matières d'or ou d'argent les achats faits à l'extérieur. D'ailleurs on pensa que le numéraire étant enfoui, et ne voulant pas sortir, à cause du papier-monnaie, la faculté de payer à l'étranger les objets d'importation l'engagerait à se montrer, et lui rendrait son mouvement. On prit, en outre, des précautions assez puériles pour l'empêcher d'aller alimenter les émigrés. Quiconque faisait sortir une valeur métallique était tenu de faire rentrer une valeur égale en marchandises.

Enfin on s'occupa de la difficile question des assignats. Il y en avait à peu près 7 milliards 5 ou 600 millions en circulation réelle; il en restait dans les caisses 5 ou 600 millions; la somme fabriquée s'élevait donc à 8 milliards. Le gage restant en biens de première et seconde origine, tels que bois, terres, châteaux, hôtels, maisons, mobilier, s'élevait à plus de 15 milliards, d'après l'évaluation actuelle en assignats. Le gage était donc bien suffisant. Cependant l'assignat perdait les neuf dixièmes ou les onze douzièmes de sa valeur, suivant la nature des objets contre lesquels on l'échangeait. Ainsi l'état qui recevait l'impôt en assignats, le rentier, le fonctionnaire public, le propriétaire de maisons ou de terres, le créancier d'un capital, tous ceux enfin qui recevaient ou leurs appointements, ou leurs revenus, ou leurs salaires, ou leurs remboursements en papier, faisaient des pertes toujours plus énormes; le désordre qui en résultait devenait chaque jour plus grand. Cambon proposa d'augmenter les appointements des fonctionnaires publics et le revenu des rentiers. Après avoir combattu sa proposition, on se vit obligé de l'adopter pour les fonctionnaires publics, qui ne pouvaient plus vivre. Mais c'était là un bien faible palliatif pour un mal immense; c'était soulager une classe sur mille. Pour les soulager toutes, il fallait rétablir le juste rapport des valeurs; mais comment y parvenir?

On aimait à faire encore les rêves de l'année précédente; on recherchait la cause de la dépréciation des assignats, et les moyens de les relever. D'abord, tout en avouant que leur grande quantité était une cause d'avilissement, on cherchait aussi à prouver qu'elle n'était pas la plus grande pour se disculper de l'excessive émission. En preuve, on disait qu'au moment de la défection de Dumouriez, du soulèvement de la Vendée, et de la prise de Valenciennes, les assignats, circulant en quantité beaucoup moindre qu'après le déblocus de Dunkerque, de Maubeuge et de Landau, perdaient néanmoins davantage; ce qui était vrai, et ce qui prouvait que les défaites et les victoires influaient sur le cours du papier-monnaie; vérité sans doute incontestable. Mais aujourd'hui, ventôse an III (mars 1795), la victoire était complète sur tous les points, la confiance dans les ventes était établie, les biens nationaux étaient devenus l'objet d'une espèce d'agiotage, une foule de spéculateurs achetaient pour profiter sur les reventes ou sur la division; et cependant le discrédit des assignats était quatre ou cinq fois plus grand que l'année précédente. La quantité des émissions était donc la cause véritable de la dépréciation du papier, et sa rentrée le seul moyen de relever sa valeur.

Le seul moyen de le faire rentrer, c'était de vendre les biens; mais quel était le moyen de les vendre? Questions éternelles, qu'on se proposait chaque année. La cause qui avait empêché d'acheter les biens, les années précédentes, c'était la répugnance, le préjugé, surtout le défaut de confiance dans la solidité des acquisitions. Aujourd'hui c'en était une autre. Qu'on se figure comment se font les acquisitions d'immeubles, dans le cours ordinaire des choses. Le commerçant, le manufacturier, l'agriculteur, le capitaliste, avec des produits ou des revenus lentement accumulés, achètent la terre de l'individu qui s'est appauvri, ou qui vend pour changer sa propriété contre une autre. Une terre s'échange ainsi toujours ou contre une autre, ou contre des capitaux mobiliers accumulés par le travail. L'acheteur de la terre vient se reposer sur son sein; le vendeur va faire valoir les capitaux mobiliers qu'il en reçoit en paiement, et succéder au rôle laborieux de celui qui les exploitait. Tel est le roulement insensible de la propriété immobilière. Mais qu'on se figure tout un tiers du territoire, composé de propriétés somptueuses et peu divisées, de parcs, de châteaux, d'hôtels, mis en vente tout à la fois, dans le moment même où les propriétaires et les commerçants, les capitalistes les plus riches étaient dispersés, et on comprendra si le paiement en était possible. Ce n'étaient pas quelques bourgeois ou fermiers échappés à la proscription qui pouvaient faire cette acquisition, et surtout la payer. On dira sans doute que la masse des assignats en circulation était suffisante pour solder les biens; mais cette masse était illusoire, si chaque porteur d'assignats était obligé d'en employer huit ou dix fois davantage pour se procurer les mêmes objets qu'autrefois.

La difficulté consistait donc à fournir aux acquéreurs non pas la volonté d'acheter, mais la faculté de payer. Aussi tous les moyens proposés portaient-ils sur une base fausse, car ils supposaient tous cette faculté. Ces moyens étaient ou forcés ou volontaires. Les premiers consistaient dans la démonétisation et l'emprunt forcé. La démonétisation changeait le papier de monnaie en simple délégation sur les biens. Elle était tyrannique; car, lorsqu'elle atteignait l'assignat dans les mains de l'ouvrier ou de l'individu qui avait tout juste de quoi vivre, elle changeait le morceau de pain en terre, et affamait le porteur de cet assignat. Le seul bruit, en effet, qu'on démonétiserait certaine partie du papier les avait fait baisser rapidement, et on fut obligé de décréter qu'on ne démonétiserait pas. L'emprunt forcé n'était pas moins tyrannique; il consistait aussi à changer forcément l'assignat de monnaie en valeur sur les terres. La seule différence, c'est que l'emprunt forcé portait sur les classes élevées et riches, et n'opérait la conversion que pour elles; mais elles avaient tant souffert, qu'il était difficile de leur acheter des biens-fonds, sans les mettre dans de cruels embarras. D'ailleurs, depuis la réaction, elles commençaient à se défendre contre tout retour aux moyens révolutionnaires.

Il ne restait donc plus que les moyens volontaires. On en proposa de toute espèce. Cambon imagina une loterie : elle devait se composer de quatre millions de lots, de 1000 francs chaque; ce qui faisait une mise de quatre milliards de la part du public. L'état ajoutait 391 millions, qui servaient à faire de gros lots, de manière qu'il y avait quatre lots de 500,000 francs, trente-six de 250,000, trois cent soixante de 100,000. Les moins heureux retrouvaient leurs lots primitifs de 1000 francs; mais les uns et les autres, au lieu d'avoir des assignats, n'avaient qu'un bon sur les biens nationaux, rapportant trois pour cent d'intérêt. Ainsi, on supposait que l'appât d'un lot considérable ferait rechercher ce placement en bons sur les biens nationaux, et que quatre milliards d'assignats quitteraient ainsi la qualité de monnaie, pour prendre celle de contrats sur les terres, moyennant une prime de 391 millions. C'était supposer toujours qu'on pouvait faire ce placement. Thirion conseilla un autre moyen, celui d'une tontine. Mais ce moyen, bon pour ménager un petit capital d'économie à quelques survivants, était beaucoup trop lent et trop insuffisant par rapport à la masse énorme des assignats. Johannot proposa une espèce de banque territoriale, dans laquelle on déposerait des assignats, pour avoir des bons rapportant trois pour cent d'intérêt, bons qu'on échangerait à volonté pour des assignats. C'était toujours le même plan de changer le papier-monnaie en simples valeurs en terres. Ici, la seule différence consistait à laisser à ces valeurs la faculté de reprendre la forme de monnaie circulante. Il est évident que la véritable difficulté n'était pas vaincue. Tous les moyens imaginés pour retirer le papier et le relever étaient donc illusoires ; il fallait s'avancer encore long-temps dans cette carrière, émettant des assignats, qui baisseraient davantage : au terme il y avait une solution forcée. Malheureusement, on ne sait jamais prévoir les sacrifices nécessaires, et en diminuer l'étendue en les faisant d'avance. Cette prévoyance et ce courage ont toujours manqué aux nations dans les crises financières.

A ces prétendus moyens de retirer les assignats s'en joignaient d'autres, heureusement plus réels, mais fort insuffisants. Le mobilier des émigrés, assez facile à vendre, s'élevait à 200 millions. Les transactions à l'amiable, pour les intérêts des émigrés dans les sociétés de commerce, pouvaient produire 100 millions ; la part dans leurs héritages, 500 millions. Mais, dans le premier cas, on retirait des capitaux au commerce; dans le second, on devait percevoir une partie des valeurs en terres. On comptait offrir une prime à ceux qui achèveraient leurs paiements pour les biens déja acquis, et on espérait faire rentrer ainsi 800 millions. On allait mettre enfin en loterie les grandes maisons sises à Paris, et non louées. C'était un milliard encore. Dans le cas d'un plein succès, tout ce que nous venons d'énumérer aurait pu faire rentrer deux milliards

600 millions; cependant on eût été fort heureux de retirer 1500 millions sur le tout; d'ailleurs, cette somme allait ressortir par une autre voie. On venait de décréter une mesure fort sage et fort humaine : c'était la liquidation des créanciers des émigrés. On avait résolu d'abord de faire une liquidation individuelle pour chaque émigré. Comme beaucoup d'entre eux étaient insolvables, la république n'aurait payé leur passif que jusqu'à concurrence de l'actif. Mais cette liquidation individuelle présentait des longueurs interminables; il fallait ouvrir un compte à chaque émigré, y porter ses biens-fonds, son mobilier, balancer le tout avec ses dettes; et les malheureux créanciers, presque tous domestiques, ouvriers, marchands, auraient attendu vingt et trente ans leur paiement. Cambon fit décider que les créanciers des émigrés deviendraient créanciers de l'état, et seraient payés sur-le-champ, excepté ceux dont les débiteurs étaient notoirement insolvables. La république pouvait perdre ainsi quelques millions; mais elle soulageait des maux tres-grands, et faisait un bien immense. Le révolutionnaire Cambon était l'auteur de cette idée si humaine.

Mais, tandis qu'on discutait ces questions

si malheureuses, on était ramené sans cesse à
des soins encore plus pressants, la subsistance
de Paris, qui allait manquer tout-à-fait. On
était à la fin de ventôse (milieu de mars).
L'abolition du *maximum* n'avait pas encore
pu ranimer le commerce, et les grains n'arrivaient pas. Une foule de députés, répandus
autour de Paris, faisaient des réquisitions qui
n'étaient pas obéies. Quoiqu'elles fussent autorisées encore pour l'approvisionnement des
grandes communes, et qu'on les payât au prix
des marchés, les fermiers disaient qu'elles
étaient abolies, et ne voulaient pas obéir. Mais
ce n'était pas là le plus grand obstacle. Les
rivières, les canaux étaient entièrement gelés;
pas un bateau ne pouvait arriver. Les routes,
couvertes de glaces, étaient impraticables; il
fallait, pour rendre le roulage possible, les
sabler vingt lieues à la ronde. Pendant le trajet, les charrettes étaient pillées par le peuple
affamé, dont les jacobins excitaient le courroux, en disant que le gouvernement était
contre-révolutionnaire, qu'il laissait pourrir
les grains à Paris, et qu'il voulait rétablir la
royauté. Tandis que les arrivages diminuaient,
la consommation augmentait, comme il arrive
toujours en pareil cas. La peur de manquer
faisait que chacun s'approvisionnait pour plu-

sieurs jours. On délivrait, comme autrefois, le pain sur la présentation des cartes; mais chacun exagérait ses besoins. Pour favoriser leurs laitières, leurs blanchisseuses, ou des gens de la campagne qui leur apportaient des légumes et de la volaille, les habitants de Paris leur donnaient du pain, qui était préféré à l'argent, vu la disette qui affligeait les environs autant que Paris même. Les boulangers revendaient même de la pâte aux gens de la campagne, et, de quinze cents sacs, la consommation s'était ainsi élevée à dix-neuf cents. L'abolition du *maximum* avait fait monter le prix de tous les comestibles à un taux extraordinaire; pour les faire baisser, le gouvernement avait déposé chez les charcutiers, les épiciers, les boutiquiers, des vivres et des marchandises, afin de les donner à bas prix, et de ramener un peu le bon marché. Mais les dépositaires abusaient du dépôt, et vendaient plus cher qu'on n'était convenu avec eux.

Les comités étaient chaque jour dans les plus grandes alarmes, et attendaient avec une vive anxiété les dix-neuf cents sacs de farine devenus indispensables. Boissy-d'Anglas, chargé des subsistances, venait faire sans cesse de nouveaux rapports, pour tranquilliser le public, et tâcher de lui procurer une sécurité que le gouvernement n'avait pas lui-même. Dans cette situation, on se prodiguait les injures d'usage. « Voilà, disait la Montagne, l'effet de l'aboli- « tion du *maximum!* — Voilà, répondait le « côté droit, l'effet inévitable de vos mesures « révolutionnaires ! » Chacun alors proposait comme remède l'accomplissement des vœux de son parti, et demandait les mesures souvent les plus étrangères au pénible sujet dont il s'agissait. « Punissez tous les coupables, di- « sait le côté droit, réparez toutes les injus- « tices, révisez toutes les lois tyranniques, « rapportez la loi des suspects. — Non, répon- « daient les montagnards, renouvelez vos co- « mités de gouvernement; rendez-leur l'éner- « gie révolutionnaire, cessez de poursuivre les « meilleurs patriotes et de relever l'aristocra- « tie. » Tels étaient les moyens proposés pour le soulagement de la misère publique.

Ce sont toujours de pareils moments que les partis choisissent pour en venir aux mains, et pour faire triompher leurs désirs. Le rapport tant attendu sur Billaud-Varennes, Collot-d'Herbois, Barrère et Vadier, fut présenté à l'assemblée. La commission des vingt-un conclut à l'accusation, et demanda l'arrestation provisoire: l'arrestation fut votée sur-le-champ à une immense majorité. Il fut décrété que les

quatre membres inculpés seraient entendus par l'assemblée, et qu'une discussion solennelle serait ouverte sur la proposition de les mettre en accusation. A peine cette décision était-elle rendue, qu'on proposa de réintégrer dans le sein de l'assemblée les députés proscrits, que deux mois auparavant on avait déchargés de toute poursuite, mais auxquels on avait interdit le retour au milieu de leurs collègues. Sieyes, qui avait gardé un silence de cinq années, qui depuis les premiers mois de l'assemblée constituante s'était caché au centre pour faire oublier sa réputation et son génie, et auquel la dictature avait pardonné comme à un caractère insociable, incapable de conspirer, cessant d'être dangereux dès qu'il cessait d'écrire, Sieyes sortit de sa longue nullité, et dit que, puisque le règne des lois paraissait revenir, il allait reprendre la parole. Tant que l'outrage fait à la représentation nationale n'était pas réparé, le règne des lois, suivant lui, n'était pas rétabli. « Toute votre histoire, dit-
« il à la convention, se partage en deux épo-
« ques : depuis le 21 septembre, jour de votre
« réunion, jusqu'au 31 mai, oppression de la
« convention par le peuple égaré; depuis le
« 31 mai jusqu'aujourd'hui, oppression du peu-
« ple par la convention tyrannisée. Dès ce jour

« vous prouverez que vous êtes devenus libres
« en rappelant vos collègues. Une pareille me-
« sure ne peut pas même être discutée; elle
« est de plein droit. » Les montagnards se soulevèrent à cette manière de raisonner. « Tout
« ce que vous avez fait est donc nul! s'écria
« Cambon. Ces immenses travaux, cette multi-
« tude de lois, tous ces décrets qui composent
« le gouvernement actuel sont donc nuls! et le
« salut de la France, opéré par votre courage
« et vos efforts, tout cela est nul! » Sieyes dit
qu'on l'avait mal compris. On décida néanmoins la réintégration des députés qui avaient
échappé à l'échafaud. Ces fameux proscrits Isnard, Henri Larivière, Louvet, Larévellière-
Lépaux, Doulcet de Pontecoulant rentrèrent
au milieu des applaudissements. « Pourquoi,
« s'écria Chénier, ne s'est-il pas trouvé de ca-
« verne assez profonde pour soustraire aux
« bourreaux l'éloquence de Vergniaud et le
« génie de Condorcet! »

Les montagnards furent indignés. Plusieurs
thermidoriens même, épouvantés de voir rentrer dans l'assemblée les chefs d'une faction
qui avait opposé au système révolutionnaire
une résistance si dangereuse, retournèrent à la
Montagne. Thuriot, ce thermidorien si ennemi
de Robespierre, qui avait été soustrait par mi-

racle au sort de Philipeaux; Lesage-Senault, esprit sage, mais ennemi prononcé de toute contre-révolution; Lecointre enfin, l'adversaire si opiniâtre de Billaud, Collot et Barrère, Lecointre qui avait été déclaré calomniateur cinq mois auparavant, pour avoir dénoncé les sept membres restants des anciens comités, vinrent se replacer au côté gauche. — Vous ne savez pas ce que vous faites, dit Thuriot à ses collègues; ces hommes ne vous le pardonneront jamais. Lecointre proposa une distinction. — Rappelez, dit-il, les députés proscrits, mais examinez quels sont ceux qui ont pris les armes contre leur patrie en soulevant les départements, et ceux-là ne les rappelez pas au milieu de vous. — Tous, en effet, avaient pris les armes. Louvet n'hésita pas à en convenir, et proposa de déclarer que les départements qui s'étaient soulevés en juin 93 avaient bien mérité de la patrie. Ici Tallien se leva, effrayé de la hardiesse des girondins, et repoussa les deux propositions de Lecointre et de Louvet. Elles furent toutes deux mises au néant. Tandis qu'on venait de réintégrer les girondins proscrits, on déféra à l'examen du comité de sûreté générale, Pache, Bouchotte et Garat.

De telles résolutions n'étaient pas faites pour calmer les esprits. La disette croissante obligea

enfin de prendre une mesure qu'on différait
depuis plusieurs jours, et qui devait porter
l'irritation au comble, c'était de mettre les habitants de Paris à la ration. Boissy-d'Anglas se
présenta à l'assemblée le 25 ventôse (16 mars),
et proposa, pour éviter les gaspillages et pour
assurer à chacun une part suffisante de subsistances, de réduire chaque individu à une certaine quantité de pain. Le nombre d'individus
composant chaque famille devait être indiqué
sur la carte, et il ne devait plus être accordé
chaque jour qu'une livre de pain par tête. A
cette condition, on pouvait promettre que la
ville ne manquerait pas de subsistances. Le
montagnard Romme proposa de porter la ration des ouvriers à une livre et demie. Les
hautes classes, dit-il, avaient les moyens de se
procurer de la viande, du riz, des légumes;
mais le bas peuple pouvant tout au plus acheter
le pain, devait en avoir davantage. On admit
la proposition de Romme, et les thermidoriens
regrettèrent de ne l'avoir pas faite eux-mêmes,
pour se donner l'appui du peuple, et le retirer
à la Montagne.

A peine ce décret était-il rendu, qu'il excita
une extrême fermentation dans les quartiers
populeux de Paris. Les révolutionnaires s'efforcèrent d'en aggraver l'effet, et n'appelèrent

plus Boissy-d'Anglas que *Boissy-famine*. Le surlendemain 27 ventôse (18 mars), jour où, pour la première fois, le décret fut mis à exécution, il s'éleva un grand tumulte dans les faubourgs Saint-Antoine et Saint-Marceau. Il avait été distribué aux six cent trente-six mille habitants de la capitale dix-huit cent quatre-vingt-dix-sept sacs de farine. Trois cent vingt-quatre mille citoyens avaient reçu la demi-livre de plus, destinée aux ouvriers travaillant de leurs mains. Néanmoins il parut si nouveau au peuple des faubourgs d'être réduit à la ration, qu'il en murmura. Quelques femmes, habituées des clubs, et toujours promptes à se soulever, s'ameutèrent dans la section de l'Observatoire. Les agitateurs ordinaires de la section se joignirent à elles. Ils voulaient aller faire une pétition à la convention; mais il fallait pour cela une assemblée de toute la section, et il n'était permis de se réunir que le décadi. Néanmoins on entoura le comité civil, et on lui demanda avec menaces les clefs de la salle des séances, et sur son refus, on exigea qu'il détachât un de ses membres pour accompagner le rassemblement jusqu'à la convention. Le comité y consentit, et donna un de ses membres pour régulariser le mouvement et empêcher des désordres. La même chose se passait au même instant dans la section du Finistère. Un rassemblement s'y était formé, et il vint se réunir à celui de l'Observatoire. Les deux se confondirent, et marchèrent ensemble vers la convention. L'un des meneurs se chargea de porter la parole, et fut introduit avec quelques pétitionnaires à la barre. Le reste du rassemblement demeura aux portes, faisant un bruit affreux. — « Le pain nous manque, dit l'orateur de la députation ; nous sommes prêts à regretter tous les sacrifices que nous avons faits pour la révolution. » — A ces mots l'assemblée, remplie d'indignation, l'interrompit brusquement, et une foule de membres se levèrent pour réprimer l'inconvenance de ce langage.— Du pain ! du pain ! s'écrièrent les pétitionnaires en frappant sur la barre. A cette insolente réponse, l'assemblée voulait qu'on les fît sortir de la salle. Pourtant le calme se rétablit, l'orateur acheva sa harangue, et dit que jusqu'à ce qu'on eût satisfait aux besoins du peuple, ils ne crieraient que *Vive la république !* Le président Thibaudeau répondit avec fermeté à ce discours séditieux, et, sans inviter les pétitionnaires à la séance, les renvoya à leurs travaux. Le comité de sûreté générale, qui avait déjà réuni quelques bataillons des sections, fit dégager les portes de l'assemblée, et dispersa le rassemblement.

Cette scène produisit une grande impression sur les esprits. Les menaces journalières des jacobins répandus dans les sections des faubourgs; leurs placards incendiaires où ils annonçaient une insurrection sous huit jours, si les patriotes n'étaient pas déchargés de toute poursuite, et si la constitution de 93 n'était pas mise en vigueur; leurs conciliabules presque publics tenus dans les cafés des faubourgs; enfin ce dernier essai d'un mouvement, révélèrent à la convention l'intention d'un nouveau 31 mai. Le côté droit, les girondins rentrés, les thermidoriens, tous également menacés, songèrent à prendre des mesures pour prévenir une nouvelle attaque contre la représentation nationale. Sieyes, qui venait de reparaître sur la scène et d'entrer au comité de salut public, proposa aux comités réunis une espèce de loi martiale, destinée à prévenir de nouvelles violences contre la convention. Ce projet de loi déclarait séditieux tout rassemblement où l'on proposerait d'attaquer les propriétés publiques ou particulières, de rétablir la royauté, de renverser la république et la constitution de 93, de se rendre au Temple ou à la convention, etc. Tout membre d'un pareil rassemblement était passible de la déportation. Si, après trois sommations des magistrats, le rassemblement ne se dissipait pas, la force devait être employée; toutes les sections voisines, en attendant la réunion de la force publique, devaient envoyer leurs propres bataillons. L'insulte faite à un représentant du peuple était punie de la déportation; l'outrage avec violence, de la peine de mort. Une seule cloche devait rester dans Paris, et être placée au pavillon de l'Unité. Si un rassemblement marchait sur la convention, cette cloche devait sonner le tocsin sur-le-champ. A ce signal, toutes les sections étaient tenues de se réunir, et de marcher au secours de la représentation nationale. Si la convention était dissoute ou gênée dans sa liberté, il était enjoint à tous les membres qui pourraient s'échapper, de partir sur-le-champ de Paris, et de se rendre à Châlons-sur-Marne. Tous les suppléants, tous les députés en congé et en mission avaient ordre de se réunir à eux. Les généraux devaient aussitôt leur envoyer des troupes de la frontière, et la nouvelle convention formée à Châlons, seule dépositaire de l'autorité légitime, devait marcher sur Paris, délivrer la portion opprimée de la représentation nationale, et punir les auteurs de l'attentat.

Les comités accueillirent ce projet avec empressement. Sieyes fut chargé d'en faire le rapport, et de le présenter le plus tôt possible à l'assemblée. Les révolutionnaires, de leur côté, enhardis par le dernier mouvement, trouvant dans la disette une occasion des plus favorables, voyant le danger croître pour leur parti, et le moment fatal s'approcher pour Billaud, Collot, Barrère et Vadier, s'agitèrent avec plus de violence, et songèrent sérieusement à combiner une sédition. Le club électoral et la société populaire des Quinze-Vingts avaient été dissous. Les révolutionnaires, privés de ce lieu de refuge, s'étaient répandus dans les assemblées de section, qui se tenaient tous les décadis : ils occupaient les faubourgs Saint-Antoine et Saint-Marceau, les quartiers du Temple et de la Cité. Ils se voyaient dans des cafés placés au centre de ces différents quartiers; ils projetaient un mouvement, mais sans avoir ni un plan ni des chefs bien avoués. Il se trouvait parmi eux plusieurs hommes compromis, ou dans les comités révolutionnaires, ou dans différentes fonctions, qui avaient beaucoup d'influence sur la multitude; mais aucun d'eux n'avait une supériorité décidée. Ils se balançaient les uns les autres, s'entendaient assez mal et n'avaient surtout aucune communication avec les députés de la Montagne.

Les anciens meneurs populaires toujours al-

liés soit à Danton, soit à Robespierre, aux chefs
du gouvernement, leur avaient servi d'intermédiaires pour donner le mot d'ordre à la populace. Mais les uns et les autres avaient péri.
Les nouveaux meneurs étaient étrangers aux
nouveaux chefs de la Montagne : ils n'avaient
de commun avec eux que leurs dangers et leur
attachement à la même cause. D'ailleurs les députés montagnards, restés en minorité dans
les assemblées, et accusés sans cesse de conspirer pour recouvrer le pouvoir, comme il
arrive à tous les partis battus, étaient réduits
à se justifier chaque jour, et obligés de protester qu'ils ne conspiraient pas. Le résultat
ordinaire d'une telle position est d'inspirer le
désir de voir conspirer les autres et la répugnance à conspirer soi-même. Aussi les montagnards disaient chaque jour : *Le peuple se
soulèvera; il faut qu'il se soulève;* mais ils
n'auraient pas osé se concerter avec lui pour
amener ce soulèvement. On citait bien des
propos imprudents de Duhem et de Maribon-Montaud dans un café; l'un et l'autre avaient
assez peu de réserve et de mesure pour les
avoir proférés. On répétait des déclamations
de Léonard Bourdon à la société sectionnaire
de la rue du Vert-Bois : elles étaient vraisemblables de sa part; mais aucun d'eux ne cor-

respondait avec les patriotes. Quand à Billaud, Collot, Barrère, plus intéressés que d'autres à un mouvement, ils craignaient, en y prenant part, d'aggraver leur position, déjà fort périlleuse.

Les patriotes marchaient donc tout seuls, sans beaucoup d'ensemble, comme il arrive toujours lorsqu'il n'y a plus de chefs assez marquants. Ils couraient les uns chez les autres, se donnaient le mot de rue à rue, de quartier à quartier, et s'avertissaient que telle ou telle section allait faire une pétition ou essayer un mouvement. Au commencement d'une révolution, lorsqu'un parti est à son début, qu'il a tous ses chefs, que le succès et la nouveauté entraînent les masses à sa suite, qu'il déconcerte ses adversaires par l'audace de ses attaques, il supplée à l'ensemble, à l'ordre par l'entraînement : au contraire, lorsqu'il est une fois réduit à se défendre, qu'il est privé d'impulsion, connu de ses adversaires, il aurait plus que jamais besoin de la discipline. Mais cette discipline, presque toujours impossible, le devient tout-à-fait lorsque les chefs influents ont disparu. Telle était la position du parti patriote en ventôse an III (fin mars) : ce n'était plus le torrent du 14 juillet, des 5 et 6 octobre, du 10 août, du 31 mai, c'était la réunion de quelques hommes aguerris par de longues discordes sérieusement compromis, pleins d'énergie et d'opiniâtreté, mais plus capables de combattre avec désespoir que de vaincre.

Suivant l'ancienne coutume de faire précéder tout mouvement par une pétition impérieuse et pourtant mesurée, les sections de Montreuil et des Quinze-Vingts, compromises dans le faubourg Antoine, en rédigèrent une analogue à toutes celles qui avaient été faites avant les grandes insurrections. Il fut convenu qu'elle serait présentée le 1er germinal (21 mars). C'était ce jour même que les comités avaient résolu de proposer la loi de grande police, imaginée par Sieyes. Outre la députation qui devait présenter la pétition, une réunion de patriotes avait eu soin de se rendre vers les Tuileries; ils y étaient accourus en foule, et, comme de coutume, ils formaient des groupes nombreux dont le cri était : *Vive la convention! vive les jacobins! à bas les aristocrates!* Les jeunes gens à cheveux retroussés, à collet noir, avaient débordé aussi du Palais-Royal aux Tuileries, et formaient des groupes opposés criant: *Vive la convention! à bas les terroristes!* Les pétitionnaires furent introduits à la barre : le langage de leur pétition était extrêmement mesuré. Ils rappelèrent les souffrances du peuple, sans y mettre aucune amertume; ils combattirent les accusations dirigées contre les patriotes, sans récriminer contre leurs adversaires. Ils firent remarquer seulement que, dans ces accusations, on méconnaissait et les services passés des patriotes, et la position dans laquelle ils s'étaient trouvés; ils avouèrent, du reste, que des excès avaient été commis, mais en ajoutant que les partis, quels qu'ils fussent, étaient composés par des hommes, et non par des dieux. « Les sections des Quinze-Vingts et « de Montreuil, dirent-ils, ne viennent donc « vous demander pour mesures générales ni « déportation, ni effusion de sang contre tel « ou tel parti, moyens qui confondent la simple « erreur avec le crime; elles ne voient dans les « Français que des frères, diversement orga« nisés, il est vrai, mais tous membres de la « même famille. Elles viennent vous demander « d'user d'un moyen qui est dans vos mains, « et qui est le seul efficace pour terminer nos « tempêtes politiques : c'est la constitution « de 93. Organisez dès aujourd'hui cette cons« titution populaire, que le peuple français a « acceptée et juré de défendre. Elle conciliera « tous les intérêts, calmera tous les esprits, « et vous conduira au terme de vos travaux. »

Cette proposition insidieuse renfermait tout

ce que les révolutionnaires désiraient dans le moment. Ils pensaient, en effet, que la constitution, en expulsant la convention, ramènerait à la législature, au pouvoir exécutif et aux administrations municipales, leurs chefs et eux-mêmes. C'était là une erreur grave; mais ils l'espéraient ainsi, et ils pensaient que, sans énoncer des vœux dangereux, tels que l'élargissement des patriotes, la suspension de toutes les procédures, la formation d'une nouvelle commune à Paris, ils en trouveraient l'accomplissement dans la seule mise en vigueur de la constitution. Si la convention se refusait à leur demande, si elle ne s'expliquait pas nettement, et ne fixait pas une époque prochaine, elle avouait qu'elle ne voulait pas la constitution de 93. Le président Thibaudeau leur fit une réponse très-ferme, qui finissait par ces mots aussi sévères que peu flatteurs : « La convention « n'a jamais attribué les pétitions insidieuses « qui lui ont été faites, aux robustes et sincères « défenseurs de la liberté qu'a produits le fau- « bourg Antoine. » A peine le président avait-il achevé, que le député Chales se hâte de monter à la tribune, pour demander que la déclaration des droits soit exposée dans la salle de la convention, comme le veut l'un des articles de la constitution. Tallien le remplace à la

tribune. « Je demande, dit-il, à ces hommes
« qui se montrent aujourd'hui défenseurs si
« ardents de la constitution, à ceux qui sem-
« blent avoir adopté le mot de ralliement d'une
« secte qui s'éleva à la fin de la constituante,
« *la constitution, rien que la constitution;* je leur
« demande si ce ne sont pas eux qui l'ont ren-
« fermée dans une boîte? » Des applaudissements d'une part, des murmures, des cris de
l'autre, interrompent Tallien; il reprend au
milieu du tumulte : « Rien, continue-t-il, ne
« m'empêchera de dire mon opinion lorsque
« je suis au milieu des représentants du peuple.
« Nous voulons tous la constitution avec un
« gouvernement ferme, avec le gouvernement
« qu'elle prescrit; et il ne faut pas que quelques
« membres fassent croire au peuple qu'il est
« dans cette assemblée des membres qui ne
« veulent pas la constitution. Il faut aujourd'hui
« même prendre des mesures pour les empê-
« cher de calomnier la majorité respectable et
« pure de la convention. » — Oui! oui! s'écrie-
t-on de toutes parts. — « Cette constitution,
« ajoute Tallien, qu'ils ont fait suivre, non pas
« des lois qui devaient la compléter et en rendre
« l'exécution possible, mais du gouvernement
« révolutionnaire, cette constitution, il faut la
« faire marcher et lui donner la vie. Mais nous

« n'aurons pas l'imprudence de vouloir l'exé-
« cuter sans lois organiques, afin de la livrer
« incomplète et sans défense à tous les enne-
« mis de la république. C'est pourquoi je de-
« mande qu'il soit fait incessamment un rapport
« sur les moyens d'exécuter la constitution, et
« qu'il soit décrété, dès à présent, qu'il n'y aura
« aucun intermédiaire entre le gouvernement
« actuel et le gouvernement définitif. » Tallien
descend de la tribune au milieu des marques
universelles de satisfaction de l'assemblée, que
sa réponse venait de tirer d'embarras. La con-
fection des lois organiques était un prétexte
heureux pour différer la promulgation de la
constitution, et pour fournir un moyen de la
modifier. C'était l'occasion d'une nouvelle ré-
vision, comme celle que l'on fit subir à la constitution de 91. Le député Miaulle, montagnard
assez modéré, approuve l'avis de Tallien, et
admet, comme lui, qu'il ne faut pas précipiter
l'exécution de la constitution; mais il soutient
qu'il n'y a aucun inconvénient à lui donner
de la publicité, et il demande qu'elle soit gra-
vée sur des tables de marbre, et exposée dans
les lieux publics. Thibaudeau, effrayé d'une
telle publicité donnée à une constitution faite
dans un moment de délire démagogique, cède
le fauteuil à Clausel, et monte à la tribune.

« Législateurs, s'écrie-t-il, nous ne devons pas
« ressembler à ces prêtres de l'antiquité, qui
« avaient deux manières de s'exprimer, l'une
« secrète, l'autre ostensible. Il faut avoir le
« courage de dire ce que nous pensons sur
« cette constitution; et dût-elle me frapper de
« mort, comme elle en a frappé, l'année der-
« nière, ceux qui ont voulu faire des observa-
« tions contre elle, je parlerai. » Après une
longue interruption, produite par des applaudissements, Thibaudeau soutient hardiment
qu'il y aurait du danger à publier une constitution qui, certainement, n'est pas connue de
ceux qui la vantent si fort. « Une constitution
« démocratique, dit-il, n'est pas celle où le
« peuple exerce lui-même tous les pouvoirs... »
Non! non! s'écrient une foule de voix....
« C'est, reprend Thibaudeau, celle où, par
« une sage distribution de tous les pouvoirs,
« le peuple jouit de la liberté, de l'égalité,
« et du repos. Or, je ne vois pas cela dans une
« constitution qui, à côté de la représentation
« nationale, placerait une commune usurpa-
« trice ou des jacobins factieux; qui ne don-
« nerait pas à la représentation nationale la
« direction de la force armée dans le lieu où
« elle siège, et la priverait ainsi des moyens
« de se défendre et de maintenir sa dignité;

« qui accorderait à une fraction du peuple le
« droit d'insurrection partielle, et la faculté de
« bouleverser l'état. Vainement on nous dit
« qu'une loi organique corrigera tous ces in-
« convénients. Une simple loi peut être changée
« par la législature, et des dispositions aussi
« importantes que celles qui seront renfermées
« dans ces lois organiques doivent être immua-
« bles comme la constitution elle-même. D'ail
« leurs, les lois organiques ne se font pas en
« quinze jours, même en un mois; et, en at-
« tendant, je demande qu'il ne soit donné
« aucune publicité à la constitution, qu'une
« grande vigueur soit imprimée au gouverne-
« ment, et que, s'il le faut même, de nouvelles
« attributions soient données au comité de salut
« public. » Thibaudeau descend de la tribune
au milieu des applaudissements décernés à la
hardiesse de sa déclaration. On propose aussitôt
de fermer la discussion; le président met la
clôture aux voix, et l'assemblée presque entière se lève pour la prononcer. Les montagnards irrités disent qu'on n'a pas eu le temps
d'entendre les paroles du président, qu'on ne
sait ce qui a été proposé : on ne les écoute pas,
et on passe outre. Legendre demande alors la
formation d'une commission de onze membres, pour s'occuper sans relâche des lois

organiques dont la constitution doit être accompagnée. Cette idée est aussitôt adoptée. Les comités annoncent dans ce moment qu'ils ont un rapport important à faire, et Sieyes monte à la tribune pour présenter sa loi de grande police.

Pendant que ces différentes scènes se passaient dans l'intérieur de l'assemblée, le plus grand tumulte régnait au dehors. Les patriotes du faubourg, qui n'avaient pas pu entrer dans la salle, étaient répandus sur le Carrousel et dans le jardin des Tuileries; ils attendaient avec impatience, et en poussant leurs cris accoutumés, que le résultat de la démarche tentée auprès de la convention fût connu. Quelques-uns d'entre eux, descendus des tribunes, étaient venus rapporter aux autres ce qui se passait; et, leur faisant un récit infidèle, ils avaient dit que les pétitionnaires avaient été maltraités. Alors le tumulte s'était augmenté parmi eux; les uns étaient accourus vers les faubourgs, pour annoncer que leurs envoyés étaient maltraités à la convention; les autres avaient parcouru le jardin, repoussant devant eux les jeunes gens qu'ils rencontraient; ils en avaient même saisi trois, et les avaient jetés dans le grand bassin des Tuileries. Le comité de sûreté générale, en voyant ces désordres, avait fait battre le rappel pour convoquer les sections voisines. Cependant le danger était pressant; il fallait du temps pour que les sections fussent convoquées et réunies. Le comité était entouré d'une foule de jeunes gens, accourus au nombre de mille ou douze cents, armés de cannes, et disposés à fondre sur les groupes de patriotes, qui n'avaient pas encore rencontré de résistance. Il accepte leur secours, et les autorise à faire la police du jardin. Ils se précipitent alors sur les groupes où l'on criait *Vive les jacobins!* les dispersent après une mêlée assez longue, en refoulent même une partie vers la salle de la convention. Quelques-uns des patriotes remontent dans les tribunes, et y répandent, par leur arrivée précipitée, une espèce de trouble. Dans ce moment, Sieyes achevait son rapport sur la loi de grande police. On demandait l'ajournement, et on s'écriait à la Montagne : C'est une loi de sang! c'est la loi martiale! on veut faire partir la convention de Paris.—A ces cris se mêle le bruit des fugitifs arrivant du jardin. Il se manifeste alors une grande agitation. Les royalistes assassinent les patriotes! s'écrie une voix. On entend du tumulte aux portes; le président se couvre. Une grande majorité de l'assemblée dit que le danger prévu par la loi de Sieyes se réalise, qu'il faut la voter sur-le-champ. — Aux voix! aux voix! s'écrie-t-on. — On met la loi aux voix, et elle est aussitôt adoptée par l'immense majorité, au bruit des plus vifs applaudissements. Les membres de l'extrémité gauche refusent de prendre part à la délibération. Enfin le calme se rétablit peu à peu, et on commence à pouvoir entendre les orateurs. — On a trompé la convention, s'écrie Duhem. Clausel, qui entre, vient, dit-il, rassurer l'assemblée. — Nous n'avons pas besoin d'être rassurés, répondent plusieurs voix. — Clausel continue, et dit que les bons citoyens sont venus faire un rempart de leurs corps à la représentation nationale. On applaudit. — C'est toi, lui dit Ruamps, qui as provoqué ces rassemblements pour faire passer une loi atroce. — Clausel veut répliquer, mais il ne peut se faire entendre. On attaque alors la loi qui venait d'être votée avec tant de précipitation. — « La loi est rendue, dit le président ; « on n'y peut plus revenir. — On conspire ici « avec le dehors, dit Tallien ; n'importe, il faut « rouvrir la discussion sur le projet, et prouver « que la convention sait délibérer même au mi- « lien des égorgeurs. » On adopte la proposition de Tallien, et on remet le projet de Sieyes en délibération. La discussion s'engage alors avec plus de calme. Tandis qu'on délibère dans l'intérieur de la salle, la tranquillité se rétablit au dehors. Les jeunes gens, victorieux des jacobins, demandent à se présenter à l'assemblée; ils sont introduits par députation, et viennent protester de leurs intentions patriotiques et de leur dévouement à la représentation nationale. Ils se retirent après avoir été vivement applaudis. La convention, persistant à discuter la loi de police sans désemparer, la vote article par article, et se sépare enfin à dix heures du soir.

Cette journée laissa les deux partis convaincus de l'approche d'un grand événement. Les patriotes, repoussés par la clôture dans la convention, battus à coups de canne dans le jardin des Tuileries, vinrent porter leur colère dans les faubourgs, et y exciter le peuple à un mouvement. L'assemblée vit bien qu'elle allait être attaquée, et songea à faire usage de la loi tutélaire qu'elle venait de rendre.

Le lendemain devait amener une discussion tout aussi grave que celle du jour : en effet, Billaud, Collot, Barrère et Vadier, devaient être entendus pour la première fois devant la convention. Une foule de patriotes et de femmes étaient accourus de bonne heure pour remplir les tribunes. Les jeunes gens, plus prompts, les avaient devancés, et avaient empêché les femmes d'entrer. Ils les avaient congédiées assez rudement, et il en était résulté quelques rixes autour de la salle. Cependant de nombreuses patrouilles, répandues aux environs, avaient maintenu la tranquillité publique; les tribunes s'étaient remplies sans beaucoup de trouble, et depuis huit heures du matin jusqu'à midi, le temps avait été employé à chanter des airs patriotiques. D'un côté on chantait *le Réveil du peuple*, de l'autre *la Marseillaise*, en attendant que les députés vinssent prendre leur place. Enfin le président se plaça au fauteuil, au milieu des cris de *Vive la convention! vive la république!* Les prévenus vinrent s'asseoir à la barre, et on attendit la discussion avec le plus grand silence.

Robert Lindet demanda aussitôt la parole pour une motion d'ordre. On se doutait que cet homme irréprochable, que l'on n'avait pas osé accuser avec les autres membres du comité de salut public, allait défendre ses anciens collègues. Il était beau à lui de le faire, car il était encore plus étranger que Carnot et Prieur (de la Côte-d'Or) aux mesures politiques de l'ancien comité de salut public. Il n'avait accepté le soin des approvisionnements et des transports qu'à la condition de rester étranger à toutes les opérations de ses collègues, de

ne jamais délibérer avec eux, et d'occuper même avec ses bureaux un autre local. Il avait refusé la solidarité avant le danger; le danger arrivé, il venait la réclamer généreusement. On pensait bien que Carnot et Prieur (de la Côte-d'Or) allaient suivre cet exemple : aussi plusieurs voix de la droite s'élevèrent à la fois pour s'opposer à ce que Robert Lindet fût entendu. — La parole est aux prévenus, s'écrie-t-on ; ils doivent la prendre avant leurs accusateurs et leurs défenseurs. — « Hier, dit Bourdon (de l'Oise),
« on a tramé un complot pour sauver les accu-
« sés ; les bons citoyens l'ont déjoué. Aujour-
« d'hui on a recours à d'autres moyens, on
« réveille les scrupules d'hommes honnêtes,
« que l'accusation a séparés de leurs collègues ;
« on veut les engager à s'associer aux coupa-
« bles pour retarder la justice par de nouveaux
« obstacles. » Robert Lindet répondit que c'était tout le gouvernement qu'on voulait juger, qu'il en avait été membre, que par conséquent il ne devait pas consentir à être séparé de ses collègues, et qu'il demandait sa part de responsabilité. On ose difficilement résister à un acte de courage et de générosité. Robert Lindet obtint la parole ; il retraça fort longuement les immenses travaux du comité de salut public ; il prouva son activité, sa prévoyance, ses

éminents services, et fit sentir que l'excitation de zèle produite par la lutte avait seule causé les excès reprochés à certains membres de ce gouvernement. Ce discours, de six heures, ne fut pas entendu sans beaucoup d'interruptions. Des ingrats, oubliant déjà les services des hommes aujourd'hui accusés, trouvaient que cette énumération était longue; quelques membres même eurent l'indécence de dire qu'il fallait imprimer ce discours aux frais de Lindet, parce qu'il coûterait trop à la république. Les girondins se soulevèrent en entendant parler de l'insurrection fédéraliste, et des maux qu'elle avait causés. Chaque parti trouva à se plaindre. Enfin on s'ajourna au lendemain, en se promettant de ne plus souffrir de ces longues dépositions en faveur des accusés. Cependant Carnot et Prieur (de la Côte-d'Or) voulaient être entendus à leur tour; ils voulaient, comme Lindet, prêter un secours généreux à leurs collègues, et se justifier en même temps d'une foule d'accusations qui ne pouvaient porter sur Billaud, Collot et Barrère, sans les atteindre eux-mêmes. Les signatures de Carnot et de Prieur (de la Côte-d'Or) se trouvaient en effet sur les ordres les plus reprochés aux accusés. Carnot, dont la réputation était immense, dont on disait en France et en Europe qu'il avait *organisé la victoire*, dont les luttes courageuses avec Saint-Just et Robespierre étaient connues, Carnot ne pouvait être écouté qu'avec égard et une sorte de respect. Il obtint la parole. — Il m'appartient à moi, dit-il, de justifier le comité de salut public, moi qui osai le premier attaquer en face Robespierre et Saint-Just; et il aurait pu ajouter : Moi qui osai les attaquer, lorsque vous respectiez leurs moindres ordres, et que vous décrétiez à leur gré tous les supplices qu'ils vous demandaient. Il expliqua d'abord comment sa signature et celle de ses collègues les plus étrangers aux actes politiques du comité se trouvaient néanmoins au bas des ordres les plus sanguinaires. « Accablés, « dit-il, de soins immenses, ayant jusqu'à trois « et quatre cents affaires à régler par jour, « n'ayant pas souvent le temps d'aller manger, « nous étions convenus de nous prêter les si- « gnatures. Nous signions une multitude de « pièces sans les lire. Je signais des mises en « accusation, et mes collègues signaient des « ordres de mouvement, des plans d'attaque, « sans que ni les uns ni les autres nous eus- « sions le temps de nous expliquer. La néces- « sité de cette œuvre immense avait exigé cette « dictature individuelle, qu'on s'était récipro- « quement accordée à chacun. Jamais, sans

« cela, le travail n'eût été achevé. L'ordre d'ar-
« rêter l'un de mes meilleurs employés à la
« guerre, ordre pour lequel j'attaquai Saint-
« Just et Robespierre, et les dénonçai comme
« des usurpateurs, cet ordre, je l'avais signé
« sans le savoir. Ainsi notre signature ne prouve
« rien, et ne peut nullement devenir la preuve
« de notre participation aux actes reprochés à
« l'ancien gouvernement. » Carnot s'attacha ensuite à justifier ses collègues accusés. Tout en
convenant, sans le dire expressément, qu'ils
avaient fait partie des hommes passionnés et
violents du comité, il assura qu'ils s'étaient
élevés des premiers contre le triumvirat, et que
l'indomptable caractère de Billaud-Varennes
avait été le plus grand obstacle que Robespierre eût rencontré sur ses pas. Prieur (de la
Côte-d'Or), qui, dans la fabrication des munitions et des armes, avait rendu d'aussi grands
services que Carnot, et qui avait donné les
mêmes signatures, et de la même manière,
répéta la déclaration de Carnot, et demanda,
comme lui et Lindet, à partager la responsabilité qui pesait sur les accusés.

Ici la convention se trouvait replongée dans
les embarras d'une discussion déjà entamée
plusieurs fois, et qui n'avait jamais abouti qu'à
une affreuse confusion. Cet exemple, donné

par trois hommes jouissant d'une considération universelle, et venant se déclarer solidaires de l'ancien gouvernement, cet exemple n'était-il pas un avertissement pour elle? Ne signifiait-il pas que tout le monde avait été plus ou moins complice des anciens comités, et qu'elle devait elle-même venir demander des fers, comme Lindet, Carnot et Prieur? En effet, elle n'avait elle-même attaqué la tyrannie qu'après les trois hommes qu'elle voulait punir aujourd'hui comme ses complices ; et, quant à leurs passions, elle les avait toutes partagées ; elle était même plus coupable qu'eux si elle ne les avait pas ressenties, car elle en avait sanctionné tous les excès.

Aussi la discussion devint-elle, pendant les journées des 4, 5 et 6 germinal *, une mêlée épouvantable. A chaque instant le nom d'un nouveau membre se trouvait compromis ; il demandait à se justifier ; il récriminait à son tour, et on se jetait, de part et d'autre, dans des discussions aussi longues que dangereuses. On décréta alors que les accusés et les membres de la commission auraient seuls la parole pour discuter les faits, article par article, et il fut défendu à tout député de chercher à se

* 24, 25 et 26 mars.

justifier si son nom était prononcé. On eut
beau rendre ce décret, à chaque instant la
discussion redevint générale, et il n'y eut pas
un acte qu'on ne se rejetât les uns aux autres
avec une affreuse violence. L'émotion qui existait depuis les jours précédents ne fit que s'accroître; il n'y avait qu'un mot dans les faubourgs : Il faut se porter à la convention pour
demander du pain, la constitution de 93 et la
liberté des patriotes. Par malheur, la quantité
de farine nécessaire pour fournir les dix-huit
cents sacs n'étant pas arrivée à Paris dans la
journée du 6, on ne distribua, dans la mati-
née du 7, que la moitié de la ration, en promettant pour la fin du jour l'autre moitié. Les
femmes de la section des Gravilliers, quartier
du Temple, refusèrent la demi-ration qu'on
voulait leur donner, et s'assemblèrent en tumulte dans la rue du Vert-Bois. Quelques-
unes, qui avaient le mot, s'efforcèrent de
former un rassemblement, et, entraînant avec
elles toutes les femmes qu'elles rencontraient,
marchèrent vers la convention. Pendant qu'elles prenaient cette route, les meneurs couru-
rent chez le président de la section, s'emparèrent violemment de sa sonnette et des clefs
de la salle des séances, et allèrent former une
assemblée illégale. Ils nommèrent un prési-

dent, composèrent un bureau, et lurent à plusieurs reprises l'article de la déclaration des droits, qui proclamait l'insurrection comme un droit et un devoir. Les femmes, pendant ce temps, avaient continué leur marche vers la convention, et faisaient un grand bruit à ses portes. Elles voulaient être introduites en masse : on n'en laissa entrer que vingt. L'une d'elles prit hardiment la parole, et se plaignit de ce qu'elles n'avaient reçu qu'une demi-livre de pain. Le président ayant voulu leur répondre, elles crièrent : Du pain! du pain! Elles interrompirent, par les mêmes cris, les explications que Boissy-d'Anglas voulait donner sur la distribution du matin. Enfin on les fit sortir, et on reprit la discussion sur les accusés. Le comité de sûreté générale fit ramener ces femmes par des patrouilles, et envoya l'un de ses membres pour dissoudre l'assemblée illégalement formée dans la section des Gravilliers. Ceux qui la composaient refusèrent d'abord d'accéder aux invitations du représentant envoyé vers eux; mais en voyant la force, ils se dissipèrent. Dans la nuit, les principaux instigateurs furent arrêtés et conduits en prison.

C'était la troisième tentative du mouvement : le 27 ventôse on s'était agité à cause de la ration, le 1er germinal à cause de la pétition des Quinze-Vingts, et le 7 à cause d'une distribution de pain insuffisante. On craignit un mouvement général pour le décadi, jour d'oisiveté et d'assemblée dans les sections. Pour prévenir les dangers d'une réunion de nuit, il fut décidé que les assemblées de section se tiendraient de une heure à quatre. Ce n'était là qu'une mesure fort insignifiante, et qui ne pouvait prévenir le combat. On sentait bien que la cause principale de ces soulèvements était l'accusation portée contre les anciens membres du comité de salut public et l'incarcération des patriotes. Beaucoup de députés voulaient renoncer à des poursuites qui, fussent-elles justes, étaient certainement dangereuses. Rouzet imagina un moyen qui dispensait de rendre un jugement sur les accusés, et qui en même temps sauvait leur tête : c'était l'ostracisme. Quand un citoyen aurait fait de son nom un sujet de discorde, il proposait de le bannir pour un temps. Sa proposition ne fut pas écoutée. Merlin (de Thionville), thermidorien ardent et citoyen intrépide, commença lui-même à penser qu'il vaudrait peut-être mieux éviter la lutte. Il proposa donc de convoquer les assemblées primaires, de mettre sur-le-champ la constitution en vigueur, et de renvoyer le jugement des prévenus à la prochaine législature. Merlin (de Douai) appuya fortement cet avis. Guiton-Morveau en ouvrit un plus ferme. « La procédure que nous faisons, « dit-il, est un scandale ; où faudra-t-il s'arrêter, « si on poursuit tous ceux qui ont fait des « motions plus sanguinaires que celles qu'on « reproche aux prévenus ? On ne sait, en vé- « rité, si nous achevons ou si nous recom- « mençons la révolution. » On fut justement épouvanté de l'idée d'abandonner, dans un moment pareil, l'autorité à une nouvelle assemblée ; on ne voulait pas non plus donner à la France une constitution aussi absurde que celle de 93 ; on déclara donc qu'il n'y avait pas lieu à délibérer sur la proposition des deux Merlin. Quant à la procédure commencée, trop de vengeances en souhaitaient la continuation, pour qu'elle fût abandonnée ; seulement on décida que l'assemblée, afin de pouvoir vaquer à ses autres soins, ne s'occuperait de l'audition des prévenus que tous les jours impairs.

Une telle décision n'était pas faite pour calmer les patriotes. Le jour de décadi * fut employé à s'exciter réciproquement. Les assemblées de

---

* 10 germinal.

section furent très-tumultueuses; cependant le mouvement redouté n'eut pas lieu. Dans la section des Quinze-Vingts on fit une nouvelle pétition, plus hardie que la première, et qu'on devait présenter le lendemain. Elle fut lue, en effet, à la barre de la convention. « Pourquoi, « disait-elle, Paris est-il sans municipalité? « pourquoi les sociétés populaires sont-elles « fermées? que sont devenues nos moissons? « pourquoi les assignats sont-ils tous les jours « plus avilis? pourquoi les jeunes gens du « Palais-Royal peuvent-ils seuls s'assembler? « pourquoi les patriotes se trouvent-ils seuls « dans les prisons? Le peuple enfin veut être « libre. Il sait que, lorsqu'il est opprimé, l'in-« surrection est le premier de ses devoirs. » La pétition fut écoutée au milieu des murmures d'une grande partie de l'assemblée, et des applaudissements de la Montagne. Le président Pelet (de la Lozère) reçut très-rudement les pétitionnaires, et les congédia. La seule satisfaction accordée fut d'envoyer aux sections la liste des patriotes détenus, pour qu'elles pussent juger s'il y en avait qui méritassent d'être réclamés.

Le reste de la journée du 11 se passa en agitations dans les faubourgs. On se dit de tous côtés qu'il fallait le lendemain se rendre à la convention, pour lui demander de nouveau tout ce qu'on n'avait pas pu obtenir encore. Cet avis fut transmis de bouche en bouche dans tous les quartiers occupés par les patriotes. Les meneurs de chaque section, sans avoir un but bien déterminé, voulaient exciter un rassemblement universel, et pousser vers la convention la masse entière du peuple. Le lendemain, en effet, 12 germinal (1er avril), des femmes, des enfants se soulevèrent dans la section de la Cité, et se réunirent aux portes des boulangers, empêchant ceux qui s'y trouvaient d'accepter la ration, et tâchant d'entraîner tout le monde vers les Tuileries. Les meneurs répandirent en même temps toutes sortes de bruits; ils dirent que la convention allait partir pour Châlons, et abandonner le peuple de Paris à sa misère; qu'on avait désarmé dans la nuit la section des Gravilliers; que les jeunes gens étaient rassemblés au nombre de trente mille au Champ-de-Mars, et qu'avec leur secours on allait désarmer les sections patriotes. Ils forcèrent les autorités de la section de la Cité de donner ses tambours; ils s'en emparèrent, et se mirent à battre la générale dans toutes les rues. L'incendie s'étendit avec rapidité; la population du Temple et du faubourg Saint-Antoine se leva, et, suivant les quais et le boulevart, se porta vers les Tuileries. Des femmes, des enfants, des hommes ivres, composaient ce rassemblement formidable; ces derniers étaient armés de bâtons, et portaient ces mots écrits sur leurs chapeaux : *Du pain et la constitution de 93.*

Dans ce moment la convention écoutait un rapport de Boissy-d'Anglas sur les divers systèmes adoptés en matière de subsistances. Elle n'avait auprès d'elle que sa garde ordinaire; le rassemblement était parvenu jusqu'à ses portes; il inondait le Carrousel, les Tuileries, et obstruait toutes les avenues, de manière que les nombreuses patrouilles répandues dans Paris ne pouvaient venir au secours de la représentation nationale. La foule s'introduit dans le salon de la Liberté, qui précédait la salle des séances, et veut pénétrer jusqu'au sein même de l'assemblée. Les huissiers et la garde font effort pour l'arrêter; des hommes, armés de bâtons, se précipitent, dispersent tout ce qui veut résister, se ruent contre les portes, les enfoncent, et débordent enfin, comme un torrent, dans le milieu de l'assemblée, en poussant des cris, en agitant leurs chapeaux, et en soulevant un nuage de poussière. *Du pain! du pain! la constitution de 93!* tels sont les mots vociférés par cette foule aveugle. Les députés ne quittent point leurs siéges, et montrent un calme imposant. Tout-à-coup l'un d'eux se lève, et crie : *Vive la république!* Tous l'imitent, et la foule pousse aussi le même cri, mais elle ajoute : *Du pain! la constitution de 93!* Les membres seuls du côté gauche font éclater quelques applaudissements, et ne semblent pas attristés de voir la populace au milieu d'eux. Cette multitude, à laquelle on n'avait tracé aucun plan, dont les meneurs ne voulaient se servir que pour intimider la convention, se répand parmi les députés, va s'asseoir à côté d'eux, mais sans oser se permettre aucune violence à leur égard. Legendre veut prendre la parole. — Si jamais, dit-il, la malveillance... On ne le laisse pas continuer.—A bas! à bas! s'écrie la multitude, nous n'avons pas de pain. Merlin (de Thionville), toujours aussi courageux qu'à Mayence ou dans la Vendée, quitte sa place, descend au milieu de la populace, parle à plusieurs de ces hommes, les embrasse, en est embrassé, et les engage à respecter la convention...—A ta place! lui crient quelques montagnards. « Ma « place, répond Merlin, est au milieu du peu- « ple. Ces hommes viennent de m'assurer qu'ils « n'ont aucune mauvaise intention; qu'ils ne « veulent point imposer à la convention par

« leur nombre; que loin de là, ils la défen-
« dront, et qu'ils ne sont ici que pour lui faire
« connaître l'urgence de leurs besoins. — Oui,
« oui, s'écrie-t-on encore dans la foule, nous
« voulons du pain. »

Dans ce moment, on entend des cris dans le salon de la Liberté : c'est un nouveau flot populaire qui déborde sur le premier : c'est une seconde irruption d'hommes, de femmes et d'enfants, criant tous à la fois : Du pain! du pain!... Legendre veut recommencer ce qu'il allait dire; on l'interrompt encore en criant : A bas!

Les montagnards sentaient bien que, dans cet état, la convention, opprimée, avilie, étouffée, ne pouvait ni écouter, ni parler, ni délibérer, et que le but même de l'insurrection était manqué, puisque les décrets désirés ne pouvaient être rendus. Gaston et Duroi, tous deux siégeant à gauche, se lèvent, et se plaignent de l'état où l'on a réduit l'assemblée. Gaston s'approche du peuple : « Mes amis, dit-
« il, vous voulez du pain, la liberté des pa-
« triotes et la constitution; mais pour cela il
« faut délibérer, et on ne le peut pas si vous
« restez ici. » Le bruit empêche que Gaston soit entendu. André Dumont, qui a remplacé le président au fauteuil, veut en vain donner

les mêmes raisons à la foule; il n'est pas écouté. Le montagnard Huguet parvient seul à faire entendre quelques mots : « Le peuple qui est « ici, dit-il, n'est pas en insurrection; il vient « demander une chose juste : c'est l'élargisse- « ment des patriotes. Peuple, n'abandonne « pas tes droits. » Dans ce moment, un homme monte à la barre, en traversant la foule qui s'ouvre devant lui; c'est le nommé Vanec, qui commandait la section de la Cité à l'époque du 31 mai. « Représentants, dit-il, vous voyez de- « vant vous les hommes du 14 juillet, du 10 « août, et encore du 31 mai.... » Ici les tribu- nes, la populace et la Montagne applaudissent à outrance. « Ces hommes, continue Vanec, « ont juré de vivre libres ou de mourir. Vos « divisions déchirent la patrie; elle ne doit « plus souffrir de vos haines. Rendez la liberté « aux patriotes, et le pain au peuple. Faites- « nous justice de l'armée de Fréron, et de ces « messieurs à bâtons. Et toi, Montagne sainte, « ajoute l'orateur en se tournant vers les bancs « de gauche, toi qui as tant combattu pour la « république, les hommes du 14 juillet, du « 10 août et du 31 mai, te réclament dans ce « moment de crise; tu les trouveras toujours « prêts à te soutenir, toujours prêts à verser « leur sang pour la patrie! » Des cris, des applaudissements accompagnent les dernières paroles de Vanec. Une voix de l'assemblée semble s'élever contre lui, mais on la distingue à peine. On demande que celui qui a quelque chose à dire contre Vanec se fasse entendre. — « Oui, oui, s'écrie Duhem, qu'il le dise tout haut. » — Les orateurs de plusieurs sections se succèdent à la barre, et, en termes plus mesurés, demandent les mêmes choses que celle de la Cité. Le président Dumont répond avec fermeté que la convention s'occupera des vœux et des besoins du peuple aussitôt qu'elle pourra reprendre ses travaux. — Qu'elle le fasse tout de suite, répondent plusieurs voix; nous avons besoin de pain. — Le tumulte dure ainsi pendant plusieurs heures. Le président est en butte à des interpellations de toute espèce. — Le royalisme est au fauteuil, lui dit Choudieu. — Nos ennemis excitent l'orage, répond Dumont; ils ignorent que la foudre va tomber sur leurs têtes. — Oui, réplique Ruamps, la foudre c'est votre jeunesse du Palais-Royal. — Du pain! du pain! répètent des femmes en furie.

Cependant on entend sonner le tocsin du pavillon de l'Unité. Les comités, en effet, exécutant la loi de grande police, faisaient réunir les sections. Plusieurs avaient pris les armes, et marchaient sur la convention. Les montagnards sentaient bien qu'il fallait se hâter de convertir en décrets les vœux des patriotes ; mais pour cela il était nécessaire de dégager un peu l'assemblée, et de la laisser respirer. — Président, s'écrie Duhem, engage donc les bons citoyens à sortir, pour que nous puissions délibérer. Il s'adresse aussi au peuple. — Le tocsin a sonné, lui dit-il, la générale a battu dans les sections ; si vous ne nous laissez pas délibérer, la patrie est perdue. — Choudieu veut prendre une femme par le bras pour la faire sortir : — Nous sommes chez nous, lui répond-elle avec colère. — Choudieu interpelle le président, et lui dit que, s'il ne sait pas remplir son devoir, et faire évacuer la salle, il n'a qu'à céder la place à un autre. Il parle de nouveau à la foule : « On vous tend un piége, lui « dit-il ; retirez-vous, pour que nous puissions « accomplir vos vœux. » Le peuple, voyant les marques d'impatience données par toute la Montagne, se dispose à se retirer. L'exemple donné, on le suit peu à peu ; la grande affluence diminue dans l'intérieur de la salle, et commence aussi à diminuer au dehors. Les groupes de jeunes gens n'auraient rien pu aujourd'hui contre ce peuple immense ; mais les bataillons nombreux des sections fidèles à la convention arrivaient déja de toutes parts, et la multitude se retirait devant eux. Vers le soir, l'intérieur et l'extérieur de la salle se trouvent dégagés, et la tranquillité est rétablie dans la convention.

A peine l'assemblée est-elle délivrée, que l'on demande la continuation du rapport de Boissy-d'Anglas, qui avait été interrompu par l'irruption de la populace. L'assemblée n'était pas encore bien rassurée, et voulait prouver que, devenue libre, son premier soin était de s'occuper des subsistances du peuple. A la suite de son rapport, Boissy propose de prendre dans les sections de Paris une force armée, pour protéger aux environs l'arrivage des grains. Le décret est rendu. Prieur (de la Marne) propose de commencer la distribution du pain par les ouvriers; cette proposition est encore adoptée. La soirée était déja fort avancée; une force considérable était réunie autour de la convention. Quelques factieux, qui résistaient encore, s'étaient réunis les uns dans la section des Quinze-Vingts, les autres dans celle de la Cité. Ces derniers s'étaient emparés de l'église de Notre-Dame, et s'y étaient pour ainsi dire retranchés. Néanmoins on n'avait plus aucune crainte, et l'assemblée pouvait punir les attentats du jour.

Isabeau se présente au nom des comités, rapporte les événements de la journée, la manière dont les rassemblements s'étaient formés, la direction qu'ils avaient reçue, et les mesures que les comités avaient prises pour les dissiper, conformément à la loi du 1er germinal. Il rapporte que le député Auguis, chargé de parcourir différents quartiers de Paris, a été arrêté par les factieux, et blessé; que Pénière, envoyé pour le dégager, a été atteint d'un coup de feu. A ce récit, on pousse des cris d'indignation; on demande vengeance. Isabeau propose, 1° de déclarer qu'en ce jour la liberté des séances de la convention a été violée; 2° de charger les comités d'instruire contre les auteurs de cet attentat. A cette proposition, les montagnards, voyant quel avantage on va tirer contre eux d'une tentative manquée, poussent des murmures. Les trois quarts de l'assemblée se lèvent en demandant à aller aux voix. On dit de tout côté que c'est un 20 juin contre la représentation nationale, qu'aujourd'hui on a envahi la salle de l'assemblée, comme on envahit au 20 juin le palais du roi, et que, si la convention ne sévit, on préparera bientôt contre elle un 10 août. Sergent, député de la Montagne, veut imputer ce mouvement aux feuillants, aux Lameth, aux Duport, qui, de Londres, tâchent, dit-il, de pousser les patriotes à des excès imprudents. On lui répond qu'il divague. Thibaudeau, qui, pendant cette scène, s'était retiré de l'assemblée, indigné qu'il était de l'attentat commis contre elle, s'élance à la tribune. « Elle est là, dit-il en montrant le « côté gauche, la minorité qui conspire. Je dé- « clare que je me suis absenté pendant quatre « heures, parce que je ne voyais plus ici la « représentation nationale. J'y reviens mainte- « nant, et j'appuie le projet de décret. Le « temps de la faiblesse est passé : c'est la fai- « blesse de la représentation nationale qui l'a « toujours compromise, et qui a encouragé « une faction criminelle. Le salut de la patrie « est aujourd'hui dans vos mains : vous la per- « drez si vous êtes faibles. » On adopte le décret au milieu des applaudissements; et ces accès de colère et de vengeance, qui se réveillent au souvenir des dangers qu'on a courus, commencent à éclater de toutes parts. André Dumont, qui avait occupé le fauteuil au milieu de cette scène orageuse, s'élance à la tribune; il se plaint des menaces, des insultes dont il a été l'objet; il rappelle que Chales et Chondieu, en le montrant au peuple, ont dit que le royalisme était au fauteuil, que Foussedoire avait proposé la veille, dans un groupe, de désarmer la garde nationale. Foussedoire lui donne un démenti ; une foule de députés assurent cependant l'avoir entendu. « Au reste, « reprend Dumont, je méprise tous ces enne- « mis qui ont voulu diriger les poignards con- « tre moi ; ce sont les chefs qu'il faut frapper. « On a voulu sauver aujourd'hui les Billaud, « les Collot, les Barrère ; je ne vous proposerai « pas de les envoyer à la mort, car ils ne sont « pas jugés, et le temps des assassinats est passé, « mais de les bannir du territoire qu'ils infectent « et agitent par des séditions. Je vous propose « pour cette nuit même la déportation des qua- « tre prévenus dont vous agitez la cause depuis « plusieurs jours. » Cette proposition est accueillie par de vifs applaudissements. Les membres de la Montagne demandent l'appel nominal, et plusieurs d'entre eux vont au bureau en signer la demande. « C'est le dernier effort, « dit Bourdon, d'une minorité dont la trahison « est confondue. Je vous propose, en outre, « l'arrestation de Choudieu, Chales et Fousse- « doire. » Les deux propositions sont décrétées. On termine ainsi par la déportation le long procès de Billaud, Collot, Barrère et Vadier. Choudieu, Chales et Foussedoire, sont frappés d'arrestation. On ne se borne pas là : on rappelle que Huguet a pris la parole peu dant l'envahissement de la salle, et s'est écrié : *Peuple! n'oublie pas tes droits*; que Léonard Bourdon présidait la société populaire de la rue du Vert-Bois, et qu'il a poussé à l'insurrection par ses déclamations continuelles; que Duhem a encouragé ouvertement les révoltés pendant l'irruption de la populace; que les jours précédents il a été vu au café Payen, à la section des Invalides, buvant avec les principaux chefs des terroristes, et les encourageant à l'insurrection; en conséquence on décrète d'arrestation Huguet, Léonard Bourdon et Duhem. Beaucoup d'autres sont encore dénoncés; dans le nombre se trouve Amar, le membre le plus abhorré de l'ancien comité de sûreté générale, et réputé le plus dangereux des montagnards. La convention fait encore arrêter ce dernier. Pour éloigner de Paris ces prétendus chefs de la conspiration, on demande qu'ils soient détenus au château de Ham. La proposition est décrétée, et il est décidé en outre qu'ils y seront conduits sur-le-champ. On propose ensuite de déclarer la capitale en état de siége, en attendant que le danger soit entièrement passé. Le général Pichegru était dans ce moment à Paris, et dans tout l'éclat de sa gloire. On le nomme général de la force armée pendant tout le temps que durera le péril; on lui adjoint les députés Barras et Merlin (de Thionville). Il était six heures du matin, 13 germinal (2 avril); l'assemblée, accablée de fatigue, se sépare, se confiant dans les mesures qu'elle a prises.

Les comités se mirent en mesure de faire exécuter sans retard les décrets qui venaient d'être rendus. Le matin même on enferma dans des voitures les quatre déportés, quoique l'un d'eux, Barrère, fût extrèmement malade, et on les achemina sur la route d'Orléans, pour les envoyer à Brest. On mit la même promptitude à faire partir les sept députés condamnés à être détenus au château de Ham. Les voitures devaient traverser les Champs-Élysées, les patriotes le savaient, et une foule d'entre eux s'étaient portés sur leur passage pour les arrêter. Quand les voitures arrivèrent précédées par la gendarmerie, un nombreux rassemblement se forma autour d'elles. Les uns disaient que c'était la convention qui se retirait à Châlons, emportant les fonds de la trésorerie; les autres disaient au contraire que c'étaient des députés patriotes injustement enlevés du sein de la convention, et qu'on n'avait pas le droit d'arracher à leurs fonctions. On dispersa la gendarmerie, et on conduisit les voitures au comité civil de la section des Champs-

Élysées. Dans le même instant un autre rassemblement fondit sur le poste qui gardait la barrière de l'Étoile, s'empara des canons et les braqua sur l'avenue. Le chef de la gendarmerie voulut en vain parlementer avec les séditieux; il fut assailli et obligé de s'enfuir. Il courut au Gros-Caillou demander des secours; mais les canonniers de la section menacèrent de faire feu sur lui s'il ne se retirait. Dans ce moment, arrivaient plusieurs bataillons des sections et quelques centaines de jeunes gens commandés par Pichegru, et tout fiers de marcher sous les ordres d'un général aussi célèbre. Les insurgés tirèrent deux coups de canon, et firent une fusillade assez vive. Raffet, qui ce jour-là commandait les sections, reçut un coup de feu à bout portant; Pichegru lui-même courut de grands dangers, et fut deux fois couché en joue. Cependant sa présence, et l'assurance qu'il communiqua à ceux qu'il commandait, décidèrent le succès. Les insurgés furent mis en fuite, et les voitures partirent sans obstacle.

Il restait à dissiper le rassemblement de la section des Quinze-Vingts, auquel s'était réuni celui qui s'était formé à l'église Notre-Dame. Là, les factieux s'étaient érigés en assemblée permanente, et délibéraient une nouvelle insurrection. Pichegru s'y rendit, fit évacuer la salle de la section, et acheva de rétablir la tranquillité publique.

Le lendemain il se présenta à la convention, et lui déclara que les décrets étaient exécutés. Des applaudissements unanimes accueillirent le conquérant de la Hollande, qui venait, par sa présence à Paris, de rendre un nouveau service. « Le vainqueur des tyrans, lui répondit le pré- « sident, ne pouvait manquer de triompher des « factieux. » Il reçut l'accolade fraternelle, les honneurs de la séance, et resta exposé, pendant plusieurs heures, aux regards de l'assemblée et du public, qui se fixaient de toutes parts sur lui seul. On ne recherchait pas la cause de ses conquêtes, on ne faisait pas dans ses exploits la part des accidents heureux ; on était frappé des résultats, et on admirait une aussi brillante carrière.

Cette audacieuse tentative des jacobins, qu'on ne pouvait mieux caractériser qu'en l'appelant un 20 juin, excita contre eux un redoublement d'irritation, et provoqua de nouvelles mesures répressives. Une enquête sévère fut ordonnée pour découvrir tous les fils de la conspiration qu'on attribuait faussement aux membres de la Montagne. Ceux-ci étaient sans communication avec les agitateurs populaires, et leurs relations avec eux se bornaient à quelques rencontres de café, à quelques encouragements en paroles; néanmoins le comité de sûreté générale fut chargé de faire un rapport.

On supposait la conspiration d'autant plus étendue qu'il y avait eu aussi des mouvements dans tous les pays baignés par le Rhône et la Méditerranée, à Lyon, Avignon, Marseille et Toulon. Déja on avait dénoncé les patriotes comme quittant les communes où ils s'étaient signalés par des excès, et se réunissant en armes dans les principales villes, soit pour y fuir les regards de leurs concitoyens, soit pour se rallier à leurs pareils et y faire corps avec eux. On prétendait qu'ils parcouraient les bords du Rhône, qu'ils circulaient en bandes nombreuses dans les environs d'Avignon, de Nîmes, d'Arles, dans les plaines de la Crau, et qu'ils y commettaient des brigandages contre les habitants réputés royalistes. On leur imputait la mort d'un riche particulier, magistrat à Avignon, qu'on avait assassiné et dépouillé. A Marseille, ils étaient à peine contenus par la présence des représentants et par les mesures qu'on avait prises en mettant la ville en état de siége. A Toulon, ils s'étaient réunis en grand nombre, et y formaient un rassemblement de plusieurs mille individus, à peu près comme avaient fait

les fédéralistes à l'arrivée du général Cartaux. Ils y dominaient la ville par leur réunion avec les employés de la marine, qui presque tous avaient été choisis par Robespierre le jeune après la reprise de la place. Ils avaient beaucoup de partisans dans les ouvriers de l'arsenal, dont le nombre s'élevait à plus de douze mille; et tous ces hommes réunis étaient capables des plus grands excès. Dans ce moment l'escadre, entièrement réparée, était prête à mettre à la voile; le représentant Letourneur se trouvait à bord de l'amiral; des troupes de débarquement avaient été mises sur les vaisseaux, et on disait l'expédition destinée pour la Corse. Les révolutionnaires, profitant du moment où il ne restait dans la place qu'une faible garnison peu sûre, et dans laquelle ils comptaient beaucoup de partisans, avaient formé un soulèvement, et, dans les bras même des trois représentants Mariette, Ritter et Chambon, avaient égorgé sept prisonniers prévenus d'émigration. Dans les derniers jours de ventôse (mars), ils renouvelèrent les mêmes désordres. Vingt prisonniers, faits sur une frégate ennemie, étaient dans l'un des forts; ils soutenaient que c'étaient des émigrés, et qu'on voulait leur faire grace. Ils soulevèrent les douze mille ouvriers de l'arsenal, entourèrent les représentants, faillirent les égorger, et furent heureusement contenus par un bataillon qui fut mis à terre par l'escadre.

Ces faits, coïncidant avec ceux de Paris, ajoutèrent aux craintes du gouvernement, et redoublèrent sa sévérité. Déjà il avait été enjoint à tous les membres des administrations municipales, des comités révolutionnaires, des commissions populaires ou militaires, à tous les employés enfin destitués depuis le 9 thermidor, de quitter les villes où ils s'étaient rendus, et de rentrer dans leurs communes respectives. Un décret plus sévère encore fut porté contre eux. Ils s'étaient emparés des armes distribuées dans les moments de danger; on décréta que tous ceux qui étaient connus en France pour avoir contribué à la vaste tyrannie abolie le 9 thermidor, seraient désarmés. C'était à chaque assemblée municipale, ou à chaque assemblée de section, qu'appartenait la désignation des complices de cette tyrannie, et le soin de les désarmer. On conçoit à quelles poursuites dangereuses allait les exposer ce décret, dans un moment où ils venaient d'exciter une haine si violente.

On ne s'en tint pas là : on voulut leur enlever les prétendus chefs qu'ils avaient sur les bancs de la Montagne. Quoique les trois principaux eussent été condamnés à la déportation, que sept autres, savoir : Choudieu, Chales, Foussedoire, Léonard Bourdon, Huguet, Duhem et Amar, eussent été envoyés au château de Ham, on crut qu'il en restait encore d'aussi redoutables. Cambon, le dictateur des finances, et l'adversaire inexorable des thermidoriens, auxquels il ne pardonnait pas d'avoir osé attaquer sa probité, parut au moins incommode; on le supposa même dangereux. On prétendit que le matin du 12 il avait dit aux commis de la trésorerie : « Vous êtes ici trois cents, et en cas de péril vous pourrez résister; » paroles qu'il était capable d'avoir proférées, et qui prouvaient sa conformité de sentiments, mais non sa complicité avec les jacobins. Thuriot, autrefois thermidorien, mais redevenu montagnard depuis la rentrée des soixante-treize et des vingt-deux, et député très-influent, fut aussi considéré comme chef de la faction. On rangea dans la même catégorie Crassous, qui avait été l'un des soutiens les plus énergiques des jacobins; Lesage-Sénault, qui avait contribué à faire fermer leur club, mais qui depuis s'était effrayé de la réaction; Lecointre (de Versailles), adversaire déclaré de Billaud, Collot et Barrère, et revenu à la Montagne depuis la rentrée des girondins ; Maignet, l'incendiaire du Midi; Hentz, le terrible proconsul de la Vendée ; Levasseur (de la Sarthe), l'un de ceux qui avaient contribué à la mort de Philippeaux ; et Granet (de Marseille), accusé d'être l'instigateur des révolutionnaires du Midi. C'est Tallien qui les désigna, et qui, après en avoir fait le choix à la tribune même de l'assemblée, demanda qu'ils fussent arrêtés comme leurs sept collègues, et envoyés à Ham avec eux. Le vœu de Tallien fut accompli, et ils furent condamnés à subir cette détention.

Ainsi ce mouvement des patriotes leur valut d'être poursuivis, désarmés dans toute la France, renvoyés dans leur commune, et de perdre une vingtaine de montagnards, dont les uns furent déportés et les autres renfermés. Chaque mouvement d'un parti qui n'est pas assez fort pour vaincre ne fait que hâter sa perte.

Après avoir frappé les individus, les thermidoriens attaquèrent les choses : la commission des sept, chargée de faire un rapport sur les lois organiques de la constitution, déclara, sans aucune retenue, que la constitution était si générale, qu'elle était à refaire. On nomma alors une commission de onze membres, pour présenter un nouveau plan. Malheureusement les victoires de leurs adversaires, loin de faire rentrer les révolutionnaires dans l'ordre, allaient les exciter davantage, et provoquer de leur part de nouveaux et dangereux efforts.

CHAPITRE VI.

Continuation des négociations de Bâle. — Traité de paix avec la Hollande. Conditions de ce traité. — Autre traité de paix avec la Prusse. — Politique de l'Autriche et des autres états de l'Empire. — Paix avec la Toscane. — Négociations avec la Vendée et la Bretagne. Soumission de Charette et autres chefs. Stofflet continue la guerre. Politique de Hoche pour la pacification de l'Ouest. Intrigues des agents royalistes. Paix simulée des chefs insurgés dans la Bretagne. Première pacification de la Vendée. — État de l'Autriche et de l'Angleterre ; plans de Pitt, discussions du parlement anglais. — Préparatifs de la coalition pour une nouvelle campagne.

PENDANT ces tristes événements, les négociations commencées à Bâle avaient été interrompues un moment par la mort du baron de Goltz. Aussitôt les bruits les plus fâcheux se répandirent. Un jour on disait : Les puissances ne traiteront jamais avec une république sans cesse menacée par les factions; elles la laisseront périr dans les convulsions de l'anarchie, sans la combattre et sans la reconnaître. Un autre jour on prétendait tout le contraire : La paix, disait-on, est faite avec l'Espagne, les armées françaises n'iront pas plus loin; on traite avec l'Angleterre, on traite avec la Russie, mais aux dépens de la Suède et du Danemark, qui vont être sacrifiés à l'ambition de Pitt et de Catherine, et qui seront ainsi récompensés de leur amitié pour la France. On voit que la malveillance, diverse dans ses dires, imaginait toujours le contraire de ce qui convenait à la république; elle supposait des ruptures où l'on désirait la paix, et la paix où l'on désirait des victoires. Une autre fois enfin elle tâcha de faire croire que toute paix était à jamais impossible, et qu'il y avait à ce sujet une protestation déposée au comité de salut public par la majorité des membres de la convention. C'était une nouvelle saillie de Duhem qui avait donné lieu à ce bruit. Il prétendait que c'était une duperie de traiter avec une seule puissance, et qu'il ne fallait accorder la paix à aucune, tant qu'elles ne viendraient pas la demander toutes ensemble. Il avait déposé une note sur ce sujet au comité de salut public, et c'est là ce qui fit supposer une prétendue protestation.

Les patriotes, de leur côté, répandaient des bruits non moins fâcheux. Ils disaient que la Prusse traînait les négociations en longueur, pour faire comprendre la Hollande dans un traité commun avec elle, pour la conserver ainsi sous son influence, et sauver le stathoudérat. Ils se plaignaient de ce que le sort de cette république restait si long-temps incertain, de ce que les Français n'y jouissaient d'aucun des avantages de la conquête, de ce que les assignats n'y étaient reçus qu'à moitié prix et seulement des soldats, de ce que les négociants hollandais avaient écrit aux négociants belges et français qu'ils étaient prêts à rentrer en affaires avec eux, mais à condition d'être payés d'avance et en valeurs métalliques; de ce que les Hollandais avaient laissé partir le stathouder emportant tout ce qu'il avait voulu, et envoyé à Londres ou transporté sur les vaisseaux de la compagnie des Indes une partie de leurs richesses. Beaucoup de difficultés s'étaient élevées en effet en Hollande, soit à cause des conditions de la paix, soit à cause de l'exaltation du parti patriote. Le comité de salut public y avait dépêché deux de ses membres, capables par leur influence de terminer tous les différends. Dans l'intérêt de la négociation, il avait demandé à la convention la faculté de ne désigner ni leur nom ni l'objet de leur mission. L'assemblée y avait consenti, et ils étaient partis sur-le-champ.

Il était naturel que de si grands événements, que de si hauts intérêts excitassent des espérances, des craintes et des dires si contraires. Mais malgré toutes ces rumeurs, les conférences continuaient avec succès; le comte de Hardemberg avait remplacé à Bâle le baron de Goltz, et les conditions allaient être arrêtées de part et d'autre.

A peine ces négociations avaient-elles été entamées que l'empire des faits s'était fait sentir, et avait exigé des modifications aux pouvoirs du comité de salut public. Un gouvernement tout ouvert, qui ne pourrait rien cacher, rien décider par lui-même, rien faire sans une délibération publique, serait incapable de négocier un traité avec aucune puissance, même la plus franche. Il faut, pour traiter, signer des suspensions d'armes, neutraliser des territoires; il faut surtout du secret, car une puissance négocie quelquefois long-temps avant qu'il lui convienne de l'avouer : ce n'est pas tout; il y a souvent des articles qui doivent demeurer ignorés. Si une puissance promet, par exemple, d'unir ses forces à celles d'une autre; si elle stipule ou la jonction d'une armée, ou celle d'une escadre, ou un concours quelconque de moyens, ce secret devient de la plus grande importance. Comment le comité de salut public, renouvelé par quart chaque mois, obligé de rendre compte de tout, et n'ayant plus la vigueur et la hardiesse de l'ancien comité qui savait tout prendre sur lui-même, comment aurait-il pu négocier, surtout avec des puissances honteuses de leurs fautes, n'avouant qu'avec peine leur défaite, et tenant toutes, ou à laisser des conditions cachées ou à ne publier leur transaction que lorsqu'elle serait signée? La nécessité où il s'était trouvé d'envoyer deux de ses membres en Hollande, sans faire connaître ni leur nom, ni leur mission, était une première preuve du besoin de secret dans les opérations diplomatiques. Il présenta en conséquence un décret qui lui attribuait les pouvoirs indispensablement nécessaires pour traiter, et qui fut la cause de nouvelles rumeurs.

C'est un spectacle curieux, pour la théorie des gouvernements, que celui d'une démocratie, surmontant son indiscrète curiosité, sa défiance à l'égard du pouvoir, et subjuguée par la nécessité, accordant à quelques individus la faculté de stipuler même des conditions secrètes. C'est ce que fit la convention nationale. Elle conféra au comité de salut public le pouvoir de stipuler des armistices, de neutraliser des territoires, de négocier des traités, d'en arrêter les conditions, de les rédiger, de les signer même, et elle ne se réserva que ce qui lui appartenait véritablement, c'est-à-dire la ratification. Elle fit plus : elle autorisa le comité à signer des articles secrets, sous la seule condition que ces articles ne contiendraient rien de dérogatoire aux articles patents, et seraient publiés dès que l'intérêt du secret n'existerait plus. Muni de ces pouvoirs, le comité poursuivit et conduisit à terme les négociations commencées avec différentes puissances.

La paix avec la Hollande fut enfin signée sous l'influence de Rewbell, et surtout de Sieyes, qui étaient les deux membres du comité récemment envoyés en Hollande. Les patriotes hollandais firent au célèbre auteur de la première déclaration des droits un accueil brillant, et eurent pour lui une déférence qui termina bien des difficultés. Les conditions de la paix, signée à la Haye le 27 floréal an III (16 mai), furent les suivantes : La république française reconnaissait la république des Provinces-

Unies comme puissance libre et indépendante, lui garantissait son indépendance et l'abolition du stathoudérat. Il y avait entre les deux républiques alliance offensive et défensive pendant toute la durée de la guerre actuelle. Cette alliance offensive et défensive devait être perpétuelle entre les deux républiques dans tous les cas de guerre contre l'Angleterre. Celle des Provinces-Unies mettait actuellement à la disposition de la France douze vaisseaux de ligne et dix-huit frégates, qui devaient être employés principalement dans les mers d'Allemagne, du Nord et de la Baltique. Elle donnait en outre pour auxiliaire à la France la moitié de son armée de terre, qui, à la vérité, était réduite presque à rien, et devait être réorganisée en entier. Quant aux démarcations de territoire, elles étaient fixées comme il suit : la France gardait toute la Flandre hollandaise, de manière qu'elle complétait ainsi son territoire du côté de la mer, et l'étendait jusqu'aux bouches des fleuves; du côté de la Meuse et du Rhin, elle avait la possession de Venloo et Maëstricht, et tous les pays compris au midi de Venloo, de l'un et l'autre côté de la Meuse. Ainsi la république renonçait sur ce point à s'étendre jusqu'au Rhin, ce qui était raisonnable. De ce côté, en effet, le Rhin, la Meuse, l'Escaut, se mêlent tellement, qu'il n'y a plus de limite claire. Lequel de ces bras d'eau doit-il être considéré comme le Rhin? on ne le sait, et tout est convention à cet égard. D'ailleurs, de ce côté aucune hostilité ne menace la France que celle de la Hollande, hostilité fort peu redoutable, et qui n'exige pas la protection d'une grande limite. Enfin, le territoire indiqué par la nature à la Hollande, consistant dans les terrains d'alluvions transportés à l'embouchure des fleuves, il aurait fallu que la France, pour s'étendre jusqu'à l'un des principaux cours d'eau, s'emparât des trois quarts au moins de ces terrains, et réduisît presque à rien la république qu'elle venait d'affranchir. Le Rhin ne devient limite pour la France, à l'égard de l'Allemagne, qu'aux environs de Wesel, et la possession des deux rives de la Meuse, au sud de Venloo, laissait cette question intacte. De plus, la république française se réservait la faculté, en cas de guerre du côté du Rhin ou de la Zélande, de mettre garnison dans les places de Grave, Bois-le-Duc et Berg-Op-Zoom. Le port de Flessingue demeurait commun. Ainsi toutes les précautions étaient prises. La navigation du Rhin, de la Meuse, de l'Escaut, du Hondt et de toutes leurs branches, était à jamais déclarée libre. Outre ces avantages, une indemnité de 100 millions de florins était payée par la Hollande. Pour dédommager cette dernière de ses sacrifices, la France lui promettait, à la pacification générale, des indemnités de territoire, prises sur les pays conquis, et dans le site le plus convenable à la bonne démarcation des limites réciproques.

Ce traité reposait sur les bases les plus raisonnables; le vainqueur s'y montrait aussi généreux qu'habile. Vainement a-t-on dit qu'en attachant la Hollande à son alliance, la France l'exposait à perdre la moitié de ses vaisseaux détenus dans les ports de l'Angleterre, et surtout ses colonies livrées sans défense à l'ambition de Pitt. La Hollande, laissée neutre, n'aurait ni recouvré ses vaisseaux, ni conservé ses colonies, et Pitt aurait trouvé encore le prétexte de s'en emparer pour le compte du statbouder. La conservation seule du stathoudérat, sans sauver d'une manière certaine ni les vaisseaux, ni les colonies hollandaises, aurait du moins ôté tout prétexte à l'ambition anglaise; mais le maintien du stathoudérat, avec les principes politiques de la France, avec les promesses faites aux patriotes bataves, avec l'esprit qui les animait, avec les espérances qu'ils avaient conçues en nous ouvrant leurs portes, était-il possible, convenable, honorable même?

Les conditions avec la Prusse étaient plus faciles à régler. Bischoffverder venait d'être enfermé. Le roi de Prusse, délivré des mystiques, avait conçu une ambition toute nouvelle. Il ne parlait plus de sauver les principes de l'ordre général; il voulait maintenant se faire le médiateur de la pacification universelle. Le traité fut signé avec lui à Bâle, le 16 germinal (5 avril 1795). Il fut convenu d'abord qu'il y aurait paix, amitié et bonne intelligence entre sa majesté le roi de Prusse et la république française; que les troupes de cette dernière abandonneraient la partie des états prussiens qu'elles occupaient sur la rive droite du Rhin; qu'elles continueraient à occuper les provinces prussiennes situées sur la rive gauche, et que le sort définitif de ces provinces ne serait fixé qu'à la pacification générale. Il était bien évident, d'après cette dernière condition, que la république, sans s'expliquer encore positivement, songeait à se donner la limite du Rhin, mais que, jusqu'à de nouvelles victoires sur les armées de l'Empire et sur l'Autriche, elle ajournait la solution des difficultés que cette grande détermination devait faire naître. Alors seulement elle pourrait ou évincer les uns, ou donner des indemnités aux autres. La république française s'engageait à recevoir la médiation du roi de Prusse pour sa réconciliation avec les princes et les états de l'empire germanique; elle s'engageait même pendant trois mois à ne pas traiter en ennemis ceux de ces princes de la rive droite en faveur de qui sa majesté prussienne s'intéresserait. C'était le moyen assuré d'amener tout l'Empire à demander la paix par l'intermédiaire de la Prusse.

En effet, aussitôt que ce traité fut signé, le cabinet de Berlin fit solennellement annoncer sa détermination à l'Empire, et les motifs qui l'avaient dirigée. Il déclara à la diète qu'il offrait ses bons offices à l'Empire s'il désirait la paix, et, si la majorité des états la refusait, à ceux d'entre eux qui seraient obligés de traiter isolément pour leur sûreté personnelle. De son côté, l'Autriche adressa des réflexions très-amères à la diète; elle dit qu'elle désirait la paix autant que personne, mais qu'elle la croyait impossible; qu'elle choisirait le moment convenable pour en traiter, et que les états de l'Empire trouveraient beaucoup plus d'avantages à se confier à l'antique foi autrichienne qu'à des puissances parjures qui avaient manqué à tous leurs engagements. La diète, pour paraître se préparer à la guerre, tout en demandant la paix, décréta pour cette campagne le quintuple contingent, et stipula que les états qui ne pourraient fournir des soldats auraient la faculté de s'en dispenser en donnant 240 florins par homme. En même temps elle décida que l'Autriche, venant de se lier avec l'Angleterre pour la continuation de la guerre, ne pouvait être médiatrice de la paix, et résolut de confier cette médiation à la Prusse. Il ne resta plus à déterminer que la forme et la composition de la députation.

Malgré ce vif désir de traiter, l'Empire ne le pouvait guère en masse; car il devait exiger, pour ses membres dépouillés de leurs états, des restitutions que la France n'aurait pu faire sans renoncer à la ligne du Rhin. Mais il était évident que, dans cette impossibilité de traiter collectivement, chaque prince se jetterait dans les bras de la Prusse, et ferait, par cet intermédiaire, sa paix particulière.

Ainsi, la république commençait à désarmer ses ennemis, et à les forcer à la paix. Il n'y avait de bien résolus à la guerre que ceux qui avaient fait de grandes pertes, et qui n'espéraient pas recouvrer par des négociations ce qu'ils venaient de perdre par les armes. Telles devaient être les dispositions des princes de la rive gauche du Rhin dépouillés de leurs états, de l'Autriche privée des Pays-Bas, du Piémont évincé de la Savoie et de Nice. Ceux, au contraire, qui avaient eu le bon esprit de garder la neutralité, s'applaudissaient chaque jour, et de leur sagesse, et des avantages qu'elle leur valait. La Suède et le Danemark allaient envoyer des ambassadeurs auprès de la convention. La Suisse, qui était devenue l'entrepôt du commerce du continent, persistait dans ses sages intentions, et adressait, par l'organe de M. Ochs, à l'envoyé Barthélemy ces belles paroles : « Il « faut une Suisse à la France, et une France « à la Suisse. Il est, en effet, permis de supposer « que, sans la confédération helvétique, les « débris des anciens royaumes de Lorraine, « de Bourgogne et d'Arles, n'eussent point été « réunis à la domination française; et il est dif- « ficile de croire que, sans la puissante diver- « sion et l'intervention décidée de la France, « on ne fût pas enfin parvenu à étouffer la « liberté helvétique dans son berceau. » La neutralité de la Suisse venait en effet de rendre un service éminent à la France, et avait contribué à la sauver. A ces pensées M. Ochs en ajoutait d'autres non moins élevées. « On ad- « mirera peut-être un jour, disait-il, ce senti- « ment de justice naturelle qui, nous faisant « abhorrer toute influence étrangère dans le « choix de nos formes de gouvernement, nous « interdisait par-là même de nous ériger en

« juges du mode d'administration publique
« choisi par nos voisins. Nos pères n'ont cen-
« suré ni les grands feudataires de l'empire
« germanique pour avoir ravalé la puissance
« impériale, ni l'autorité royale de France pour
« avoir comprimé les grands feudataires. Ils ont
« vu successivement les états-généraux repré-
« senter la nation française; les Richelieu, les
« Mazarin se saisir du pouvoir absolu; Louis XIV
« déployer à lui seul la puissance entière de la
« nation; et les parlements prétendre partager,
« au nom du peuple, l'autorité publique; mais
« jamais on ne les entendit, d'une voix témé-
« raire, s'arroger le droit de rappeler le gou-
« vernement français à telle ou telle période
« de son histoire. Le bonheur de la France fut
« leur vœu, son unité leur espoir, l'intégrité
« de son territoire leur appui. »

Ces principes si élevés et si justes étaient la critique sévère de la politique de l'Europe, et les résultats que la Suisse en recueillait étaient une assez frappante démonstration de leur sagesse. L'Autriche, jalouse de son commerce, voulait le gêner par un cordon; mais la Suisse réclama auprès du Wurtemberg et des états voisins, et obtint justice.

Les puissances italiennes souhaitaient la paix, celles du moins que leur imprudence pouvait exposer un jour à de fâcheux résultats. Le Piémont, quoique épuisé, avait assez perdu pour désirer encore de recourir aux armes. Mais la Toscane, entraînée malgré elle à sortir de sa neutralité, par l'ambassadeur anglais, qui, la menaçant d'une escadre, ne lui avait donné que douze heures pour se décider, la Toscane était impatiente de revenir à son rôle, surtout depuis que les Français étaient aux portes de Gênes. En conséquence, le grand-duc avait ouvert une négociation qui venait de se terminer par un traité le plus aisé de tous à conclure. La bonne intelligence et l'amitié étaient rétablies entre les deux états; et le grand-duc restituait à la république les blés qui, dans ses ports, avaient été enlevés aux Français au moment de la déclaration de guerre. Même avant la négociation, il avait fait cette restitution de son propre mouvement. Ce traité, avantageux à la France pour le commerce du Midi, et surtout pour celui des grains, fut conclu le 21 pluviôse (9 février).

Venise, qui avait rappelé son envoyé de France, annonça qu'elle allait en désigner un autre, et le faire partir pour Paris. Le pape, de son côté, regrettait les outrages faits aux Français.

La cour de Naples, égarée par les passions d'une reine insensée et les intrigues de l'Angleterre, était loin de songer à négocier, et faisait de ridicules promesses de secours à la coalition.

L'Espagne avait toujours besoin de la paix, et semblait attendre d'y être forcée par de nouveaux échecs.

Une négociation, non moins importante peut-être à cause de l'effet moral qu'elle devait produire, était celle qu'on avait entamée à Nantes avec les provinces insurgées. On a vu comment les chefs de la Vendée, divisés entre eux, presque abandonnés de leurs paysans, suivis à peine de quelques guerroyeurs déterminés, pressés de toutes parts par les généraux républicains, réduits à choisir entre une amnistie ou une destruction complète, avaient été amenés à traiter de la paix; on a vu comment Charette avait accepté une entrevue près de Nantes; comment le prétendu baron de Cormatin, major-général de Puisaye, s'était présenté pour être le médiateur de la Bretagne; comment il voyageait avec Humbert, balancé entre le désir de tromper les républicains, de se concerter avec Charette, de séduire Canclaux, et l'ambition d'être le pacificateur de ces célèbres contrées. Le rendez-vous commun était à Nantes; les entrevues devaient commencer au château de la Jaunaye, à une lieue de cette ville, le 24 pluviôse (12 février).

Cormatin, arrivé à Nantes, avait voulu faire parvenir à Canclaux la lettre de Puisaye ; mais cet homme, qui voulait tromper les républicains, ne sut pas même leur soustraire la connaissance de cette lettre si dangereuse. Elle fut connue et publiée, et lui obligé de déclarer que la lettre était supposée, qu'il n'en était point le porteur, et qu'il venait sincèrement négocier la paix. Il se trouva par-là plus engagé que jamais. Ce rôle de diplomate habile, trompant les républicains, donnant le mot à Charette, et séduisant Canclaux, lui échappait ; il ne lui restait plus que celui de pacificateur. Il vit Charette, et le trouva réduit, par sa position, à traiter momentanément avec l'ennemi. Dès cet instant, Cormatin n'hésita plus à travailler à la paix. Il fut convenu que cette paix serait simulée, et qu'en attendant l'exécution des promesses de l'Angleterre, on paraîtrait se soumettre à la république. Pour le moment, on songea à obtenir les meilleures conditions possibles. Cormatin et Charette, dès que les conférences furent ouvertes, remirent une note dans laquelle ils demandaient la liberté des cultes, des pensions alimentaires pour tous les ecclésiastiques de la Vendée, l'exemption de service militaire et d'impôt pendant dix ans, afin de réparer les maux de la guerre, des indemnités pour toutes les dévastations, l'acquittement des engagements contractés par les chefs pour le besoin de leurs armées, le rétablissement des anciennes divisions territoriales du pays et de son ancien mode d'administration, la formation de gardes territoriales sous les ordres des généraux actuels, l'éloignement de toutes les armées républicaines, l'exclusion de tous les habitants de la Vendée qui étaient sortis du pays comme patriotes, et dont les royalistes avaient pris les biens, enfin une amnistie commune aux émigrés comme aux Vendéens. De pareilles demandes étaient absurdes, et ne pouvaient être admises. Les représentants accordèrent la liberté des cultes, des indemnités pour ceux dont les chaumières avaient été dévastées, l'exemption de service pour les jeunes gens de la présente réquisition, afin de repeupler les campagnes, la formation de gardes territoriales, sous les ordres des administrations, au nombre de deux mille hommes seulement; l'acquittement des bons signés par les généraux, jusqu'à la concurrence de deux millions. Mais ils refusèrent le rétablissement des anciennes divisions territoriales et des anciennes administrations, l'exemption d'impôt pendant dix ans, l'éloignement des armées républicaines, l'amnistie pour les émigrés, et ils exigèrent la rentrée dans leurs biens des Vendéens patriotes. Ils stipulèrent, de plus, que toutes ces concessions seraient renfermées, non dans un traité, mais dans des arrêtés rendus par les représentants en mission; et que, de leur côté, les généraux vendéens signeraient une déclaration par laquelle ils reconnaîtraient la république, et promettraient de se soumettre à ses lois. Une dernière conférence fut fixée pour le 29 pluviôse (17 février), car la treve finissait le 30.

On demanda, avant de conclure la paix, que Stofflet fût appelé à ces conférences. Plusieurs officiers royalistes le désiraient, parce qu'ils pensaient qu'on ne devait pas traiter sans lui; les représentants le souhaitaient aussi, parce qu'ils auraient voulu comprendre dans une même transaction toute la Vendée. Stofflet était dans ce moment dirigé par l'ambitieux abbé Bernier, lequel était peu disposé à une paix qui allait le priver de toute son influence; d'ailleurs Stofflet n'aimait pas à jouer le second rôle, et il voyait avec humeur toute cette négociation commencée et conduite sans lui. Cependant il consentit à se rendre aux conférences; il vint à la Jaunaye avec un grand nombre de ses officiers.

Le tumulte fut grand. Les partisans de la

paix et ceux de la guerre étaient fort échauffés les uns contre les autres. Les premiers se groupaient autour de Charette; ils alléguaient que ceux qui voulaient continuer la guerre étaient ceux-là même qui n'allaient jamais au combat; que le pays était ruiné et réduit aux abois; que les puissances n'avaient rien fait, et probablement ne feraient rien pour eux; ils se disaient aussi tout bas à l'oreille, qu'il fallait du reste attendre, gagner du temps au moyen d'une paix simulée, et que, si l'Angleterre tenait jamais ses promesses, on serait tout prêt à se lever. Les partisans de la guerre disaient, au contraire, qu'on ne leur offrait la paix que pour les désarmer, violer ensuite toutes les promesses, et les immoler impunément; que poser les armes un instant, c'était amollir les courages, et rendre impossible toute insurrection à venir; que puisque la république traitait, c'était une preuve qu'elle-même était réduite à la dernière extrémité; qu'il suffisait d'attendre, et de déployer encore un peu de constance, pour voir arriver le moment où l'on pourrait tenter de grandes choses avec le secours des puissances; qu'il était indigne de chevaliers français de signer un traité avec l'intention secrète de ne pas l'exécuter, et que du reste on n'avait pas le droit de reconnaître la république, car c'était méconnaître les droits des princes pour lesquels on s'était battu si long-temps. Il y eut plusieurs conférences fort animées, et dans lesquelles on montra de part et d'autre beaucoup d'irritation. Un moment même il y eut des menaces fort vives de la part des partisans de Charette aux partisans de Stofflet, et on faillit en venir aux mains. Cormatin n'était pas le moins ardent des partisans de la paix; sa faconde, son agitation de corps et d'esprit, sa qualité de représentant de l'armée de Bretagne, avaient attiré sur lui l'attention. Malheureusement pour lui, il était suivi du nommé Solilhac, que le comité central de la Bretagne lui avait donné pour l'accompagner. Solilhac, étonné de voir Cormatin jouer un rôle si différent de celui dont on l'avait chargé, lui fit remarquer qu'il s'éloignait de ses instructions, et qu'on ne l'avait pas envoyé pour traiter de la paix. Cormatin fut fort embarrassé; Stofflet et les partisans de la guerre triomphèrent, en apprenant que la Bretagne songeait plutôt à se ménager un délai et à se concerter avec la Vendée qu'à se soumettre; ils déclarèrent que jamais ils ne poseraient les armes, puisque la Bretagne était décidée à les soutenir.

Le 29 pluviôse au matin (17 février), le

conseil de l'armée de l'Anjou se réunit dans une salle particulière du château de la Jaunaye, pour prendre une détermination définitive. Les chefs de division de Stofflet tirèrent leurs sabres, et jurèrent *de couper le cou* au premier qui parlerait de paix; ils décidèrent entre eux la guerre. Charette, Sapinaud et leurs officiers décidèrent la paix dans une autre salle. A midi on devait se réunir sous une tente élevée dans la plaine, avec les représentants du peuple. Stofflet, n'osant leur déclarer en face la détermination qu'il avait prise, leur envoya dire qu'il n'acceptait pas leurs propositions. Les représentants laissèrent à une distance convenue le détachement qui les accompagnait, et se rendirent sous la tente. Charette laissa ses Vendéens à la même distance, et ne vint au rendez-vous qu'avec ses principaux officiers. Pendant ce temps on vit Stofflet monter à cheval, avec quelques forcenés qui l'accompagnaient, et partir au galop en agitant son chapeau, et criant *vive le roi!* Sous la tente où Charette et Sapinaud conféraient avec les représentants, on n'avait plus à discuter, car l'ultimatum des représentants était accepté d'avance. On signa réciproquement les déclarations convenues. Charette, Sapinaud, Cormatin et les autres officiers, signèrent leur soumission aux lois de la république; les représentants donnèrent les arrêtés contenant les conditions accordées aux chefs vendéens. La plus grande politesse régna de part et d'autre, et tout sembla faire espérer une réconciliation sincère.

Les représentants, qui voulaient donner un grand éclat à la soumission de Charette, lui préparèrent à Nantes une réception magnifique. La joie la plus vive régnait dans cette ville toute patriote. On se flattait de toucher enfin au terme de cette affreuse guerre civile; on s'applaudissait de voir un homme aussi distingué que Charette rentrer dans le sein de la république, et peut-être consacrer son épée à la servir. Le jour désigné pour son entrée solennelle, la garde nationale et l'armée de l'Ouest furent mises sous les armes. Tous les habitants, pleins de joie et de curiosité, accouraient pour voir et pour fêter ce chef célèbre. On le reçut aux cris de *vive la république! vive Charette!* Il avait son costume de général vendéen, et portait la cocarde tricolore. Charette était dur, défiant, rusé, intrépide; tout cela se retrouvait dans ses traits et dans sa personne. Une taille moyenne, un œil petit et vif, un nez relevé à la tartare, une large bouche, lui donnaient l'expression la plus singulière et la plus convenable à son caractère.

En accourant au-devant de lui, chacun chercha à deviner ses sentiments. Les royalistes crurent voir l'embarras et le remords sur son visage. Les républicains le trouvèrent joyeux et presque enivré de son triomphe. Il devait l'être, malgré l'embarras de sa position; car ses ennemis lui procuraient la plus belle et la première récompense qu'il eût encore reçue de ses exploits.

A peine cette paix fut-elle signée, qu'on songea à séduire Stofflet, et à faire accepter aux chouans les conditions accordées à Charette. Celui-ci parut sincère dans ses témoignages; il répandit des proclamations dans le pays, pour faire rentrer tout le monde dans le devoir. Les habitants furent extrêmement joyeux de cette paix. Les hommes tout-à-fait voués à la guerre furent organisés en gardes territoriales, et on en laissa le commandement à Charette pour faire la police de la contrée. C'était l'idée de Hoche, qu'on défigura pour satisfaire les chefs vendéens, qui, ayant à la fois des arrière-pensées et des défiances, voulaient conserver sous leurs ordres les hommes les plus aguerris. Charette promit même son secours contre Stofflet, si celui-ci, pressé dans la Haute-Vendée, venait se replier sur le Marais.

Aussitôt le général Canclaux fut envoyé à la

poursuite de Stofflet. Ne laissant qu'un corps d'observation autour du pays de Charette, il porta la plus grande partie de ses troupes sur le Layon. Stofflet voulant imposer par un coup d'éclat, fit une tentative sur Chalonne, qui fut vivement repoussée, et se replia sur Saint-Florent. Il déclara Charette traître à la cause de la royauté, et fit prononcer contre lui une sentence de mort. Les représentants, qui savaient qu'une pareille guerre devait se terminer, non seulement en employant les armes, mais en désintéressant les ambitieux, en donnant des secours aux hommes sans ressources, avaient aussi répandu l'argent. Le comité de salut public leur avait ouvert un crédit sur ses fonds secrets. Ils donnèrent 60,000 francs en numéraire et 365,000 en assignats à divers officiers de Stofflet. Son major-général Trotouin reçut 100,000 francs, dont moitié en argent, moitié en assignats, et se détacha de lui. Il écrivit une lettre adressée aux officiers de l'armée d'Anjou, pour les engager à la paix, en leur donnant les raisons les plus capables de les ébranler.

Tandis qu'on employait ces moyens sur l'armée d'Anjou, les représentants pacificateurs de la Vendée s'étaient rendus en Bretagne, pour amener les chouans à une semblable transaction. Cormatin les avait suivis; il était maintenant tout-à-fait engagé dans le système de la paix; et il avait l'ambition de faire, à Rennes, l'entrée triomphale que Charette avait faite à Nantes. Malgré la trève, beaucoup d'actes de brigandage avaient été commis par les chouans. Ceux-ci n'étant pour la plupart que des bandits sans attachement à aucune cause, se souciant fort peu des vues politiques qui engageaient leurs chefs à signer une suspension d'armes, ne prenaient aucun soin de l'observer, et ne songeaient qu'à butiner. Quelques représentants, voyant la conduite des Bretons, commençaient à se défier de leurs intentions, et pensaient déja qu'il fallait renoncer à la paix. Boursault était le plus prononcé dans ce sens. Le représentant Bollet, au contraire, zélé pacificateur, croyait que, malgré quelques actes d'hostilité, un accommodement était possible, et qu'il ne fallait employer que la douceur. Hoche, courant de cantonnements en cantonnements, à des distances de quatre-vingts lieues, n'ayant jamais aucun moment de repos, placé entre les représentants qui voulaient la guerre et ceux qui voulaient la paix, entre les jacobins des villes, qui l'accusaient de faiblesse et de trahison, et les royalistes, qui l'accusaient de barbarie, Hoche était abreuvé de dégoûts

sans se refroidir néanmoins dans son zèle.
« Vous me souhaitez encore une campagne des
« Vosges, écrivait-il à un de ses amis ; com-
« ment voulez-vous faire une pareille campa-
« gne contre des chouans, et presque sans ar-
« mée? » Ce jeune capitaine voyait ses talents
consumés dans une guerre ingrate, tandis que
des généraux, tous inférieurs à lui, s'immor-
talisaient en Hollande, sur le Rhin, à la tête
des plus belles armées de la république. Cependant il continuait sa tâche avec ardeur et
une profonde connaissance des hommes et de
sa situation. On a vu qu'il avait déja donné les
conseils les plus sages, par exemple, d'indem-
niser les insurgés restés paysans, et d'enrôler
ceux que la guerre avait faits soldats. Une plus
grande habitude du pays lui avait fait découvrir les véritables moyens d'en apaiser les habitants, et de les rattacher à la république.
« Il faut, disait-il, continuer de traiter avec
« les chefs des chouans ; leur bonne foi est fort
« douteuse, mais il faut en avoir avec eux. On
« gagnera ainsi par la confiance ceux qui ne
« demandent qu'à être rassurés. Il faudra ga-
« gner par des grades ceux qui sont ambitieux ;
« par de l'argent ceux qui ont des besoins ; on
« les divisera ainsi entre eux, et on chargera
« de la police ceux dont on sera sûr, en leur

« confiant les gardes territoriales, dont on vient
« de souffrir l'institution. Du reste, il faudra
« distribuer vingt-cinq mille hommes en plu-
« sieurs camps, pour surveiller tout le pays;
« placer autour des côtes un service de cha-
« loupes canonnières qui seront dans un mou-
« vement continuel; faire transporter les arse-
« naux, les armes et les munitions, des villes
« ouvertes, dans les forts et les places défen-
« dues. Quant aux habitants, il faudra se servir
« auprès d'eux des prêtres, et donner quelques
« secours aux plus indigents. Si l'on parvient
« à répandre la confiance par le moyen des
« prêtres, la chouannerie tombera sur-le-champ.
« — Répandez, écrivait-il à ses officiers géné-
« raux, le 27 ventôse, répandez la loi salutaire
« que la convention vient de rendre sur la li-
« berté des cultes; prêchez vous-mêmes la to-
« lérance religieuse. Les prêtres, certains qu'on
« ne les troublera plus dans l'exercice de leur
« ministère, deviendront vos amis, ne fût-ce
« que pour être tranquilles. Leur caractère les
« porte à la paix; voyez-les, dites-leur que la
« continuation de la guerre les exposera à être
« chagrinés, non par les républicains, qui res-
« pectent les opinions religieuses, mais par les
« chouans, qui ne reconnaissent ni Dieu ni
« loi, et veulent dominer et piller sans cesse.

« Il en est parmi eux de pauvres, et en géné-
« ral ils sont très-intéressés; ne négligez pas
« de leur offrir quelques secours, mais sans
« ostentation, et avec toute la délicatesse dont
« vous êtes capables. Par eux vous connaîtrez
« toutes les manœuvres de leur parti, et vous
« obtiendrez qu'ils retiennent leurs paysans
« dans leurs campagnes, et les empêchent de
« se battre. Vous sentez qu'il faut, pour parve-
« nir à ce but, la douceur, l'aménité, la fran-
« chise. Engagez quelques officiers et soldats
« à assister respectueusement à quelques-unes
« de leurs cérémonies, mais en ayant soin de ne
« jamais les troubler. La patrie attend de vous
« le plus grand dévouement; tous les moyens
« sont bons pour la servir, lorsqu'ils s'accordent
« avec les lois, l'honneur et la dignité républi-
« caine. » Hoche ajoutait à ces avis celui de ne
rien prendre dans le pays pour la nourriture
des armées, pendant quelque temps au moins.
Quant aux projets des Anglais, il voulait, pour
les prévenir, qu'on s'emparât de Jersey et de
Guernesey, et qu'on établît une chouannerie
en Angleterre, pour les occuper chez eux. Il
songeait aussi à l'Irlande; mais il écrivait qu'il
s'en expliquerait verbalement avec le comité
de salut public.

Ces moyens choisis avec un grand sens, et

employés en plus d'un endroit avec beaucoup d'adresse, avaient déja parfaitement réussi. La Bretagne était tout-à-fait divisée; tous les chouans qui s'étaient montrés à Rennes avaient été caressés, payés, rassurés, et décidés à déposer les armes. Les autres, plus opiniâtres, comptant sur Stofflet et sur Puisaye, voulaient persister à faire la guerre. Cormatin continuait de courir des uns aux autres pour les amener à La Prévalaye, et les engager à traiter. Malgré l'ardeur que cet aventurier montrait à pacifier le pays, Hoche, qui avait entrevu son caractère et sa vanité, se défiait de lui, et se doutait qu'il manquerait de parole aux républicains comme il avait fait aux royalistes. Il l'observait avec grande attention pour s'assurer s'il travaillait sincèrement et sans arrière-pensée à l'œuvre d'une réconciliation.

De singulières intrigues vinrent se combiner avec toutes ces circonstances, pour amener la pacification tant désirée par les républicains. On a vu précédemment Puisaye à Londres, tâchant de faire concourir le cabinet anglais à ses projets; on a vu les trois princes français sur le continent, l'un attendant un rôle à Arnheim, l'autre se battant sur le Rhin, le troisième, en sa qualité de régent, correspondant de Vérone avec tous les cabinets, et entretenant une

agence secrète à Paris. Puisaye avait conduit
ses projets en homme aussi actif qu'habile.
Sans passer par l'intermédiaire du vieux duc
d'Harcourt, inutile ambassadeur du régent à
Londres, il s'adressa directement aux ministres
anglais. Pitt, invisible d'ordinaire pour cette
émigration, qui pullulait dans les rues de Londres, et l'assiégeait de projets et de demandes
de secours, accueillit sur-le-champ l'organisateur de la Bretagne, l'aboucha avec le ministre
de la guerre Vindham, qui était un ardent
ami de la monarchie, et voulait la maintenir
ou la rétablir partout. Les projets de Puisaye,
mûrement examinés, furent adoptés en entier.
L'Angleterre promit une armée, une escadre,
de l'argent, des armes, des munitions immenses, pour descendre sur les côtes de France ;
mais on exigea de Puisaye le secret à l'égard
de ses compatriotes, et surtout du vieux duc
d'Harcourt, envoyé du régent. Puisaye ne demandait pas mieux que de tout faire à lui seul ;
il fut impénétrable pour le duc d'Harcourt,
pour tous les autres agents des princes à Londres, et surtout pour les agents de Paris, qui
correspondaient avec le secrétaire même du
duc d'Harcourt. Puisaye écrivit seulement au
comte d'Artois pour lui demander des pouvoirs
extraordinaires, et lui offrir de venir se mettre

à la tête de l'expédition. Le prince envoya les pouvoirs, et promit de venir commander de sa personne. Bientôt les projets de Puisaye furent soupçonnés, malgré ses efforts pour les cacher. Tous les émigrés repoussés par Pitt, et éconduits par Puisaye, furent unanimes. Puisaye, suivant eux, était un intrigant vendu au perfide Pitt, et méditant des projets fort suspects. Cette opinion, répandue à Londres, s'établit bientôt à Vérone chez les conseillers du régent. Déjà, dans cette petite cour, l'on se défiait beaucoup de l'Angleterre depuis l'affaire de Toulon; on concevait surtout des inquiétudes dès qu'elle voulait se servir de l'un des princes. Cette fois on ne manqua pas de demander avec une espèce d'anxiété ce qu'elle voulait faire de M. le comte d'Artois, pourquoi le nom de Monsieur n'était pas compris dans ses projets, si elle croyait pouvoir se passer de lui, etc. Les agents de Paris, qui tenaient leur mission du régent, et partageaient ses idées sur l'Angleterre, n'ayant pu obtenir aucune communication de Puisaye, répétèrent les mêmes propos sur l'entreprise qui se préparait à Londres. Un autre motif les engageait surtout à la désapprouver. Le régent songeait à recourir à l'Espagne, et voulait s'y faire transporter, pour être plus voisin de la Vendée et de Charette, qui était son héros. De leur côté, les agents de Paris s'étaient mis en rapport avec un émissaire de l'Espagne, qui les avait engagés à se servir de cette puissance, et leur avait promis qu'elle ferait pour Monsieur et pour Charette ce que l'Angleterre projetait pour le comte d'Artois et pour Puisaye. Mais il fallait attendre qu'on pût transporter Monsieur des Alpes aux Pyrénées, par la Méditerranée, et préparer une expédition considérable. Les intrigants de Paris étaient donc tout-à-fait portés pour l'Espagne. Ils prétendaient qu'elle effarouchait moins les Français que l'Angleterre, parce qu'elle avait des intérêts moins opposés; que d'ailleurs elle avait déja gagné Tallien, par sa femme, fille du banquier espagnol Cabarrus; ils osaient même dire qu'on était sûr de Hoche, tant l'imposture leur coûtait peu pour donner de l'importance à leurs projets! Mais l'Espagne, ses vaisseaux, ses troupes, n'étaient rien suivant eux au prix des beaux plans qu'ils prétendaient nouer dans l'intérieur. Placés au sein de la capitale, ils voyaient se manifester un mouvement d'indignation prononcé contre le système révolutionnaire. Il fallait, disaient-ils, exciter ce mouvement, et tâcher de le faire tourner au profit du royalisme; mais pour cela les royalistes devaient se montrer le moins redoutables possible, car la Montagne se fortifiait de toutes les craintes qu'inspirait la contre-révolution. Il suffirait d'une victoire de Charette, d'une descente des émigrés en Bretagne, pour rendre au parti révolutionnaire la force qu'il avait perdue, et dépopulariser les thermidoriens dont on avait besoin. Charette venait de faire la paix; mais il fallait qu'il se tînt prêt à reprendre les armes; il fallait que l'Anjou, que la Bretagne, parussent ainsi se soumettre pour un temps; que pendant ce temps on séduisît les chefs du gouvernement et les généraux, qu'on laissât les armées passer le Rhin, et s'engager en Allemagne, puis, que tout-à-coup on surprît la convention endormie, et qu'on proclamât la royauté dans la Vendée, dans la Bretagne, à Paris même. Une expédition de l'Espagne, portant le régent, et concourant avec ces mouvements simultanés, pourrait alors décider la victoire de la royauté. Quant à l'Angleterre, on ne devait lui demander que son argent (car il en fallait à ces messieurs), et la tromper ensuite. Ainsi, chacun des mille agents employés pour la contre-révolution rêvait à sa manière, imaginant des moyens suivant sa position, et voulait être le restaurateur principal de la monarchie. Le mensonge, l'intrigue étaient les seules ressources de la plupart, et l'argent leur principale prétention.

Avec de telles idées, l'agence de Paris, du genre de celle que Puisaye préparait en Angleterre, devait chercher à écarter pour le moment toute entreprise, à pacifier les provinces insurgées, et à y faire signer une paix simulée. A la faveur de la trêve accordée aux chouans, Lemaître, Brottier et Laville-Heurnois venaient de se ménager des communications avec les provinces insurgées. Le régent les avait chargés de faire parvenir des lettres à Charette; ils les confièrent à un ancien officier de marine, Duverne de Presle, privé de son état et cherchant un emploi. Ils lui donnèrent en même temps la commission de contribuer à la pacification, en conseillant aux insurgés de temporiser, d'attendre des secours de l'Espagne, et un mouvement de l'intérieur. Cet envoyé se rendit à Rennes, d'où il fit parvenir les lettres du régent à Charette, et conseilla ensuite à tout le monde une soumission momentanée. D'autres encore furent chargés du même soin par les agents de Paris, et bientôt les idées de paix, déjà très-répandues en Bretagne, se propagèrent encore davantage. On dit partout qu'il fallait poser les armes, que l'Angleterre trompait les royalistes, que l'on devait tout attendre de la convention, qu'elle allait rétablir elle-même la monarchie, et que, dans le traité signé avec Charette, se trouvaient des articles secrets portant la condition de reconnaître bientôt pour roi le jeune orphelin du Temple, Louis XVII. Cormatin, dont la position était devenue fort embarrassante, qui avait manqué aux ordres de Puisaye et du comité central, trouva, dans le système des agents de Paris, une excuse et un encouragement pour sa conduite. Il paraît même qu'on lui fit espérer le commandement de la Bretagne à la place de Puisaye. A force de soin il parvint à réunir les principaux chouans à La Prévalaye, et les conférences commencèrent.

Dans cet intervalle, MM. de Tinténiac et de La Roberie venaient d'être envoyés de Londres par Puisaye, le premier pour apporter aux chouans de la poudre, de l'argent, et la nouvelle d'une prochaine expédition, le second pour faire parvenir à son oncle Charette l'invitation de se tenir prêt à seconder la descente en Bretagne, et enfin tous deux pour faire rompre les négociations. Ils avaient cherché à débarquer avec quelques émigrés vers les côtes du nord; les chouans avertis, étant accourus à leur rencontre, avaient eu un engagement avec les républicains, et avaient été battus.

MM. de La Roberie et de Tinténiac s'étaient sauvés par miracle; mais la trêve était compromise, et Hoche, qui commençait à se méfier des chouans, qui soupçonnait la bonne foi de Cormatin, voulait le faire arrêter. Cormatin protesta de sa bonne foi auprès des représentants, et obtint que la trêve ne serait pas rompue. Les conférences continuèrent à La Prévalaye. Un agent de Stofflet vint y prendre part. Stofflet, battu, poursuivi, réduit à l'extrémité, privé de toutes ses ressources par la découverte du petit arsenal qu'il avait dans un bois, demandait enfin à être admis à traiter, et venait d'envoyer un représentant à la Prévalaye. C'était le général Beauvais. Les conférences furent extrêmement vives, comme elles l'avaient été à la Jaunaye. Le général Beauvais y soutint encore le système de la guerre, malgré la triste position du chef qui l'envoyait, et prétendit que Cormatin, ayant signé la paix de la Jaunaye, et reconnu la république, avait perdu le commandement dont Puisaye l'avait revêtu, et ne pouvait plus délibérer. M. de Tinténiac, parvenu malgré tous les dangers au lieu des conférences, voulut les rompre au nom de Puisaye, et retourner aussitôt à Londres; mais Cormatin et les partisans de la paix l'en empêchèrent. Cormatin décida enfin la majorité à une transaction, en lui donnant pour raison qu'on gagnerait du temps par une soumission apparente, et qu'on endormirait la surveillance des républicains. Les conditions étaient les mêmes que celles accordées à Charette : liberté des cultes, indemnités à ceux dont les propriétés avaient été dévastées, exemption de la réquisition, institution des gardes territoriales. Il y avait une condition de plus dans le traité actuel : c'était un million et demi pour les principaux chefs, dont Cormatin devait avoir sa part. Pour ne pas cesser un instant, dit le général Beauvais, de faire acte de mauvaise foi, Cormatin, au moment de signer, mit le sabre à la main, jura de reprendre les armes à la première occasion, et recommanda à chacun de conserver jusqu'à nouvel ordre l'organisation établie et le respect dû à tous les chefs.

Les chefs royalistes se transportèrent ensuite à La Mabilaye, à une lieue de Rennes, pour signer le traité dans une réunion solennelle avec les représentants. Beaucoup d'entre eux ne voulaient pas s'y rendre; mais Cormatin les y entraîna. La réunion eut lieu avec les mêmes formalités qu'à la Jaunaye. Les chouans avaient demandé que Hoche ne s'y trouvât pas, à cause de son extrême défiance : on y consentit.

Le 1ᵉʳ floréal (20 avril), les représentants donnèrent les mêmes arrêtés qu'à la Jaunaye, et les chouans signèrent une déclaration par laquelle ils reconnaissaient la république et se soumettaient à ses lois.

Le lendemain, Cormatin fit son entrée à Rennes, comme Charette à Nantes. Le mouvement qu'il s'était donné, l'importance qu'il s'était arrogée, le faisaient considérer comme le chef des royalistes bretons. On lui attribuait tout, et les exploits de cette foule de chouans inconnus, qui avaient mystérieusement parcouru la Bretagne, et cette paix qu'on désirait depuis si long-temps. Il reçut une espèce de triomphe. Applaudi par les habitants, caressé par les femmes, pourvu d'une forte somme d'assignats, il recueillait tous les profits et tous les honneurs de la guerre, comme s'il l'avait long-temps soutenue. Il n'était cependant débarqué en Bretagne que pour jouer ce singulier rôle. Néanmoins il n'osait plus écrire à Puisaye; il ne se hasardait pas à sortir de Rennes, ni à s'enfoncer dans le pays, de peur d'y être fusillé par les mécontents. Les principaux chefs retournèrent dans leurs divisions, écrivirent à Puisaye qu'on les avait trompés, qu'il n'avait qu'à venir, et qu'au premier signal ils se lèveraient pour voler à sa rencontre. Quelques jours après, Stofflet, se voyant abandonné, signa la paix à Saint-Florent, aux mêmes conditions.

Tandis que les deux Vendées et la Bretagne se soumettaient, Charette venait enfin de recevoir pour la première fois une lettre du régent; elle était datée du 1er février. Ce prince l'appelait le second fondateur de la monarchie, lui parlait de sa reconnaissance, de son admiration, de son désir de le rejoindre, et le nommait lieutenant-général. Ces témoignages arrivaient un peu tard. Charette, tout ému, répondit aussitôt au régent que la lettre dont il venait d'être honoré transportait son ame de joie; que son dévouement et sa fidélité seraient toujours les mêmes; que la nécessité seule l'avait obligé de céder, mais que sa soumission n'était qu'apparente; que *lorsque les parties seraient mieux liées*, il reprendrait les armes, et serait prêt à mourir sous les yeux de son prince, et pour la plus belle des causes.

Telle fut cette première pacification des provinces insurgées. Comme l'avait deviné Hoche, elle n'était qu'apparente; mais, comme il l'avait senti aussi, on pouvait la rendre funeste aux chefs vendéens, en habituant le pays au repos, aux lois de la république, et en calmant ou occupant d'une autre manière cette ardeur de combattre qui animait quelques hommes. Malgré les assurances de Charette au régent, et des chouans à Puisaye, toute ardeur devait s'éteindre dans les ames après quelques mois de calme. Ces menées n'étaient plus que des actes de mauvaise foi, excusables sans doute dans l'aveuglement des guerres civiles, mais qui ôtent à ceux qui se les permettent le droit de se plaindre des sévérités de leurs adversaires. Les représentants et les généraux républicains mirent le plus grand scrupule à faire exécuter les conditions accordées. Il est sans doute inutile de montrer l'absurdité du bruit répandu alors, et même répété depuis, que les traités signés renfermaient des articles secrets, portant la promesse de mettre Louis XVII sur le trône; comme si des représentants avaient pu être assez fous pour prendre de tels engagements! comme s'il eût été possible qu'on voulût sacrifier à quelques partisans une république qu'on persistait à maintenir contre toute l'Europe! Du reste, aucun des chefs, en écrivant aux princes ou aux divers agents royalistes, n'a jamais osé avancer une telle absurdité. Charette, mis plus tard en jugement pour avoir violé les conditions faites avec lui, n'osa pas non plus faire valoir cette excuse puissante de la non-exécution d'un article secret. Puisaye, dans ses Mémoires, a jugé l'assertion aussi niaise que fausse; et on ne la rappellerait point ici, si elle n'avait été reproduite dans une foule de Mémoires.

Cette paix n'avait pas seulement pour résultat d'amener le désarmement de la contrée; concourant avec celle de la Prusse, de la Hollande et de la Toscane, et avec les intentions manifestées par plusieurs autres états, elle eut encore l'avantage de produire un effet moral très-grand. On vit la république reconnue à la fois par ses ennemis du dedans et du dehors, par la coalition et par le parti royaliste lui-même.

Il ne restait plus, parmi les ennemis décidés de la France, que l'Autriche et l'Angleterre. La Russie était trop éloignée pour être dangereuse; l'Empire était prêt à se désunir, et incapable de soutenir la guerre; le Piémont était épuisé; l'Espagne, partageant peu les chimériques espérances des intrigants royalistes, soupirait après la paix; et la colère de la cour de Naples était aussi impuissante que ridicule. Pitt, malgré les triomphes inouïs de la république française, malgré une campagne sans exemple dans les annales de la guerre, n'était point ébranlé; et sa ferme intelligence avait compris que tant de victoires, funestes au continent, n'étaient nullement dommageables pour l'Angleterre. Le stathouder, les princes d'Allemagne, l'Autriche, le Piémont, l'Espagne, avaient perdu à cette guerre une partie de leurs états; mais l'Angleterre avait acquis sur les mers une supériorité incontestable; elle dominait la Méditerranée et l'Océan; elle avait saisi une moitié des flottes hollandaises; elle forçait la marine de l'Espagne à s'épuiser contre celle de la France; elle travaillait à s'emparer de nos colonies, elle allait occuper toutes celles des Hollandais, et assurer à jamais son empire dans l'Inde. Il lui fallait pour cela encore quelque temps de guerre et d'aberrations politiques chez les puissances du continent. Il lui importait donc d'exciter les hostilités en donnant des secours à l'Autriche, en réveillant le zèle de l'Espagne, en préparant de nouveaux désordres dans les provinces méridionales de la France. Tant pis pour les puissances belligérantes, si elles étaient battues dans une nouvelle campagne : l'Angleterre n'avait rien à craindre; elle continuait ses progrès sur les mers, dans l'Inde et l'Amérique. Si, au contraire, les puissances étaient victorieuses, elle y gagnait de replacer dans les mains de l'Autriche les Pays-Bas, qu'elle craignait surtout de voir dans les mains de la France. Tels étaient les calculs meurtriers, mais profonds, du ministre anglais.

Malgré les pertes que l'Angleterre avait essuyées, soit par les prises, soit par les défaites du duc d'York, soit par les dépenses énormes qu'elle avait faites pour fournir de l'argent à la Prusse et au Piémont, elle possédait encore des ressources plus grandes que ne le croyaient et les Anglais et Pitt lui-même. Il est vrai qu'elle se plaignait amèrement des prises nombreuses, de la disette, et de la cherté de tous les objets de consommation. Les navires de commerce anglais, ayant seuls continué à circuler sur les mers, étaient naturellement plus exposés à être pris par les corsaires que ceux des autres nations. Les assurances, qui étaient devenues alors un grand objet de spéculation, les rendaient téméraires, et souvent ils n'attendaient pas d'être convoyés : c'est là ce qui procurait tant d'avantages à nos corsaires. Quant à la disette, elle était générale dans toute l'Europe. Sur le Rhin, autour de Francfort, le boisseau de seigle coûtait 15 florins. L'énorme consommation des armées, la multitude de bras enlevés à l'agriculture, les désordres de la malheureuse Pologne, qui n'avait presque pas fourni de grains cette année, avaient amené cette disette extraordinaire. D'ailleurs les transports par la

Baltique en Angleterre étaient devenus presque impossibles, depuis que les Français étaient maîtres de la Hollande. C'est dans le Nouveau-Monde que l'Europe avait été obligée d'aller s'approvisionner; elle vivait en ce moment de la surabondance des produits de ces terres vierges que les Américains du nord venaient de livrer à l'agriculture. Mais les transports étaient coûteux, et le prix du pain était monté en Angleterre à un taux excessif. Celui de la viande n'était pas moins élevé. Les laines d'Espagne n'arrivaient plus depuis que les Français occupaient les ports de la Biscaye, et la fabrication des draps allait être interrompue. Aussi, pendant qu'elle était en travail de sa grandeur future, l'Angleterre souffrait cruellement. Les ouvriers se révoltaient dans toutes les villes manufacturières, le peuple demandait la paix à grands cris, et il arrivait au parlement des pétitions couvertes de milliers de signatures, implorant la fin de cette guerre désastreuse. L'Irlande, agitée pour des concessions qu'on venait de lui retirer, allait ajouter de nouveaux embarras à ceux dont le gouvernement était déja chargé.

A travers ces circonstances pénibles, Pitt voyait des motifs et des moyens de continuer la guerre. D'abord elle flattait les passions du sa cour, elle flattait même celles du peuple anglais, qui avait contre la France un fonds de haine qu'on pouvait toujours ranimer au milieu des plus cruelles souffrances. Ensuite, malgré les pertes du commerce, pertes qui prouvaient d'ailleurs que les Anglais continuaient seuls à parcourir les mers, Pitt voyait ce commerce augmenté, depuis deux ans, de la jouissance exclusive de tous les débouchés de l'Inde et de l'Amérique. Il avait reconnu que les exportations s'étaient singulièrement accrues depuis le commencement de la guerre, et il pouvait entrevoir déjà l'avenir de sa nation. Il trouvait, dans les emprunts, des ressources dont la fécondité l'étonnait lui-même. Les fonds ne baissaient pas; la perte de la Hollande les avait peu affectés, parce que, l'événement étant prévu, une énorme quantité de capitaux s'était portée d'Amsterdam à Londres. Le commerce hollandais, quoique patriote, se défiait néanmoins des événements, et avait cherché à mettre ses richesses en sûreté, en les transportant en Angleterre. Pitt avait parlé d'un nouvel emprunt considérable, et, malgré la guerre, il avait vu les offres se multiplier. L'expérience a prouvé depuis, que la guerre, interdisant les spéculations commerciales, et ne permettant plus que les spéculations sur les fonds publics, facilite les emprunts, loin de les rendre plus difficiles. Cela doit arriver encore plus naturellement dans un pays qui, n'ayant pas de frontières, ne voit jamais dans la guerre une question d'existence, mais seulement une question de commerce et de débouchés. Pitt résolut donc, au moyen des riches capitaux de sa nation, de fournir des fonds à l'Autriche, d'augmenter sa marine, de réorganiser son armée de terre pour la porter dans l'Inde ou l'Amérique, et de donner aux insurgés français des secours considérables. Il fit avec l'Autriche un traité de subsides, semblable à celui qu'il avait fait l'année précédente avec la Prusse. Cette puissance avait des soldats, et elle promettait de tenir au moins deux cent mille hommes effectifs sur pied; mais elle manquait d'argent; elle ne pouvait plus ouvrir d'emprunts ni en Suisse, ni à Francfort, ni en Hollande. L'Angleterre s'engagea, non pas à lui fournir des fonds, mais à garantir l'emprunt qu'elle allait ouvrir à Londres. Garantir les dettes d'une puissance comme l'Autriche, c'était presque s'engager à les payer; mais l'opération, sous cette forme, était plus aisée à justifier devant le parlement. L'emprunt était de 4 millions 600,000 livres sterling (115 millions de francs) l'intérêt à 5 pour 100.

Pitt ouvrit en même temps un emprunt de 18 millions sterling pour le compte de l'Angleterre, à 4 pour 100. L'empressement des capitalistes fut extrême; et comme l'emprunt autrichien était garanti par le gouvernement anglais, et qu'il portait un plus haut intérêt, ils exigèrent que, pour deux tiers pris dans l'emprunt anglais, on leur donnât un tiers dans l'emprunt autrichien. Pitt, après s'être ainsi assuré de l'Autriche, chercha à réveiller le zèle de l'Espagne, mais il le trouva éteint. Il prit à sa solde les régiments émigrés de Condé, et il dit à Puisaye que, la pacification de la Vendée diminuant la confiance qu'inspiraient les provinces insurgées, il lui donnerait une escadre, le matériel d'une armée, et les émigrés enrégimentés, mais point de soldats anglais; et que si, comme on l'écrivait de Bretagne, les dispositions des royalistes n'étaient pas changées, et si l'expédition réussissait, il tâcherait de la rendre décisive, en y envoyant une armée. Il résolut ensuite de porter sa marine de quatre-vingt mille marins à cent mille. Il imagina pour cela une espèce de conscription. Chaque vaisseau marchand était tenu de fournir un matelot par sept hommes d'équipage : c'était une dette que le commerce devait acquitter pour la protection qu'il recevait de la marine militaire. L'agriculture et l'industrie manufacturière devaient également des secours à la marine, qui leur assurait des débouchés; en conséquence chaque paroisse était obligée de fournir aussi un matelot. Pitt s'assura ainsi le moyen de donner à la marine anglaise un développement extraordinaire. Les vaisseaux anglais étaient très-inférieurs pour la construction aux vaisseaux français; mais l'immense supériorité du nombre, l'excellence des équipages, et l'habileté des officiers de mer ne rendaient pas la rivalité possible.

Avec tous ces moyens réunis, Pitt se présenta au parlement. L'opposition était augmentée cette année de vingt membres à peu près. Les partisans de la paix et de la révolution française étaient plus animés que jamais, et ils avaient des faits puissants à opposer au ministre. Le langage que Pitt prêta à la couronne, et qu'il tint lui-même pendant cette session, l'une des plus mémorables du parlement anglais par l'importance des questions et par l'éloquence de Fox et de Shéridan, fut infiniment adroit. Il convint que la France avait obtenu des triomphes inouïs; mais ces triomphes, loin de décourager ses ennemis, disait-il, devaient au contraire leur donner plus d'opiniâtreté et de constance. C'était toujours à l'Angleterre que la France en voulait ; c'était sa constitution, sa prospérité qu'elle cherchait à détruire ; il était à la fois peu prudent et peu honorable de céder devant une haine aussi redoutable. Dans le moment surtout, déposer les armes serait, disait-il, une faiblesse désastreuse. La France, n'ayant plus que l'Autriche et l'Empire à combattre, les accablerait ; fidèle alors à sa haine, elle reviendrait, libre de ses ennemis du continent, se jeter sur l'Angleterre, qui seule désormais dans cette lutte aurait à soutenir un choc terrible. On devait donc profiter du moment où plusieurs puissances luttaient encore, pour attaquer de concert l'ennemi commun, pour faire rentrer la France dans ses limites, pour lui enlever les Pays-Bas et la Hollande, pour refouler dans son sein et ses armées, et son commerce, et ses principes funestes. Du reste, il ne fallait plus qu'un effort, un seul pour l'accabler. Elle avait vaincu, sans doute, mais en s'épuisant, en employant des moyens barbares, qui s'étaient usés par leur violence même. Le *maximum*, les *réquisitions*, les *assignats*, la terreur, s'étaient usés dans les mains des chefs de la France. Tous ces chefs étaient tombés pour avoir voulu vaincre à ce prix. Ainsi, ajoutait-il, encore une campagne, et l'Europe, l'Angleterre, étaient vengées et préservées d'une révolution sanglante. D'ailleurs, quand même on ne voudrait pas se rendre à ces raisons d'honneur, de sûreté, de politique, et faire la paix, cette paix ne serait pas plus possible. Les démagogues français la repousseraient avec cet orgueil féroce qu'ils avaient montré, même avant d'être victorieux. Et pour traiter avec eux, où les trouverait-on? où chercher le gouvernement, à travers ces factions sanglantes, se poussant les unes les autres au pouvoir, et en disparaissant aussi vite qu'elles y étaient arrivées? Comment espérer des conditions solides en stipulant avec ces dépositaires si fugitifs d'une autorité toujours disputée? Il était donc peu honorable, imprudent, impossible, de négocier. L'Angleterre avait encore d'immenses ressources; ses exportations étaient singulièrement augmentées; son commerce essuyait des prises qui prouvaient sa hardiesse et son activité; sa marine devenait formidable, et ses riches capitaux venaient s'offrir d'eux-mêmes en abondance au gouvernement, pour continuer cette guerre *juste et nécessaire*.

C'était là le nom que Pitt avait donné à cette guerre dès l'origine, et qu'il affectait de lui conserver. On voit qu'au milieu de ces raisons de tribune, il ne pouvait pas donner les véritables, qu'il ne pouvait pas dire à travers quelles voies machiavéliques il voulait conduire l'Angleterre au plus haut point de puissance. On n'avoue pas à la face du monde une telle ambition.

Aussi l'opposition répondait-elle victorieusement. On ne nous demandait, disaient Fox et Shéridan, qu'une campagne, à la session dernière; on avait déjà plusieurs places fortes; on devait en partir au printemps pour anéantir la France. Cependant voyez quels résultats! Les Français ont conquis la Flandre, la Hollande, toute la rive gauche du Rhin, excepté Mayence, une partie du Piémont, la plus grande partie de la Catalogne, toute la Navarre. Qu'on cherche une semblable campagne dans les annales de l'Europe! On convient qu'ils ont pris quelques places; montrez-nous donc une guerre où autant de places aient été emportées en une seule campagne! Si les Français, luttant contre l'Europe entière, ont eu de pareils succès, quels avantages n'auront-ils pas contre l'Autriche et l'Angleterre presque seules? car les autres puissances, ou ne peuvent plus nous seconder, ou viennent de traiter. On dit qu'ils sont épuisés, que les assignats, leur seule ressource, ont perdu toute leur valeur, que leur gouvernement aujourd'hui a cessé d'avoir son ancienne énergie. Mais les Américains avaient vu leur papier-monnaie tomber à quatre-vingt-dix pour cent de perte, et ils n'ont pas succombé. Mais ce gouvernement, quand il était énergique, on nous le disait barbare; aujourd'hui qu'il est devenu humain et modéré, on le trouve sans force. On nous parle de nos ressources, de nos riches capitaux; mais le peuple périt de misère et ne peut payer ni la viande ni le pain; il demande la paix à grands cris. Ces richesses merveilleuses qu'on semble créer par enchantement sont-elles réelles? Crée-t-on des trésors avec du papier? Tous ces systèmes de finance cachent quelque affreuse erreur, quelque vide immense qui apparaîtra tout-à-coup. Nous allons donnant nos richesses aux puissances de l'Europe : déjà nous les avons prodiguées au Piémont, à la Prusse; nous allons encore les livrer à l'Autriche. Qui nous garantit que cette puissance sera plus fidèle à ses engagements que la Prusse? Qui nous garantit qu'elle ne sera point parjure à ses promesses, et ne traitera pas après avoir reçu notre or? Nous excitons une guerre civile infame; nous armons des Français contre leur patrie, et cependant, à notre honte, ces Français, reconnaissant leur erreur et la sagesse de leur nouveau gouvernement, viennent de mettre bas les armes. Irons-nous rallumer les cendres éteintes de la Vendée, pour y réveiller un affreux incendie? On nous parle des principes barbares de la France : ces principes ont-ils rien de plus antisocial que notre conduite à l'égard des provinces insurgées? Tous les moyens de la guerre sont donc ou douteux ou coupables..... La paix, dit-on, est impossible; la France hait l'Angleterre; mais quand la violence des Français contre nous s'est-elle déclarée? N'est-ce pas lorsque nous avons montré la coupable intention de leur ravir leur liberté, d'intervenir dans le choix de leur gouvernement, d'exciter la guerre civile chez eux? La paix, dit-on, répandrait la contagion de leurs principes. Mais la Suisse, la Suède, le Danemark, les États-Unis, sont en paix avec eux; leur constitution est-elle détruite? La paix, ajoute-t-on encore, est impossible avec un gouvernement chancelant et toujours renouvelé. Mais la Prusse, la Toscane, ont trouvé avec qui traiter; la Suisse, la Suède, le Danemark, les États-Unis, savent avec qui s'entendre dans leurs rapports avec la France, et nous ne pourrions pas négocier avec elle! Il fallait donc qu'on nous dît en commençant la guerre, que nous ne ferions pas la paix avant qu'une certaine forme de gouvernement fût rétablie chez nos ennemis, avant que la république fût abolie chez eux, avant qu'ils eussent subi les institutions qu'il nous plaisait de leur donner.

A travers ce choc de raison et d'éloquence, Pitt poursuivant sa marche, sans jamais donner ses véritables motifs, obtint ce qu'il voulut : emprunts, conscription maritime, suspension de l'*habeas corpus*. Avec ses trésors, sa marine, les 200 mille hommes de l'Autriche, et le courage désespéré des insurgés français, il résolut de faire cette année une nouvelle campagne, certain de dominer au moins sur les mers, si la victoire sur le continent restait à la nation enthousiaste qu'il combattait.

Ces négociations, ces conflits d'opinions en Europe, ces préparatifs de guerre, prouvent de quelle importance notre patrie était alors dans le monde. A cette époque on vit arriver tous à la fois les ambassadeurs de Suède, de Danemark, de Hollande, de Prusse, de Toscane, de Venise et d'Amérique. A leur arrivée à Paris, ils allaient visiter le président de la convention, qu'ils trouvaient logé quelquefois à un troisième ou quatrième étage, et dont l'accueil simple et poli avait remplacé les anciennes réceptions de cour. Ils étaient ensuite introduits dans cette salle fameuse, où siégeait sur de simples banquettes, et dans le costume le plus modeste, cette assemblée qui, par sa puissance et la grandeur de ses passions, ne paraissait plus ridicule, mais terrible. Ils avaient un fauteuil vis-à-vis celui du président; ils parlaient assis; le président leur répondait de même, en les appelant par les titres contenus dans leurs pouvoirs. Il leur donnait ensuite l'accolade fraternelle, et les proclamait représentants de la puissance qui les envoyait. Ils pouvaient, dans une tribune réservée, assister à ces discussions orageuses, qui inspiraient autant de curiosité que d'effroi aux étrangers. Tel était le cérémonial employé à l'égard des ambassadeurs des puissances. La simplicité convenait à une république recevant sans faste, mais avec décence et avec égards, les envoyés des rois vaincus par elle. Le nom de Français était beau alors, il était ennobli par les plus belles victoires, et les plus pures de toutes, celles qu'un peuple remporte pour défendre son existence et sa liberté.

CHAPITRE VII.

Redoublement de haine et de violence des partis après le 12 germinal. — Conspiration nouvelle des patriotes. — Massacre dans les prisons, à Lyon, par les réacteurs. — Décrets nouveaux contre les émigrés et sur l'exercice du culte. Modifications dans les attributions des comités. — Questions financières. Baisse croissante du papier-monnaie. Agiotage. Divers projets et discussions sur la réduction des assignats. Mesure importante décrétée pour faciliter la vente des biens nationaux.—Insurrection des révolutionnaires du 1er prairial an III. Envahissement de la convention. Assassinat du représentant Féraud. Principaux événements de cette journée et des jours suivants. — Suites de la journée de prairial. Arrestation de divers membres des anciens comités. Condamnation et supplice des représentants Romme, Goujon, Duquesnoy, Duroi, Soubrany, Bourbotte, et autres compromis dans l'insurrection. Désarmement des patriotes et destruction de ce parti. — Nouvelles discussions sur la vente des biens nationaux. Échelle de réduction adoptée pour les assignats.

Les événements de germinal avaient eu pour

les deux partis qui divisaient la France la conséquence ordinaire d'une action incertaine : ces deux partis en étaient devenus plus violents et plus acharnés à se détruire. Dans tout le Midi, et particulièrement à Avignon, Marseille et Toulon, les révolutionnaires, plus menaçants et plus audacieux que jamais, échappant à tous les efforts qu'on faisait pour les désarmer ou les ramener dans leurs communes, continuaient à demander la liberté des patriotes, la mort de tous les émigrés rentrés, et la constitution de 93. Ils correspondaient avec les partisans qu'ils avaient dans toutes les provinces; ils les appelaient à eux, et les engageaient à se réunir sur deux points principaux, Toulon pour le Midi, Paris pour le Nord. Quand ils seraient assez en force à Toulon, ils soulèveraient, disaient-ils, les départements, et s'avanceraient pour se joindre à leurs frères du Nord. C'était absolument le projet des fédéralistes en 93.

Leurs adversaires, soit royalistes, soit girondins, étaient aussi devenus plus hardis depuis que le gouvernement, attaqué en germinal, avait donné le signal des persécutions. Maîtres des administrations, ils faisaient un terrible usage des décrets rendus contre les patriotes. Ils les enfermaient comme complices de Robespierre, ou comme ayant manié les deniers publics sans en avoir rendu compte; ils les désarmaient comme ayant participé à la tyrannie abolie le 9 thermidor, ou bien enfin ils les pourchassaient de lieu en lieu comme ayant quitté leurs communes. C'était dans le Midi surtout que les hostilités contre ces malheureux patriotes étaient le plus actives, car la violence provoque toujours une violence égale. Dans le département du Rhône, la réaction se préparait terrible. Les royalistes, obligés de fuir la cruelle énergie de 93, revenaient à travers la Suisse, passaient la frontière, rentraient dans Lyon avec de faux passe-ports, y parlaient du roi, de la religion, de la prospérité passée, et se servaient du souvenir des mitraillades pour ramener à la monarchie une cité toute républicaine. Ainsi, les royalistes s'appuyaient à Lyon comme les patriotes à Toulon. On disait Précy revenu et caché dans la ville, dont il avait, par sa vaillance, causé tous les malheurs. Une foule d'émigrés, accourus à Bâle, à Berne, à Lausanne, se montraient plus présomptueux que jamais. Ils parlaient de leur rentrée prochaine, ils disaient que leurs amis gouvernaient; que bientôt on allait remettre sur le trône le fils de Louis XVI, les rappeler eux-mêmes, et leur rendre leurs biens; que du reste, excepté quelques terroristes et quelques chefs militaires qu'il faudrait punir, tout le monde contribuerait avec empressement à cette restauration. A Lausanne, où toute la jeunesse était enthousiaste de la révolution française, on les molestait, et on les forçait à se taire. Ailleurs on les laissait dire; on dédaignait leurs vanteries, auxquelles on était assez habitué depuis six ans; mais on se méfiait de quelques-uns d'entre eux, qui étaient pensionnés par la police autrichienne, pour épier dans les auberges les propos imprudents des voyageurs. C'est encore de ce côté, c'est-à-dire vers Lyon, que s'étaient formées des compagnies qui, sous les noms de *compagnies du Soleil*, et *compagnies de Jésus*, devaient parcourir les campagnes, ou pénétrer dans les villes, et égorger les patriotes retirés dans leurs terres ou détenus dans les prisons. Les prêtres déportés rentraient aussi par cette frontière, et s'étaient déjà répandus dans toutes les provinces de l'Est; ils déclaraient nul tout ce qu'avaient fait les prêtres assermentés; ils rebaptisaient les enfants, remariaient les époux, et inspiraient au peuple la haine et le mépris du gouvernement. Ils avaient soin cependant de se tenir près de la frontière, afin de la repasser au premier signal. Ceux qui n'avaient pas été frappés de déportation, et qui jouissaient en France

rentrer par Lyon, former des compagnies d'assassins, pousser des prêtres perturbateurs jusqu'au milieu de la France, et dicter à Paris même des écrits tout pleins des fureurs de l'émigration, ils se ravisèrent, et crurent qu'aux mesures rigoureuses prises contre les suppôts de la terreur, il fallait en ajouter d'autres contre les partisans de la royauté. D'abord, pour laisser sans prétexte ceux qui avaient souffert des excès commis, et qui en exigeaient la vengeance, ils firent enjoindre aux tribunaux de mettre plus d'activité à poursuivre les individus prévenus de dilapidations, d'abus d'autorité, d'actes oppressifs. Ils cherchèrent ensuite les mesures les plus capables de réprimer les royalistes. Chénier, connu par ses talents littéraires et ses opinions franchement républicaines, fut chargé d'un rapport sur ce sujet. Il traça un tableau énergique de la France, des deux partis qui s'en disputaient l'empire, et surtout des menées ourdies par l'émigration et le clergé, et il proposa de faire traduire sur-le-champ tout émigré rentré devant les tribunaux, pour lui appliquer la loi; de considérer comme émigré tout déporté qui, étant rentré en France, y serait encore dans un mois; de punir de six mois de prison quiconque violerait la loi sur les cultes et voudrait s'emparer de force des églises; de condamner au bannissement tout écrivain qui provoquerait à l'avilissement de la représentation nationale ou au retour de la royauté; enfin, d'obliger toutes les autorités chargées du désarmement des terroristes, de donner les motifs de désarmement. Toutes ces mesures furent accueillies, excepté deux qui suscitèrent quelques observations. Thibaudeau trouva imprudent de punir de six mois de prison les infracteurs de la loi sur les cultes; il dit avec raison que les églises n'étaient bonnes qu'à un seul usage, celui des cérémonies religieuses; que le peuple, assez dévot pour assister à la messe dans des réunions particulières, se verrait toujours privé avec un violent regret des édifices où elle était célébrée autrefois; qu'en déclarant le gouvernement étranger pour jamais aux frais de tous les cultes, on aurait pu rendre les églises aux catholiques, pour éviter des plaintes, des émeutes, et peut-être une Vendée générale. Les observations de Thibaudeau ne furent pas accueillies; car en rendant les églises aux catholiques, même à la charge par eux de les entretenir, on craignait de rendre à l'ancien clergé des pompes qui étaient une partie de sa puissance. Tallien, qui était devenu journaliste avec Fréron, et qui, soit par cette raison, soit par une affectation de justice, voulait protéger l'indépendance de la presse, s'opposa au bannissement des écrivains. Il soutint que la disposition était arbitraire, et laissait une latitude trop grande aux sévérités contre la presse. Il avait raison; mais, dans cet état de guerre ouverte avec le royalisme, il importait peut-être que la convention se déclarât fortement contre ces libellistes, qui s'empressaient de ramener sitôt la France aux idées monarchiques. Louvet, ce girondin si fougueux, dont les méfiances avaient fait tant de mal à son parti, mais qui était un des hommes les plus sincères de l'assemblée, se hâta de répondre à Tallien, et conjura tous les amis de la république d'oublier leurs dissidences et leurs griefs réciproques, et de s'unir contre l'ennemi le plus ancien, le seul véritable qu'ils eussent tous, c'est-à-dire la royauté. Le témoignage de Louvet en faveur des mesures violentes était le moins suspect de tous, car il avait bravé la plus cruelle proscription pour combattre le système des moyens révolutionnaires. Toute l'assemblée applaudit à sa noble et franche déclaration, vota l'impression et l'envoi de son discours à toute la France, et adopta l'article, à la grande confusion de Tallien, qui avait si mal pris le moment pour soutenir une maxime juste et vraie.

Ainsi, tandis que la convention avait ordonné la poursuite, le désarmement des patriotes, et leur retour dans leurs communes, elle venait en même temps de renouveler les lois contre les émigrés et les prêtres déportés, d'instituer des peines contre l'ouverture des églises et contre les pamphlets royalistes; mais des lois pénales sont de faibles garanties contre des partis prêts à fondre l'un sur l'autre. Le député Thibaudeau pensa que l'organisation des comités de gouvernement depuis le 9 thermidor était trop faible et trop relâchée. Cette organisation, établie au moment où la dictature venait d'être renversée, n'avait été imaginée que dans la peur d'une nouvelle tyrannie. Aussi à une tension excessive de tous les ressorts avait succédé un relâchement extrême. On avait restitué à chaque comité son influence particulière, pour détruire l'influence trop dominante du comité de salut public, et il était résulté de cet état de choses des tiraillements, des lenteurs, et un affaiblissement complet du gouvernement. En effet, si des troubles survenaient dans un département, la hiérarchie voulait qu'on écrivît au comité de sûreté générale; celui-ci appelait le comité de salut public, et dans certains cas celui de législation; il fallait attendre que ces comités fussent complets pour se réunir, et ensuite qu'ils eussent le temps de conférer. Les réunions devenaient ainsi presque impossibles, et trop nombreuses pour agir. Fallait-il envoyer seulement vingt hommes de garde, le comité de sûreté générale, chargé de la police, était obligé de s'adresser au comité militaire. On sentait maintenant quel tort on avait eu de s'effrayer si fort de la tyrannie de l'ancien comité de salut public, et de se précautionner contre un danger désormais chimérique. Un gouvernement ainsi organisé ne pouvait que très-faiblement résister aux factions, et ne leur opposer qu'une autorité impuissante. Le député Thibaudeau proposa donc une simplification du gouvernement; il demanda que les attributions de tous les comités fussent réduites à la simple proposition des lois, et que les mesures d'exécution appartinssent exclusivement au comité de salut public, que celui-ci réunît la police à ses autres fonctions, que par conséquent le comité de sûreté générale fût aboli; qu'enfin le comité de salut public, chargé ainsi de tout le gouvernement, fût porté à vingt-quatre membres pour suffire à l'étendue de sa nouvelle tâche. Les poltrons de l'assemblée, toujours prompts à s'armer contre les dangers impossibles, se récrièrent contre ce projet, et

dirent qu'il renouvelait l'ancienne dictature.
La carrière ouverte aux esprits, chacun fit sa
proposition. Ceux qui avaient la manie de revenir
aux voies constitutionnelles, à la division
des pouvoirs, proposèrent de créer un
pouvoir exécutif hors de l'assemblée, pour séparer
l'exécution de la loi de son vote; d'autres
imaginèrent de prendre les membres de
ce pouvoir dans l'assemblée même, mais de
leur interdire, pendant la durée de leurs fonctions,
le vote législatif. Après de longues divagations,
l'assemblée sentit que, n'ayant plus
que deux ou trois mois à exister, c'est-à-dire
à peine le temps nécessaire pour achever la
constitution, il était ridicule de perdre ses moments
à faire une constitution provisoire, et
surtout de renoncer à la dictature dans un instant
où on avait plus besoin de force que jamais.
En conséquence on rejeta toutes les propositions
tendantes à la division des pouvoirs;
mais on avait trop peur du projet de Thibaudeau
pour l'adopter : on se contenta de dégager
un peu plus la marche des comités. On
décida qu'ils seraient réduits à la simple proposition
des lois; que le comité de salut public
aurait seul les mesures d'exécution, mais que
la police resterait au comité de sûreté générale;
que les réunions de comités n'auraient

lieu que par envoi de commissaires; et enfin, pour se garantir toujours davantage de ce redoutable comité de salut public qui faisait tant de peur, on décida qu'il serait privé de l'initiative des lois, et qu'il ne pourrait jamais faire de propositions tendantes à procéder contre un député.

Pendant qu'on prenait ces moyens pour rendre un peu d'énergie au gouvernement, on continuait à s'occuper des questions financières, dont la discussion avait été interrompue par les événements du mois de germinal. L'abolition du *maximum*, des réquisitions, du séquestre, de tout l'appareil des moyens forcés, en rendant les choses à leur mouvement naturel, avait rendu encore plus rapide la chute des assignats. Les ventes n'étant plus forcées, les prix étant redevenus libres, les marchandises avaient renchéri d'une manière extraordinaire, et par conséquent l'assignat avait baissé à proportion. Les communications au dehors étant rétablies, l'assignat était entré de nouveau en comparaison avec les valeurs étrangères, et son infériorité s'était rapidement manifestée par la baisse toujours croissante du change. Ainsi la chute du papier-monnaie était complète sous tous les rapports, et, suivant la loi ordinaire des vitesses, la rapidité

de cette chute s'augmentait de sa rapidité
même. Tout changement trop brusque dans
les valeurs amène les spéculations hasardeuses,
c'est-à-dire l'agiotage ; et comme ce changement n'a jamais lieu que par l'effet d'un désordre ou politique ou financier, que par conséquent la production souffre, que l'industrie et
le commerce sont ralentis, ce genre de spéculations est presque le seul qui reste ; alors, au
lieu de fabriquer ou de transporter de nouvelles marchandises, on se hâte de spéculer
sur les variations de prix de celles qui existent.
Au lieu de produire, on parie sur ce qui est
produit. L'agiotage, qui était devenu si grand
aux mois d'avril, mai et juin 1793, lorsque la
défection de Dumouriez, le soulèvement de
la Vendée et la coalition fédéraliste détermi-
nèrent une baisse si considérable dans les assignats, venait de reparaître plus actif que jamais en germinal, floréal et prairial an III (avril
et mai 95). Ainsi, aux horreurs de la disette
se joignait le scandale d'un jeu effréné, qui
contribuait encore à augmenter le renchérissement des marchandises et la dépréciation du
papier. Le procédé des joueurs était le même
qu'en 93, le même qu'il est toujours. Ils achetaient les marchandises qui, haussant par rapport à l'assignat avec une rapidité singulière,

augmentaient de prix dans leurs mains, et leur procuraient en peu d'instants des profits considérables. Tous les vœux et tous les efforts tendaient ainsi à la chute du papier. Il y avait des objets qui étaient vendus et revendus des milliers de fois, sans changer de place. On spéculait même, suivant l'usage, sur ce qu'on n'avait pas. On achetait une marchandise d'un vendeur qui ne la possédait point, mais qui devait la livrer à un terme fixé : au terme échu, le vendeur ne la livrait pas, mais il payait la différence du prix d'achat au prix du jour, si la marchandise avait haussé; il recevait cette différence si la marchandise avait baissé. C'est au Palais-Royal, déjà si coupable aux yeux du peuple comme renfermant la jeunesse dorée, que se rassemblaient les agioteurs. On ne pouvait le traverser sans être poursuivi par des marchands qui portaient à la main des étoffes, des tabatières d'or, des vases d'argent, de riches quincailleries. C'est au café de Chartres que se réunissaient tous les spéculateurs sur les matières métalliques. Quoique l'or et l'argent ne fussent plus considérés comme marchandise, et que depuis 93 il y eût défense, sous des peines très-sévères, de les vendre contre des assignats, le commerce ne s'en faisait pas moins d'une manière presque ouverte. Le louis se vendait 160 livres en papier, et dans l'espace d'une heure on le faisait varier de 160 à 200, et même 210 livres.

Ainsi une disette affreuse de pain, un manque absolu de moyens de chauffage par un froid qui était rigoureux encore au milieu du printemps, un renchérissement excessif de toutes les marchandises, l'impossibilité d'y atteindre avec un papier qui perdait tous les jours; au milieu de ces maux un agiotage effréné, accélérant la dépréciation des assignats par ses spéculations, et donnant le spectacle d'un jeu scandaleux, et quelquefois de fortunes subites à côté de la misère générale, tel était le vaste sujet de griefs offert aux patriotes pour soulever le peuple. Il importait, et pour soulager les malheurs publics, et pour empêcher un soulèvement, de faire disparaître de tels griefs; mais c'était là l'éternelle difficulté.

Le moyen jugé indispensable, comme on l'a vu, était de relever les assignats en les retirant; mais pour les retirer il fallait vendre les biens, et on ne voulait pas s'apercevoir du véritable obstacle, la difficulté de fournir aux acquéreurs la faculté de payer un tiers du territoire. On avait rejeté les moyens violents, c'est-à-dire la démonétisation et l'emprunt forcé; on hésitait entre les deux moyens volontaires, c'est-à-dire, entre une loterie et une banque. La proscription de Cambon décida la préférence en faveur du projet de Johannot, qui avait proposé la banque. Mais en attendant qu'on pût faire réussir ce moyen chimérique, qui, même en réussissant, ne pouvait jamais ramener les assignats au pair de l'argent, le plus grand mal, celui d'une différence entre la valeur nominale et la valeur réelle, existait toujours. Ainsi le créancier de l'état ou des particuliers recevait l'assignat au pair, et ne pouvait le placer que pour un dixième tout au plus. Les propriétaires qui avaient affermé leurs terres ne recevaient que le dixième du fermage. On avait vu des fermiers acquitter le prix de leur bail avec un sac de blé, un cochon engraissé, ou un cheval. Le trésor surtout faisait une perte qui contribuait à la ruine des finances, et par suite, du papier lui-même. Il recevait du contribuable l'assignat à sa valeur nominale, et touchait par mois une cinquantaine de millions, qui en valaient cinq tout au plus. Pour suppléer à ce déficit, et pour couvrir les dépenses extraordinaires de la guerre, il était obligé d'émettre jusqu'à huit cents millions d'assignats par mois, à cause de leur grande dépréciation. La première chose à faire, en attendant l'effet des prétendues mesures qui devaient les retirer et les relever, c'était de rétablir le rapport entre leur valeur nominale et leur valeur réelle, de manière que la république, le créancier de l'état, le propriétaire de terres, les capitalistes, tous les individus enfin payés en papier, ne fussent pas ruinés. Johannot proposa de revenir aux métaux pour mesure des valeurs. On devait constater, jour par jour, le taux des assignats par rapport à l'or ou à l'argent, et ne les plus recevoir qu'à ce taux. Celui auquel il était dû 1,000 francs recevait 10,000 francs en assignats, si les assignats ne valaient plus que le dixième des métaux. L'impôt, les fermages, les revenus de toute espèce, la propriété des biens nationaux, seraient payés en argent ou en assignats au cours. On s'opposa à ce choix de l'argent pour terme commun de toutes les valeurs, d'abord par une ancienne haine pour les métaux, qu'on accusait d'avoir tué le papier, ensuite parce que les Anglais en ayant beaucoup, pourraient, disait-on, les faire varier à leur gré, et seraient ainsi maîtres du cours des assignats. Ces raisons étaient fort misérables; mais elles décidèrent la convention à rejeter les métaux pour mesure des valeurs. Alors Jean-Bon-Saint-André proposa d'adopter le blé, qui était chez tous les peuples la valeur essentielle à laquelle toutes les autres devaient se rapporter. Ainsi, on calculerait la quantité de blé que pouvait procurer la somme due, à l'époque où la transaction avait eu lieu, et on paierait en assignats la valeur suffisante pour acheter aujourd'hui la même quantité de blé. Ainsi, celui qui devait ou une rente, ou un fermage, ou une contribution de 1,000 fr. à une époque où 1,000 fr. représentaient cent quintaux de blé, donnerait la valeur actuelle de cent quintaux de blé en assignats. Mais on fit une objection. Les malheurs de la guerre et les pertes de l'agriculture avaient fait hausser considérablement le blé par rapport à toutes les autres denrées ou marchandises, il valait quatre fois davantage. Il aurait dû, d'après le cours actuel des assignats, ne coûter que dix fois le prix de 1790, c'est-à-dire 100 francs le quintal; et il en coûtait cependant 400. Celui qui devait 1,000 francs en 1790, devrait aujourd'hui 10,000 francs d'assignats en payant d'après le taux de l'argent, et 40,000 francs en payant d'après le taux du blé; il donnerait ainsi une valeur quatre fois trop grande. On ne savait donc pas quelle mesure adopter pour les valeurs. Le député Raffron proposa, à partir du 30 du mois, de faire baisser les assignats d'un pour cent par jour. On se récria sur-le-champ que c'était une banqueroute, comme si ce n'en était pas une que de réduire les assignats au cours de l'argent ou du blé, c'est-à-dire de leur faire perdre tout-à-coup quatre-vingt-dix pour cent. Bourdon, qui parlait sans cesse de finances sans les entendre, fit décréter qu'on refuserait d'écouter toute proposition tendante à la banqueroute.

Cependant la réduction de l'assignat au cours avait un inconvénient des plus graves. Si dans tous les paiements, soit de l'impôt, soit des fermages, soit des créances échues, soit des biens nationaux, on ne prenait plus l'assignat qu'au taux où il descendait chaque jour, la baisse n'avait plus de terme, car plus rien ne l'arrêtait. Dans l'état actuel, en effet, l'assignat pouvant servir encore par sa valeur nominale au paiement de l'impôt, des fermages, de toutes les sommes échues, avait un emploi qui donnait encore une certaine réalité à sa valeur; mais si partout il n'était reçu qu'au taux du jour, il devait baisser indéfiniment et sans mesure. L'assignat émis aujourd'hui pour 1,000 francs pouvait ne plus valoir le lendemain que 100 francs, qu'un franc, qu'un centime; il ne ruinerait plus personne, il est vrai, ni les particuliers ni l'état, car tous ne le prendraient que pour ce qu'il vaudrait; mais sa valeur, n'étant forcée nulle part, allait s'abîmer sur-le-champ. Il n'y avait pas de raison pour qu'un milliard nominal ne tombât pas à un franc réel, et alors la ressource du papier-monnaie, indispensable encore au gouvernement, allait lui manquer tout-à-fait.

Dubois-Crancé, trouvant tous ces projets dangereux, s'opposa à la réduction des assignats au cours, et négligeant les souffrances de ceux qui étaient ruinés par le paiement en papier, proposa seulement d'exiger l'impôt foncier en nature. L'état pouvait s'assurer ainsi le moyen de nourrir les armées et les grandes communes, et s'éviter une émission de 3 à 4 milliards de papier, qu'il dépensait pour se procurer des denrées. Ce projet, qui parut séduisant d'abord, fut écarté ensuite après un mûr examen : il fallut en chercher un autre.

Mais dans l'intervalle, le mal s'accroissait chaque jour; des révoltes éclataient de toutes parts à cause de la disette des subsistances et du bois de chauffage; on voyait au Palais-Royal du pain mis en vente à 22 francs la livre; des mariniers, à l'un des passages de la Seine, avaient voulu faire payer jusqu'à 40 mille francs un service qui se payait autrefois cent francs. Une espèce de désespoir s'empara des esprits; on se récria qu'il fallait sortir de cet état, et trouver des mesures à tout prix. Dans cette situation cruelle, Bourdon (de l'Oise), financier fort ignorant, qui traitait toutes ces questions en énergumène, trouva, sans doute par hasard, le seul moyen convenable pour sortir d'embarras. Réduire les assignats au cours était difficile, comme on a vu, car on ne savait s'il fallait prendre l'argent ou le blé pour mesure, et d'ailleurs c'était leur enlever sur-le-champ toute valeur, et les exposer à une dépréciation sans terme. Les relever en les absorbant était tout aussi difficile, car il fallait vendre les biens, et le placement d'une aussi grande quantité de propriétés immobilières était presque impossible.

Cependant il y avait un moyen de vendre les biens, c'était de les mettre à la portée des acheteurs, en n'exigeant d'eux que la valeur qu'on pouvait en donner dans l'état de la fortune publique. Les biens se vendaient actuellement aux enchères; il en résultait que les offres se proportionnaient à la dépréciation du papier, et qu'il fallait donner en assignats cinq à six fois le prix de 1790. Ce n'était encore, il est vrai, que la moitié de la valeur des terres à cette époque; mais c'était encore beaucoup trop pour aujourd'hui, car la terre ne valait en réalité pas la moitié, pas le quart de ce qu'elle avait valu en 1790. Il n'y a rien d'absolu dans la valeur. En Amérique, dans les vastes continents, les terres valent peu, parce que leur masse est de beaucoup supérieure à celle des capitaux mobiliers. Il en était pour ainsi dire de même en France en 1795. Il fallait donc ne pas s'en tenir à la valeur fictive de 1790, mais à celle que l'on pouvait en trouver en 1795, car une chose ne vaut réellement que ce qu'elle peut être payée.

En conséquence, Bourdon (de l'Oise) proposa d'adjuger les biens, sans enchères et par simple procès-verbal, à celui qui en offrirait trois fois en assignats l'estimation de 1790. Entre deux concurrents, la préférence devait être accordée à celui qui s'était présenté le premier. Ainsi un bien estimé 100,000 francs, en 1790, devait être payé 300,000 francs en assignats. Les assignats étant tombés au quinzième de leur valeur, 300,000 francs ne représentaient en réalité que 20,000 francs effectifs; on payait donc avec 20,000 francs un bien qui, en 1790, en valait 100,000. Ce n'était pas perdre les quatre cinquièmes, puisque véritablement il était impossible d'obtenir plus. D'ailleurs le sacrifice eût-il été réel, on ne devait pas hésiter, car les avantages étaient immenses.

D'abord on évitait l'inconvénient de la réduction au cours, qui détruisait le papier. On a vu, en effet, que l'assignat réduit au cours dans le paiement de toutes choses, même des biens, n'avait plus de valeur fixée nulle part, et qu'il tombait dans le néant. Mais en lui conservant la faculté de payer les biens, il avait une valeur fixe, car il représentait une certaine quantité de terre; pouvant toujours la procurer, il en aurait toujours la valeur, et ne périrait pas plus qu'elle. On évitait donc l'anéantissement du papier. Mais il y a mieux : il est constant, et ce qui arriva deux mois après le prouva, que tous les biens auraient pu être achetés sur-le-champ, à la condition de les payer trois fois la valeur de 1790. Tous les assignats ou presque tous auraient donc pu rentrer; ceux qui seraient restés dehors auraient recouvré leur valeur; l'état aurait pu en émettre encore, et faire un nouvel usage de cette ressource. Il est vrai qu'en n'exigeant que trois fois l'estimation de 1790, il était obligé de donner bien plus de terre pour retirer la masse circulante du papier; mais il devait lui en rester encore pour suffire à de nouveaux besoins extraordinaires. D'ailleurs, l'impôt, réduit maintenant à rien parce qu'il était payé en assignats avilis, recouvrait sa valeur si l'assignat était ou absorbé ou relevé. Les biens, livrés sur-le-champ à l'industrie individuelle, allaient commencer à produire pour les particuliers et pour le trésor; enfin, la plus épouvantable catastrophe était finie, car le juste rapport des valeurs se trouvait rétabli.

Le projet de Bourdon (de l'Oise) fut adopté, et on se prépara sur-le-champ à le mettre à exécution; mais l'orage formé depuis longtemps, et dont le 12 germinal n'avait été qu'un avant-coureur, était devenu plus menaçant que jamais; il était arrêté sur l'horizon, et allait éclater. Les deux partis aux prises agissaient chacun à leur manière. Les contre-révolutionnaires, dominant dans certaines sections, faisaient rédiger des pétitions contre les mesures dont Chénier avait été le rapporteur, et particulièrement contre la disposition qui punissait du bannissement l'abus que les royalistes faisaient de la presse. De leur côté les patriotes, réduits aux abois, méditaient un projet désespéré. Le supplice de Fouquier-Tinville, condamné avec plusieurs jurés du tribunal révolutionnaire, pour la manière dont il avait exercé ses fonctions, avait poussé leur irritation au comble. Quoique découverts dans leur projet du 29 germinal, et déjoués récemment dans une seconde tentative qu'ils firent pour mettre toutes les sections en permanence, sous le prétexte de la disette, ils n'en conspiraient pas moins dans différents quartiers populeux. Ils avaient fini par former un comité central d'insurrection, qui résidait entre les quartiers Saint-Denis et Montmartre, dans la rue Mauconseil. Il était composé d'anciens membres des comités révolutionnaires, et de divers individus de la même espèce, presque tous inconnus hors de leur quartier. Le plan d'insurrection était suffisamment indiqué par tous les événements du même genre : mettre les femmes en avant, les faire suivre par un rassemblement immense, entourer la convention d'une telle multitude qu'elle ne pût être secourue, l'obliger de rejeter les soixante-treize, de rappeler Billaud, Collot et Barrère, d'élargir les députés détenus à Ham, et tous les patriotes renfermés, de mettre la constitution de 93 en vigueur, et de donner une nouvelle commune à Paris, de recourir de nouveau à tous les moyens révolutionnaires, au *maximum*, aux réquisitions, etc..., tel était le plan des patriotes. Ils le rédigèrent en un manifeste composé de onze articles, et publié *au nom du peuple souverain rentré dans ses droits*. Ils le firent imprimer le 30 floréal au soir (19 mai), et répandre dans Paris. Il était enjoint aux habitants de la capitale de se rendre en masse à la convention, en portant sur leurs chapeaux ces mots : *Du pain et la constitution de 93.* Toute la nuit du 30 floréal au 1ᵉʳ prairial (20 mai) se passa en agitations, en cris, en menaces. Les femmes couraient les rues en disant qu'il fallait marcher le lendemain sur la convention, qu'elle n'avait tué Robespierre que pour se mettre à sa place, qu'elle affamait le peuple, protégeait les marchands qui suçaient le sang du pauvre, et envoyait à la mort tous les patriotes. Elles s'encourageaient à marcher les premières, parce que, disaient-elles, la force armée n'oserait pas tirer sur des femmes.

Dès le lendemain*, en effet, à la pointe du jour, le tumulte était général dans les faubourgs Saint-Antoine et Saint-Marceau, dans le quartier du Temple, dans les rues Saint-Denis, Saint-Martin, et surtout dans la Cité. Les patriotes faisaient retentir toutes les cloches dont ils pouvaient disposer, ils battaient la générale, et tiraient le canon. Dans le même instant le tocsin sonnait au pavillon de l'Unité, par ordre du comité de sûreté générale, et les sections se réunissaient ; mais celles qui se trouvaient dans le complot s'étaient formées de grand matin, et

---

* 1ᵉʳ prairial an III (mercredi 20 mai).

marchaient déjà en armes, bien avant que les autres eussent été averties. Le rassemblement, grossissant toujours, s'avançait peu à peu vers les Tuileries. Une foule de femmes, mêlées à des hommes ivres, et criant : *Du pain et la constitution de* 93! des troupes de bandits armés de piques, de sabres et d'armes de toute espèce, des flots de la plus vile populace, enfin quelques bataillons des sections régulièrement armés, formaient ce rassemblement, et marchaient sans ordre vers le but indiqué à tous, la convention. Vers les dix heures, ils étaient arrivés aux Tuileries, ils assiégeaient la salle de l'assemblée, et en fermaient toutes les issues.

Les députés, accourus en toute hâte, étaient à leur poste. Les membres de la Montagne, qui étaient sans communication avec cet obscur comité d'insurrection, n'avaient pas été avertis, et, comme leurs collègues, ne connaissaient le mouvement que par les cris de la populace et les retentissements du tocsin. Ils étaient même en défiance, craignant que le comité de sûreté générale n'eût tendu un piège aux patriotes, et ne les eût soulevés pour avoir occasion de sévir contre eux. L'assemblée à peine réunie, le député Isabeau vint lui lire le manifeste de l'insurrection. Les tribunes, occupées de grand matin par les patriotes, retentirent aussitôt de bruyants applaudissements. En voyant la convention ainsi entourée, un membre s'écria qu'elle saurait mourir à son poste. Aussitôt tous les députés se levèrent en répétant : *Oui! oui!* — Une tribune, mieux composée que les autres, applaudit cette déclaration. Dans ce moment, on entendait croître le bruit, on entendait gronder les flots de la populace; les députés se succédaient à la tribune, et présentaient différentes réflexions. Tout-à-coup on voit fondre un essaim de femmes dans les tribunes; elles s'y précipitent en foulant aux pieds ceux qui les occupent, et en criant : *Du pain! du pain!* Le président Vernier se couvre, et leur commande le silence; mais elles continuent à crier : *Du pain! du pain!* Les unes montrent le poing à l'assemblée, les autres rient de sa détresse. Une foule de membres se lèvent pour prendre la parole : ils ne peuvent se faire entendre. Ils demandent que le président fasse respecter la convention; le président ne peut y réussir. André Dumont, qui avait présidé avec fermeté le 12 germinal, succède à Vernier, et occupe le fauteuil. Le tumulte continue, les cris *du pain! du pain!* sont répétés par les femmes qui ont fait irruption dans les tribunes. André Dumont déclare qu'il va les faire sortir : on le couvre de huées d'un côté, d'applaudissements de l'autre. Dans ce moment, on entend des coups violents donnés dans la porte qui est à la gauche du bureau, et le bruit d'une multitude qui fait effort pour l'enfoncer. Les ais de la porte crient, et des plâtras tombent. Le président, dans cette situation périlleuse, s'adresse à un général qui s'était présenté à la barre avec une troupe de jeunes gens, pour faire, au nom de la section de Bon-Conseil, une pétition fort sage : « Général, lui dit-il, je vous somme de veiller « sur la représentation nationale, et je vous « nomme commandant provisoire de la force « armée. » L'assemblée confirme cette nomination par ses applaudissements. Le général déclare qu'il mourra à son poste, et sort pour se rendre au lieu du combat. Dans ce moment, le bruit qui se faisait à l'une des portes cesse; un peu de calme se rétablit. André Dumont, s'adressant aux tribunes, enjoint à tous les bons citoyens qui les occupent d'en sortir, et déclare qu'on va employer la force pour les faire évacuer. Beaucoup de citoyens sortent, mais les femmes restent, en poussant les mêmes cris. Quelques instants après, le général, chargé par le président de veiller sur la convention, rentre avec une escorte de fusiliers et plusieurs jeunes gens qui s'étaient munis de fouets de poste. Ils escaladent les tribunes, et en font sortir les femmes en les chassant à coups de fouet. Elles fuient en poussant des cris épouvantables, et aux grands applaudissements d'une partie des assistants.

A peine les tribunes sont-elles évacuées, que le bruit à la porte de gauche redouble. La foule est revenue à la charge; elle attaque de nouveau la porte, qui cède à la violence, éclate et se brise. Les membres de la convention se retirent sur les bancs supérieurs; la gendarmerie forme une haie autour d'eux pour les protéger. Aussitôt des citoyens armés des sections accourent dans la salle par la porte de droite, pour chasser la populace. Ils la refoulent d'abord, et s'emparent de quelques femmes; mais ils sont bientôt ramenés à leur tour par la populace victorieuse. Heureusement la section de Grenelle, accourue la première au secours de la convention, arrive dans ce moment, et vient fournir un utile renfort. Le député Auguis est à sa tête, le sabre à la main. En avant! s'écrie-t-il... On se serre, on avance, on croise les baïonnettes, et on repousse sans blessure la multitude des assaillants qui cède à la vue du fer. On saisit par le collet l'un des révoltés, on le traîne au pied du bureau, on le fouille, et on lui trouve les poches pleines de pain. Il était deux heures. Un peu de calme se rétablit dans l'assemblée; on déclare que la section de Grenelle a bien mérité de la patrie. Tous les ambassadeurs des puissances s'étaient rendus à la tribune qui leur était réservée, et assistaient à cette scène, comme pour partager en quelque sorte les dangers de la convention. On décrète qu'il sera fait mention au bulletin de leur courageux dévouement.

Cependant la foule augmentait autour de la salle. A peine deux ou trois sections avaient-elles eu le temps d'accourir, et de se jeter dans le Palais-National; mais elles ne pouvaient résister à la masse toujours croissante des assaillants. D'autres venaient d'arriver; mais elles ne pouvaient pénétrer dans l'intérieur; elles étaient sans communication avec les comités; elles n'avaient pas d'ordre, et ne savaient quel usage faire de leurs armes. En cet instant la foule fait un nouvel effort sur le salon de la Liberté, et pénètre jusqu'à la porte brisée. Les cris *aux armes!* se renouvellent; la force armée qui se trouvait dans l'intérieur de la salle accourt vers la porte menacée. Le président se couvre, l'assemblée demeure calme. Alors des deux côtés on se joint; le combat s'engage devant la porte même; les défenseurs de la convention croisent la baïonnette; de leur côté

les assaillants font feu, et les balles viennent frapper les murs de la salle. Les députés se lèvent en criant : *Vive la république!* De nouveaux détachements accourent, traversent de droite à gauche, et viennent soutenir l'attaque. Les coups de feu redoublent : on charge, on se mêle, on sabre. Mais une foule immense, placée derrière les assaillants, les pousse, les porte malgré eux sur les baïonnettes, renverse tous les obstacles qu'on lui oppose, et fait irruption dans l'assemblée. Un jeune député, plein de courage et de dévouement, Féraud, récemment arrivé de l'armée du Rhin, et courant depuis quinze jours autour de Paris pour hâter l'arrivage des subsistances, vole au-devant de la foule, et la conjure de ne pas pénétrer plus avant. « Tuez-moi, s'écrie-t-il en dé-
« couvrant sa poitrine; vous n'entrerez qu'a-
« près avoir passé sur mon corps. » En effet, il se couche à terre pour essayer de les arrêter; mais ces furieux, sans l'écouter, passent sur son corps et courent vers le bureau. Il était trois heures. Des femmes ivres, des hommes armés de sabres, de piques, de fusils, portant sur leurs chapeaux ces mots : *Du pain, la constitution de* 93, remplissent la salle; les uns vont occuper les banquettes inférieures, abandonnées par les députés, les autres remplissent le

parquet, quelques-uns se placent devant le bureau, ou montent par les petits escaliers qui conduisent au fauteuil du président. Un jeune officier des sections, nommé Mally, placé sur les degrés du bureau, arrache à l'un de ces hommes l'écriteau qu'il portait sur son chapeau. On tire aussitôt sur lui, et il tombe blessé de plusieurs coups de feu. Dans ce moment, toutes les baïonnettes, toutes les piques se dirigent sur le président; on enferme sa tête dans une haie de fer. C'est Boissy-d'Anglas, qui a succédé à André Dumont; il demeure immobile et calme. Féraud, qui s'était relevé, accourt au pied de la tribune, s'arrache les cheveux, se frappe la poitrine de douleur, et, en voyant le danger du président, s'élance pour aller le couvrir de son corps. L'un des hommes à piques veut le retenir par l'habit; un officier, pour dégager Féraud, assène un coup de poing à l'homme qui le retenait; ce dernier répond au coup de poing par un coup de pistolet qui atteint Féraud à l'épaule. L'infortuné jeune homme tombe, on l'entraîne, on le foule aux pieds, on l'emporte hors de la salle, et on livre son cadavre à la populace.

Boissy-d'Anglas demeure calme et impassible au milieu de cette épouvantable scène; les baïonnettes et les piques environnent encore sa tête.

Alors commence une scène de confusion impossible à décrire. Chacun veut parler, et crie en vain pour se faire entendre. Les tambours battent pour rétablir le silence ; mais la foule, s'amusant de ce chaos, vocifère, frappe des pieds, trépigne de plaisir en voyant l'état auquel est réduite cette assemblée souveraine. Ce n'est point ainsi que s'était fait le 31 mai, lorsque le parti révolutionnaire, ayant à sa tête la commune, l'état-major des sections, et un grand nombre de députés pour recevoir et donner le mot d'ordre, entoura la convention d'une foule muette et armée, et, l'enfermant sans l'envahir, lui fit rendre, avec une dignité apparente, les décrets qu'il désirait obtenir. Ici, pas moyen de se faire entendre, ni d'arracher au moins la sanction apparente des vœux des patriotes. Un canonnier, entouré de fusiliers, monte à la tribune pour lire le plan d'insurrection. La lecture est à chaque instant interrompue par des cris, des injures, et par le roulement du tambour. Un homme veut prendre la parole, et s'adresser à la multitude. « Mes amis, dit-« il, nous sommes tous ici pour la même cause. « Le danger presse, il faut des décrets : laissez « vos représentants les rendre. » A bas ! à bas ! lui crie-t-on pour toute réponse. Le député Rhul, vieillard d'un aspect vénérable, et montagnard zélé, veut dire quelques mots de sa place, pour essayer d'obtenir du silence; mais on l'interrompt par de nouvelles vociférations. Romme, homme austère, étranger à l'insurrection, comme toute la Montagne, mais désirant que les mesures demandées par le peuple fussent adoptées, et voyant avec peine que cette épouvantable confusion allait être sans résultat comme celle du 12 germinal, Romme demande la parole. Duroi la demande aussi pour le même motif; ni l'un ni l'autre ne peuvent l'obtenir. Le tumulte recommence, et dure encore plus d'une heure. Pendant cette scène on apporte une tête au bout d'une baïonnette : on la regarde avec effroi, on ne peut la reconnaître. Les uns disent que c'est celle de Fréron, d'autres disent que c'est celle de Féraud. C'était celle de Féraud, en effet, que des brigands avaient coupée, et qu'ils avaient placée au bout d'une baïonnette. Ils la promènent dans la salle, au milieu des hurlements de la multitude. La fureur contre le président Boissy-d'Anglas recommence; il est de nouveau en péril; on entoure sa tête de baïonnettes, on le couche en joue de tous côtés; mille morts le menacent.

Il était déjà sept heures du soir; on tremblait dans l'assemblée, on craignait que cette foule, où se trouvaient des scélérats, ne se portât aux dernières extrémités, et n'égorgeât les représentants du peuple, au milieu de l'obscurité de la nuit. Plusieurs membres du centre engageaient certains montagnards à parler pour exhorter la multitude à se dissiper. Vernier essaie de dire aux révoltés qu'il est tard, qu'ils doivent songer à se retirer, qu'ils vont exposer le peuple à manquer de pain, en troublant les arrivages. — « C'est de la tactique, répond « la foule; il y a trois mois que vous nous di-« tes cela. » Alors plusieurs voix s'élèvent successivement du sein de la multitude : celle-ci demande la liberté des patriotes et des députés arrêtés; celle-là, la constitution de 93; une troisième, l'arrestation de tous les émigrés; une foule d'autres, la permanence des sections, le rétablissement de la commune, un commandant de la force armée parisienne, des visites domiciliaires pour rechercher les subsistances cachées, les assignats au pair, etc. L'un de ces hommes, qui parvient à se faire entendre quelques instants, veut qu'on nomme sur-le-champ le commandant de la force armée parisienne, et qu'on choisisse Soubrany. Enfin, un dernier, ne sachant que demander, s'écrie : *L'arrestation des coquins et des lâches!* et, pendant une demi-heure, il répète par intervalles : *L'arrestation des coquins et des lâches!*

L'un des meneurs, sentant enfin la nécessité de décider quelque chose, propose de faire descendre les députés des hautes banquettes, où ils sont placés, pour les réunir au milieu de la salle, et les faire délibérer. Aussitôt on adopte la proposition, on les pousse hors de leurs siéges, on les fait descendre, on les parque, comme un troupeau, dans l'espace qui sépare la tribune des banquettes inférieures. Des hommes les entourent, et les enferment en faisant la chaîne avec leurs piques. Vernier remplace au fauteuil Boissy-d'Anglas, accablé de fatigues après six heures d'une présidence aussi périlleuse. Il est neuf heures. Une espèce de délibération s'organise; on convient que le peuple restera couvert, et que les députés seuls lèveront leurs chapeaux en signe d'approbation ou d'improbation. Les montagnards commencent à espérer qu'on pourra rendre les décrets, et se disposent à prendre la parole. Romme, qui l'avait déjà prise une fois, demande qu'on ordonne par un décret l'élargissement des patriotes. Duroi dit que, depuis le 9 thermidor, les ennemis de la patrie ont exercé une réaction funeste, que les députés arrêtés au 12 germinal l'ont été illégalement, et qu'il faut prononcer leur rappel. On oblige le président à mettre ces différentes propositions aux voix;

on lève les chapeaux, on crie : *Adopté, adopté*, au milieu d'un bruit épouvantable, sans qu'on puisse distinguer si les députés ont réellement donné leur vote. Goujon succède à Romme et Duroi, et dit qu'il faut assurer l'exécution des décrets; que les comités ne paraissent point, qu'il importe de savoir ce qu'ils font, qu'il faut les appeler pour leur demander compte de leurs opérations, et les remplacer par une commission extraordinaire. C'était là en effet qu'était le péril de la journée. Si les comités étaient restés libres d'agir, ils pouvaient venir délivrer la convention de ses oppresseurs. Albitte aîné trouve que l'on ne met pas assez d'ordre dans la délibération, que le bureau n'est pas formé, qu'il en faut former un. On le compose aussitôt. Bourbotte demande l'arrestation des journalistes. Une voix inconnue s'élève, et dit que, pour prouver que les patriotes ne sont pas des cannibales, il faut abolir la peine de mort. — « Oui, oui, s'écrie-t-on, excepté pour « les émigrés et les fabricateurs de faux assi- « gnats. » On adopte cette proposition dans la même forme que les précédentes. Duquesnoy revient à la proposition de Goujon, redemande la suspension des comités et la nomination d'une commission extraordinaire de quatre membres. On désigne sur-le-champ Bourbotte,

Prieur (de la Marne), Duroi et Duquesnoy lui-même. Ces quatre députés acceptent les fonctions qui leur sont confiées. Quelque périlleuses qu'elles soient, ils sauront, disent-ils, les remplir, et mourir à leur poste. Ils sortent pour se rendre auprès des comités, et s'emparer de tous les pouvoirs. C'était là le difficile, et toute la journée dépendait du résultat de cette opération.

Il était neuf heures; ni le comité insurrecteur, ni les comités du gouvernement ne paraissaient avoir agi pendant cette longue et terrible journée. Tout ce qu'avait su faire le comité insurrecteur, c'était de lancer le peuple sur la convention; mais, comme nous l'avons dit, des chefs obscurs, tels qu'il en reste aux derniers jours d'un parti, n'ayant à leur disposition ni la commune, ni l'état-major des sections, ni un commandant de la force armée, ni des députés, n'avaient pu diriger l'insurrection avec la mesure et la vigueur qui pouvaient la faire réussir. Ils avaient lancé des furieux, qui avaient commis des excès affreux, mais qui n'avaient rien fait de ce qu'il fallait faire. Aucun détachement ne fut envoyé pour suspendre et paralyser les comités, pour ouvrir les prisons, et délivrer les hommes énergiques dont le secours eût été si précieux. On s'était emparé seulement de l'arsenal, que la gendarmerie des tribunaux, toute composée de la milice de Fouquier-Tinville, livra aux premiers venus. Pendant ce temps, au contraire, les comités du gouvernement, entourés et défendus par la jeunesse dorée, avaient employé tous leurs efforts à réunir les sections. Ce n'était pas facile avec le tumulte qui régnait, avec l'effroi qui s'était emparé de beaucoup d'entre elles, et la mauvaise volonté que manifestaient même quelques-unes. D'abord ils en avaient réuni deux ou trois, dont l'effort, comme on l'a vu, avait été repoussé par les assaillants. Ils étaient parvenus ensuite à en convoquer un plus grand nombre, grace au zèle de la section Lepelletier, autrefois des Filles-Saint-Thomas, et ils se disposaient vers la nuit à saisir le moment où le peuple, fatigué, commencerait à devenir moins nombreux, pour fondre sur les révoltés, et délivrer la convention. Prévoyant bien que, pendant cette longue oppression, on lui aurait arraché les décrets qu'elle ne voulait pas rendre, ils avaient pris un arrêté par lequel ils ne reconnaissaient pas pour authentiques les décrets rendus pendant cette journée. Ces dispositions faites, Legendre, Auguis, Chénier, Delecloi, Bergoeng et Kervélégan s'étaient rendus, à la tête de forts détachements, auprès de la convention. Arrivés là, ils étaient convenus de laisser les portes ouvertes, afin que le peuple, pressé d'un côté, pût sortir de l'autre. Legendre et Delecloi s'étaient chargés ensuite de pénétrer dans la salle, de monter à la tribune au milieu de tous les dangers, et de sommer les révoltés de se retirer. « S'ils ne « cèdent pas, dirent-ils à leurs collègues, char-« gez, et ne craignez rien pour nous. Dussions-« nous périr dans la mêlée, avancez toujours. »

Legendre et Delecloi pénétrèrent en effet dans la salle, à l'instant où les quatre députés nommés pour former la commission extraordinaire allaient sortir. Legendre monte à la tribune, à travers les insultes et les coups, et prend la parole au milieu des huées : « J'invite « l'assemblée, dit-il, à rester ferme, et les ci-« toyens qui sont ici à sortir. » — A bas! à bas! s'écrie-t-on. Legendre et Delecloi sont obligés de se retirer. Duquesnoy s'adresse alors à ses collègues de la commission extraordinaire, et les engage à le suivre, afin de suspendre les comités qui, comme on le voit, dit-il, sont contraires aux opérations de l'assemblée. Soubrany les invite aussi à se hâter. Ils sortent alors tous les quatre, mais ils rencontrent le détachement à la tête duquel marchent les représentants Legendre, Kervélégan et Auguis, et le commandant de la garde nationale, Raffet. Prieur (de la Marne) demande à Raffet s'il a reçu du président l'ordre d'entrer. « Je ne te dois aucun compte, » lui répond Raffet, et il avance. On somme alors la multitude de se retirer; le président l'y invite au nom de la loi : elle répond par des huées. Aussitôt on baisse les baïonnettes, et on entre; la foule désarmée cède, mais des hommes armés qui s'y trouvaient mêlés résistent un moment; ils sont repoussés, et fuient en criant : —A nous, sans-culottes! Une partie des patriotes revient à ce cri, et charge avec violence le détachement qui avait pénétré. Ils ont un instant l'avantage; le député Kervélégan est blessé à la main; les montagnards Bourbotte, Peyssard, Gaston, crient victoire. Mais le pas de charge retentit dans la salle extérieure; un renfort considérable arrive, fond de nouveau sur les insurgés, les repousse, les sabre, les poursuit à coups de baïonnettes. Ils fuient, se pressent aux portes, ou escaladent les tribunes et se sauvent par les fenêtres. La salle est enfin évacuée : il était minuit.

La convention, délivrée des assaillants qui ont porté la violence et la mort dans son sein, met quelques instants à se remettre. Le calme se rétablit enfin. « Il est donc vrai, s'écrie un

« membre, que cette assemblée, berceau de
« la république, a manqué encore une fois
« d'en devenir le tombeau! Heureusement le
« crime des conspirateurs est encore avorté.
« Mais, représentants, vous ne seriez pas di-
« gnes de la nation, si vous ne la vengiez
« d'une manière éclatante. » On applaudit de
toutes parts, et, comme au 12 germinal, la
nuit est employée à punir les attentats du
jour; mais des faits autrement graves appel-
lent des mesures bien autrement sévères. Le
premier soin est de rapporter les décrets proposés et rendus par les révoltés. « Rapporter
« n'est pas le mot, dit-on à Legendre qui avait
« fait cette proposition. La convention n'a pas
« voté, n'a pas pu voter, tandis qu'on égor-
« geait l'un de ses membres. Tout ce qui a
« été fait n'est pas à elle, mais aux brigands
« qui l'opprimaient, et à quelques représen-
« tants coupables qui s'étaient rendus leurs
« complices. » On déclare donc tout ce qui
s'est fait comme non avenu. Les secrétaires
brûlent les minutes des décrets portés par les
séditieux. On cherche ensuite des yeux les
députés qui ont pris la parole pendant cette
séance terrible; on les montre au doigt, on
les interpelle avec véhémence. « Il n'y a plus,
« s'écrie Thibaudeau, il n'y a plus d'espoir de

« conciliation entre nous et une minorité fac-
« tieuse. Puisque le glaive est tiré, il faut la
« combattre, et profiter des circonstances pour
« ramener à jamais la paix et la sécurité dans
« le sein de cette assemblée. Je demande que
« vous décrétiez sur-le-champ l'arrestation de ces
« députés qui, trahissant tous leurs devoirs,
« ont voulu réaliser les vœux de la révolte, et
« les ont rédigés en lois. Je demande que les
« comités proposent sur-le-champ les mesures
« les plus sévères contre ces mandataires infi-
« dèles à leur patrie et à leurs serments. » Alors
on les désigne : c'est Silul, Romme et Duroi, qui
ont demandé du silence pour faire ouvrir la
délibération ; c'est Albitte, qui a fait nommer
un bureau ; c'est Goujon et Duquesnoy, qui
ont demandé la suspension des comités, et la
formation d'une commission extraordinaire de
quatre membres ; c'est Bourbotte et Prieur (de
la Marne), qui ont accepté, avec Duroi et Duquesnoy, d'être les membres de cette commission ; c'est Soubrany, que les rebelles ont
nommé commandant de l'armée parisienne ;
c'est Peyssard, qui a crié victoire pendant
l'action. Duroi, Goujon veulent parler : on
les en empêche, on les traite d'assassins, on
les décrète sur-le-champ, et on demande qu'ils
ne puissent pas s'enfuir, comme la plupart

de ceux qui ont été décrétés le 12 germinal. Le président les fait entourer par la gendarmerie, et conduire à la barre. On cherche Romme, qui tarde à se montrer; Bourdon le signale du doigt; il est traîné à la barre avec ses collègues. Les vengeances ne s'arrêtent pas là; on veut atteindre encore tous les montagnards qui se sont signalés par des missions extraordinaires dans les départements. « Je demande, « s'écrie une voix, l'arrestation de Lecarpentier, « bourreau de la Manche..... De Pinet aîné, « s'écrie une autre voix, bourreau des habi- « tants de la Biscaye.... De Borie, s'écrie une « troisième, dévastateur du Midi, et de Fayau, « l'un des exterminateurs de la Vendée. » Ces propositions sont décrétées aux cris de *vive la convention! vive la république!* « Il ne « faut plus de demi-mesures, dit Tallien. Le « but du mouvement d'aujourd'hui était de « rétablir les jacobins et surtout la com- « mune; il faut détruire ce qui en reste; il « faut arrêter et Pache et Bouchotte. Ce « n'est là que le prélude des mesures que « le comité vous proposera. Vengeance, ci- « toyens, vengeance contre les assassins de « leurs collègues et de la représentation na- « tionale! Profitons de la maladresse de ces « hommes qui se croient les égaux de ceux

« qui ont abattu le trône, et cherchent à riva-
« liser avec eux; de ces hommes qui veulent
« faire des révolutions, et ne savent faire que
« des révoltes. Profitons de leur maladresse,
« hâtons-nous de les frapper et de mettre
« ainsi un terme à la révolution. » On applaudit, on adopte la proposition de Tallien. Dans
cet entraînement de la vengeance, des voix dé-
noncent Robert Lindet, que ses vertus et ses
services ont jusqu'ici protégé contre les fureurs
de la réaction. Lehardi demande l'arrestation
de *ce monstre*; mais tant de voix contraires
se font entendre pour vanter la douceur de
Lindet, pour rappeler qu'il a sauvé des communes et des départements entiers, que l'ordre du jour est adopté. Après ces mesures, on
ordonne de nouveau le désarmement des terroristes; on décrète que le quintidi prochain
(dimanche 24 mai), les sections s'assemble-
ront, et procéderont sur-le-champ *au désarmement des assassins, des buveurs de sang,
des voleurs et des agents de la tyrannie qui
précéda le 9 thermidor*; on les autorise même
à faire arrêter ceux qu'elles croiront devoir
traduire devant les tribunaux. On décide en
même temps que, jusqu'à nouvel ordre, les
femmes ne seront plus admises dans les tribunes. Il était trois heures du matin. Les co-

mités faisant annoncer que tout est tranquille dans Paris, on suspend la séance jusqu'à dix heures.

Telle avait été cette révolte du 1er prairial. Aucune journée de la révolution n'avait présenté un spectacle si terrible. Si, au 31 mai et au 9 thermidor, des canons furent braqués sur la convention, cependant le lieu de ses séances n'avait pas encore été envahi, ensanglanté par un combat, traversé par les balles, et souillé par l'assassinat d'un représentant du peuple. Les révolutionnaires, cette fois, avaient agi avec la maladresse et la violence d'un parti battu depuis long-temps, sans complices dans le gouvernement dont il est exclu, privé de ses chefs, et dirigé par des hommes obscurs, compromis et désespérés. Sans savoir se servir de la Montagne, sans l'avertir même du mouvement, ils avaient compromis et exposé à l'échafaud des députés intègres, étrangers aux excès de la terreur, attachés aux patriotes par effroi de la réaction, et n'ayant pris la parole que pour empêcher de plus grands malheurs, et pour hâter l'accomplissement de quelques vœux qu'ils partageaient.

Cependant les révoltés voyant le sort qui les attendait tous, et habitués d'ailleurs aux luttes révolutionnaires, n'étaient pas gens à se disperser tout d'un coup. Ils se réunirent le lendemain à la commune, s'y proclamèrent en insurrection permanente, et tâchèrent de rassembler autour d'eux les sections qui leur étaient dévouées. Cependant, pensant que la commune n'était pas un bon poste, quoiqu'elle fût placée entre le quartier du Temple et la Cité, ils préférèrent établir le centre de l'insurrection dans le faubourg Saint-Antoine. Ils s'y transportèrent dans le milieu du jour, et se préparèrent à renouveler la tentative de la veille. Cette fois, ils tâchèrent d'agir avec plus d'ordre et de mesure. Ils firent partir trois bataillons parfaitement armés et organisés : c'étaient ceux des sections des Quinze-Vingts, de Montreuil et de Popincourt, tous trois composés d'ouvriers robustes, et dirigés par des chefs intrépides. Ces bataillons s'avancèrent seuls, sans le concours de peuple qui les accompagnait la veille, rencontrèrent des sections fidèles à la convention, mais qui n'étaient pas en force pour les arrêter, et vinrent, dans l'après-midi, se ranger avec leurs canons devant le Palais-National. Aussitôt les sections Lepelletier, la Butte-des-Moulins et autres se placèrent en face pour protéger la convention. Cependant si le combat venait à s'engager, il était douteux, d'après l'état des choses, que la victoire restât aux défenseurs de la représentation nationale. Par surcroît de malheur, les canonniers, qui dans toutes les sections étaient des ouvriers et de chauds révolutionnaires, abandonnèrent les sections rangées devant le palais, et allèrent se joindre avec leurs pièces aux canonniers de Popincourt, de Montreuil et des Quinze-Vingts. Le cri *aux armes!* se fit entendre, on chargea les fusils de part et d'autre, et tout sembla se préparer pour un combat sanglant. Le roulement sourd des canons retentit jusque dans l'assemblée. Beaucoup de membres se levèrent pour parler. « Représentants, s'écrie Legendre, soyez cal« mes, et demeurez à votre poste. La nature « nous a tous condamnés à mort : un peu « plus tôt, un peu plus tard, peu importe. De « bons citoyens sont prêts à vous défendre. « En attendant, la plus belle motion est de « garder le silence. » L'assemblée se replaça tout entière sur ses siéges, et montra ce calme imposant qu'elle avait déployé au 9 thermidor, et tant d'autres fois, dans le cours de son orageuse session. Pendant ce temps, les deux troupes opposées étaient en présence, dans l'attitude la plus menaçante. Avant d'en venir aux mains, quelques individus s'écrièrent qu'il était affreux à de bons citoyens de s'égorger les uns les autres, qu'il fallait au moins s'expliquer et essayer de s'entendre. On sortit des rangs, on exposa ses griefs. Des membres des comités, qui étaient présents, s'introduisirent dans les bataillons des sections ennemies, leur parlèrent; et voyant qu'on pouvait obtenir beaucoup par les moyens de conciliation, ils firent demander à l'assemblée douze de ses membres, pour venir fraterniser. L'assemblée, qui voyait une espèce de faiblesse dans cette démarche, était peu disposée à y consentir; cependant on lui dit que ses comités la croyaient utile pour empêcher l'effusion du sang. Les douze membres furent envoyés, et se présentèrent aux trois sections. Bientôt on rompit les rangs de part et d'autre; on se mêla. L'homme peu cultivé et d'une classe inférieure est toujours sensible aux démonstrations amicales de l'homme que son costume, son langage, ses manières, placent au-dessus de lui. Les soldats les trois bataillons ennemis furent touchés, et déclarèrent qu'ils ne voulaient ni verser le sang de leurs concitoyens, ni manquer aux égards dus à la convention nationale. Cependant les meneurs insistèrent pour faire entendre leur pétition. Le général Dubois, commandant la cavalerie des sections, et les douze représentants envoyés pour fraterniser, consentirent à introduire à la barre une députation des trois bataillons.

Ils la présentèrent en effet, et demandèrent la parole pour les pétitionnaires. Quelques députés voulaient la leur refuser; on la leur accorda cependant. « Nous sommes chargés de « vous demander, dit l'orateur de la troupe, la « constitution de 93 et la liberté des patrio- « tes. » A ces mots, les tribunes se mirent à huer, et à crier : A bas les jacobins! Le président imposa silence aux interrupteurs. L'orateur continua, et dit que les citoyens réunis devant la convention étaient prêts à se retirer dans le sein de leurs familles, mais qu'ils mourraient plutôt que d'abandonner leur poste, si les réclamations du peuple n'étaient pas écoutées. Le président répondit avec fermeté aux pétitionnaires, que la convention venait de rendre un décret sur les subsistances, et qu'il allait le leur lire. Il le lut en effet; il ajouta ensuite qu'elle examinerait leurs propositions, et jugerait dans sa sagesse ce qu'elle devait décider. Il les invita ensuite aux honneurs de la séance.

Pendant ce temps, les trois sections ennemies étaient toujours confondues avec les autres. On leur dit que leurs pétitionnaires venaient d'être reçus, que leurs propositions seraient examinées, qu'il fallait attendre la décision de la convention. Il était onze heures ; les trois bataillons se voyaient entourés de l'immense majorité des habitants de la capitale ; l'heure d'ailleurs était fort avancée, surtout pour des ouvriers, et ils prirent le parti de se retirer dans leurs faubourgs.

Cette seconde tentative n'avait donc pas mieux réussi aux patriotes ; ils n'en restèrent pas moins rassemblés dans les faubourgs, conservant leur attitude hostile, et ne se désistant point encore des demandes qu'ils avaient faites. La convention, dès le 3 au matin, rendit plusieurs décrets que réclamait la circonstance. Pour mettre plus d'unité et d'énergie dans l'emploi de ces moyens, elle donna la direction de la force armée à trois représentants, Gillet, Aubry et Delmas, et les autorisa à employer la voie des armes pour assurer la tranquillité publique ; elle punit de six mois de prison quiconque battrait le tambour sans ordre, et de mort quiconque battrait la générale sans y être autorisé par les représentants du peuple. Elle ordonna la formation d'une commission militaire, pour juger et faire exécuter sur-le-champ tous les prisonniers faits aux rebelles pendant la journée du 1er prairial. Elle convertit en décret d'accusation le décret d'arrestation rendu contre Duquesnoy, Duroi, Bourbotte, Prieur (de la Marne), Romme, Soubrany, Goujon, Albitte aîné, Peyssard, Lecarpentier (de la Manche), Pinet aîné, Borie et Fayau. Elle rendit la même décision à l'égard des députés arrêtés les 12 et 16 germinal, et enjoignit à ses comités de lui présenter un rapport sur le tribunal qui devrait juger les uns et les autres.

Les trois représentants se hâtèrent de réunir à Paris les troupes qui étaient répandues dans les environs pour protéger l'arrivage des grains; ils firent rester sous les armes les sections dévouées à la convention, et s'entourèrent des nombreux jeunes gens qui n'avaient pas quitté les comités pendant toute l'insurrection. La commission militaire entra en exercice le jour même; le premier individu qu'elle jugea fut l'assassin de Féraud, qui avait été arrêté la veille; elle le condamna à mort, et ordonna son exécution pour l'après-midi même du 3. On conduisit en effet le condamné à l'échafaud; mais les patriotes étaient avertis; quelques-uns des plus déterminés s'étaient réunis autour du lieu du supplice; ils fondirent sur l'échafaud, dispersèrent la gendarmerie, délivrèrent le patient, et le conduisirent dans le faubourg. Dès la nuit même, ils appelèrent à eux tous les patriotes qui étaient dans Paris, et se préparèrent à se retrancher dans le faubourg Saint-Antoine. Ils se mirent sous les armes, braquèrent leurs canons sur la place de la Bastille, et attendirent ainsi les conséquences de cette action audacieuse.

Aussitôt que cet événement fut connu de la convention, elle décréta que le faubourg Antoine serait sommé de remettre le condamné, de rendre ses armes et ses canons, et, qu'en cas de refus, il serait aussitôt bombardé. Dans ce moment, en effet, les forces qui étaient réunies permettaient à la convention de prendre un langage plus impérieux. Les trois représentants étaient parvenus à rassembler trois ou quatre mille hommes de troupes de ligne; ils avaient plus de vingt mille hommes des sections armées, à qui la crainte de voir renaître la terreur donnait beaucoup de courage, et enfin la troupe dévouée des jeunes gens. Sur-le-champ ils confièrent au général Menou le commandement de ces forces réunies, et se préparèrent à marcher sur le faubourg. Ce jour même, 4 prairial (23 mai), tandis que les représentants s'avançaient, la jeunesse dorée avait voulu faire une bravade, et s'était portée la première vers la rue Saint-Antoine. Mille ou douze cents individus composaient cette troupe téméraire. Les patriotes les laissèrent s'engager sans leur opposer de résistance, et les enveloppèrent ensuite de toutes parts. Bientôt ces jeunes gens virent sur leurs derrières les redoutables bataillons du faubourg, ils aperçurent aux fenêtres une multitude de femmes irritées, prêtes à faire pleuvoir sur eux une grêle de pierres, et ils crurent qu'ils allaient payer cher leur imprudente bravade. Heureusement pour eux, la force armée s'approchait; d'ailleurs les habitants du faubourg ne voulurent pas les égorger; ils les laissèrent sortir de leur quartier, après en avoir châtié quelques-uns. Dans ce moment, le général Menou s'avança avec vingt mille hommes; il fit occuper toutes les issues du faubourg, et surtout celles qui communiquaient avec les sections patriotes. Il fit braquer les canons et sommer les révoltés. Une députation se présenta, et vint recevoir son ultimatum, qui consistait à exiger la remise des armes et de l'assassin de Féraud. Les manufacturiers et tous les gens paisibles et riches du faubourg, craignant un bombardement, s'empressèrent d'user de leur influence sur la population, et décidèrent les trois sections à rendre leurs armes. En effet, celles de Popincourt, des Quinze-Vingts et de Montreuil remirent leurs canons, et promirent de chercher le coupable, qui avait été enlevé.

Le général Menou revint triomphant avec les canons du faubourg, et dès cet instant la convention n'eut plus rien à craindre du parti patriote. Abattu pour toujours, il ne figure plus désormais que pour essuyer des vengeances.

La commission militaire commença sur-le-champ à juger tous les prisonniers qu'on avait pu saisir; elle condamna à mort des gendarmes qui s'étaient rangés avec les rebelles, des ouvriers, des marchands, membres des comités révolutionnaires, saisis en flagrant délit le 1er prairial. Dans toutes les sections, le désarmement des patriotes et l'arrestation des individus les plus signalés commencèrent; et, comme un jour ne suffisait pas pour cette opération, la permanence fut accordée aux sections pour la continuer.

Mais ce n'était pas seulement à Paris que le désespoir des patriotes faisait explosion. Il éclatait dans le Midi par des événements non moins malheureux. On les a vus réfugiés à Toulon au nombre de sept à huit mille, entourer plusieurs fois les représentants, leur arracher des prisonniers accusés d'émigration, et tâcher d'entraîner dans leur révolte les ouvriers de l'arsenal, la garnison et les équipages des vaisseaux. L'escadre était prête à mettre à la voile, et ils voulaient l'en empêcher. Les équipages des vaisseaux arrivés de Brest, et réunis à la division de Toulon pour l'expédition qu'on méditait, leur étaient tout-à-fait opposés; mais ils pouvaient compter sur les marins appartenant au port de Toulon. Ils choisirent pour agir à peu près les mêmes époques que les patriotes de Paris. Le représentant Charbonnier, qui avait demandé un congé, était accusé de les diriger secrètement. Ils s'insurgèrent le 25 floréal (14 mai), marchèrent sur la commune de Soulies, s'emparèrent de quinze émigrés prisonniers, revinrent triomphants à Toulon, et consentirent cependant à les rendre aux représentants. Mais, les jours suivants, ils se révoltèrent de nouveau, soulevèrent les ouvriers de l'arsenal, s'emparèrent des armes qu'il renfermait, et entourèrent le représentant Brunel, pour lui faire ordonner l'élargissement des patriotes. Le représentant Nion, qui était sur la flotte, accourut; mais la sédition était victorieuse. Les deux représentants furent obligés de signer l'ordre d'élargissement. Brunel, désespéré d'avoir cédé, se brûla la cervelle; Nion se réfugia sur la flotte. Alors les révoltés songèrent à marcher sur Marseille, pour soulever, disaient-ils, tout le Midi. Mais les représentants en mission à Marseille firent placer une compagnie d'artillerie sur la route, et prirent toutes les précautions pour empêcher l'exécution de leurs projets. Le 1ᵉʳ prairial ils étaient maîtres dans Toulon, sans pouvoir, il est vrai, s'étendre plus loin, et tâchaient de gagner les équipages de l'escadre, dont une partie résistait, tandis que l'autre, toute composée de marins provençaux, paraissait décidée à se réunir à eux.

Le rapport de ces événements fut fait à la convention le 8 prairial; il ne pouvait manquer de provoquer un nouveau déchaînement contre les montagnards et les patriotes. On dit que les événements de Toulon et de Paris étaient concertés; on accusa les députés montagnards d'en être les organisateurs secrets, et on se livra contre eux à de nouvelles fureurs. Sur-le-champ on ordonna l'arrestation de Charbonnier, Escudier, Ricord et Salicetti, accusés tous quatre d'agiter le Midi. Les députés mis en accusation le 1ᵉʳ prairial, et dont les juges n'étaient pas encore choisis, furent en butte à un nouveau redoublement de sévérité. Sans aucun égard pour leur qualité de représentants du peuple, on les déféra à la commission militaire chargée de juger les fauteurs et complices de l'insurrection du 1ᵉʳ prairial. Il n'y eut d'excepté que le vieux Rhul, dont plusieurs membres attestèrent la sagesse et les vertus. On envoya au tribunal d'Eure-et-Loir l'ex-maire Pache, son gendre Audouin, l'ancien ministre Bouchotte, ses adjoints Daubigny et Hassenfratz; enfin les trois agents principaux de la police de Robespierre, Héron, Marchand et Clémence. Il semblait que la déportation prononcée contre Billaud, Collot et Barrère, eût acquis force de chose jugée; point du tout. Dans ces jours de rigueur on trouva la peine trop douce : on décida qu'il fallait les juger de nouveau et les envoyer devant le tribunal de la Charente-Inférieure, pour leur faire subir la mort, destinée à tous les chefs de la révolution. Jusqu'ici les membres restants des anciens comités paraissaient pardonnés; les éclatants services de Carnot, de Robert Lindet, et de Prieur (de la Côte-d'Or), avaient semblé les protéger contre leurs ennemis : ils furent dénoncés avec une affreuse violence par le girondin Henri Larivière. Robert Lindet, quoique défendu par une foule de membres qui connaissaient et son mérite et ses services, fut néanmoins frappé d'arrestation. Carnot a *organisé la victoire*, s'écrièrent une foule de voix; les réacteurs furieux n'osèrent pas décréter le vainqueur de la coalition. On ne dit rien sur Prieur (de la Côte-d'Or). Quant aux membres de l'ancien comité de sûreté générale, qui n'étaient pas encore arrêtés, ils le furent tous. David, que son génie avait fait absoudre, fut arrêté avec Jagot, Élie Lacoste, Lavicomterie, Dubarran et Bernard (de Saintes). On ne fit d'exception que pour Louis (du Bas-Rhin), dont l'humanité était trop connue. Enfin le rapport déjà ordonné contre tous ceux qui avaient rempli des missions, et qu'on appelait les proconsuls, fut demandé sur-le-champ. On commença à procéder contre d'Artigoyte, Mallarmé, Javognes, Sergent, Monestier, Lejeune, Allard, Lacoste et Baudot. On se préparait à passer successivement en revue tous ceux qui avaient été chargés de missions quelconques. Ainsi aucun des chefs de ce gouvernement qui avait sauvé la France n'était pardonné : membres des comités, députés en mission, subissaient la loi commune. On épargnait le seul Carnot, que l'estime des armées commandait de ménager ; mais on frappait Lindet, citoyen tout aussi utile et plus généreux, mais que des victoires ne protégeaient pas contre la lâcheté des réacteurs.

Certes, il n'était pas besoin de tels sacrifices pour satisfaire les mânes du jeune Féraud ; il suffisait des honneurs touchants rendus à sa mémoire. La convention décréta pour lui une séance funèbre. La salle fut décorée en noir; tous les représentants s'y rendirent en grand costume et en deuil. Une musique douce et lugubre ouvrit la séance; Louvet prononça ensuite l'éloge du jeune représentant, si dévoué, si courageux, si tôt enlevé à son pays. Un monument fut voté pour immortaliser son héroïsme. On profita de cette occasion pour ordonner une fête commémorative en l'honneur des girondins. Rien n'était plus juste. Des victimes aussi illustres, quoiqu'elles eussent compromis leur pays, méritaient des hommages; mais il suffisait de jeter des fleurs sur leurs tombes, il n'y fallait pas du sang. Cependant on en répandit des flots; car aucun parti, même celui qui prend l'humanité pour devise, n'est sage dans sa vengeance. Il semblait en effet que, non contente de ses pertes, la convention voulût elle-même y en ajouter de nouvelles. Les députés accusés, traduits d'abord au château du Taureau pour prévenir toute tentative en leur faveur, furent amenés à Paris, et leur procès instruit avec la plus grande activité. Le vieux Rhul, qu'on avait seul excepté du décret d'accusation, ne voulait pas de ce pardon; il croyait la liberté perdue, et il se donna la mort d'un coup de poignard. Émus par tant de scènes funèbres, Louvet, Legendre, Fréron, demandèrent le renvoi à leurs juges naturels des députés traduits devant la commission; mais Rovère, ancien terroriste, devenu royaliste fougueux, Bourdon (de l'Oise), implacable comme un homme qui avait eu peur, insistèrent pour le décret, et le firent maintenir.

Les députés furent traduits devant la commission le 29 prairial (17 juin). Malgré les recherches les plus soigneuses, on n'avait découvert aucun fait qui prouvât leur connivence secrète avec les révoltés. Il était difficile en effet qu'on en découvrît, car ils ignoraient le mouvement; ils ne se connaissaient même pas les uns les autres; Bourbotte seul connaissait Goujon, pour l'avoir rencontré dans une mission aux armées. Il était prouvé seulement que, l'insurrection accomplie, ils avaient voulu faire légaliser quelques-uns des vœux du peuple. Ils furent néanmoins condamnés, car une commission militaire, à laquelle un gouvernement envoie des accusés importants, ne sait jamais les lui renvoyer absous. Il n'y eut d'acquitté que Forestier. On l'avait joint aux condamnés, quoiqu'il n'eût pas fait une seule motion pendant la fameuse séance. Peyssard, qui avait seulement poussé un cri pendant le combat, fut condamné à la déportation. Romme, Goujon, Duquesnoy, Duroi, Bourbotte, Soubrany, furent condamnés à mort. Romme était un homme simple et austère; Goujon était jeune, beau, et doué de qualités heureuses; Bourbotte, aussi jeune que Goujon, joignait à un rare courage l'éducation la plus soignée; Soubrany était un ancien noble, sincèrement dévoué à la cause de la révolution. A l'instant où on leur prononça leur arrêt, ils remirent au greffier des lettres, des cachets et des portraits destinés à leurs familles. On les fit retirer ensuite pour les déposer dans une salle particulière avant de les conduire à l'échafaud. Ils s'étaient promis de n'y pas arriver. Il ne leur restait qu'un couteau et une paire de ciseaux, qu'ils avaient cachés dans la doublure de leurs vêtements. En descendant l'escalier, Romme se frappe le premier, et, craignant de se manquer, se frappe plusieurs fois encore, au cœur, au cou, au visage. Il transmet le couteau à Goujon, qui, d'une main assurée, se porte un coup mortel, et tombe sans vie. Des mains de Goujon, l'arme libératrice passe à celles de Duquesnoy, Duroi, Bourbotte et Soubrany. Malheureusement Duroi, Bourbotte, Soubrany, ne réussissent pas à se porter des atteintes mortelles; ils sont traînés tout sanglants à l'échafaud. Soubrany, noyé dans son sang, conservait néanmoins, malgré ses dou-

leurs, le calme et l'attitude fière qu'on avait toujours remarqués en lui. Duroi était désespéré de s'être manqué : « Jouissez, s'écriait-il, « jouissez de votre triomphe, messieurs les « royalistes. » Bourbotte avait conservé toute la sérénité de la jeunesse; il parlait avec une imperturbable tranquillité au peuple. A l'instant où il allait recevoir le coup fatal, on s'aperçut que le couteau n'avait pas été remonté; il fallut disposer l'instrument : il employa ce temps à proférer encore quelques paroles. Il assurait que nul ne mourrait plus dévoué à son pays, plus attaché à son bonheur et à sa liberté. Il y avait peu de spectateurs à cette exécution : le temps du fanatisme politique était passé; on ne tuait plus avec cette fureur qui autrefois rendait insensible. Tous les cœurs furent soulevés en apprenant les détails de ce supplice, et les thermidoriens en recueillirent une honte méritée. Ainsi, dans cette longue succession d'idées contraires, toutes eurent leurs victimes; les idées même de clémence, d'humanité, de réconciliation, eurent leurs holocaustes; car, dans les révolutions, aucune ne peut rester pure de sang humain.

Le parti montagnard se trouvait ainsi entièrement détruit. Les patriotes venaient d'être vaincus à Toulon. Après un combat assez sanglant, livré sur la route de Marseille, ils avaient été obligés de rendre les armes, et de livrer la place sur laquelle ils espéraient s'appuyer pour soulever la France. Ils n'étaient donc plus un obstacle; et, comme d'usage, leur chute amena encore celle de quelques institutions révolutionnaires. Le célèbre tribunal, presque réduit, depuis la loi du 8 nivôse, à un tribunal ordinaire, fut définitivement aboli. Tous les accusés furent rendus aux tribunaux criminels jugeant d'après la procédure de 1791; les conspirateurs seuls devaient être jugés d'après la procédure du 8 nivôse, et sans recours en cassation. Le mot révolutionnaire, appliqué aux institutions et aux établissements, fut supprimé. Les gardes nationales furent réorganisées sur l'ancien pied; les ouvriers, les domestiques, les citoyens peu aisés, le peuple enfin, en furent exclus; et le soin de la tranquillité publique se trouva ainsi confié de nouveau à la classe qui avait le plus d'intérêt à la maintenir. A Paris, la garde nationale, organisée par bataillons, par brigades, et commandée alternativement par chaque chef de brigade, fut mise sous les ordres du comité militaire. Enfin, la concession la plus désirée par les catholiques, la restitution des églises, leur fut accordée; on les leur rendit, à la charge par eux de les entretenir à leurs frais. Du reste, cette mesure, quoiqu'elle fût un résultat de la réaction, était appuyée par les esprits les plus sages. On la regardait comme propre à calmer les catholiques, qui ne croiraient pas avoir recouvré la liberté du culte tant qu'ils n'auraient pas leurs anciens édifices pour en célébrer les cérémonies.

Les discussions de finance, interrompues par les événements de prairial, étaient toujours les plus urgentes et les plus pénibles. L'assemblée y était revenue aussitôt que le calme avait été rétabli; elle avait de nouveau décrété qu'il n'y aurait qu'un seul pain, afin d'ôter au peuple l'occasion d'accuser le luxe des riches; elle avait ordonné des recensements de grains, pour assurer le superflu de chaque département à l'approvisionnement des armées et des grandes communes; enfin elle avait rapporté le décret qui permettait le libre commerce de l'or et de l'argent. Ainsi l'urgence des circonstances l'avait ramenée à quelques-unes de ces mesures révolutionnaires contre lesquelles on était si fort déchaîné. L'agiotage avait été porté au dernier degré de fureur. Il n'y avait plus de boulangers, de bouchers, d'épiciers en titre; tout le monde achetait et revendait du pain, de la viande, des épices, des huiles, etc. Les greniers et les caves étaient remplis de marchandises et de comestibles, sur lesquels tout le monde spéculait. On vendait, au Palais-Royal, du pain blanc à 25 ou 30 francs la livre. Les regrattiers se précipitaient sur les marchés, et achetaient les fruits et les légumes qu'apportaient les gens de la campagne, pour les faire renchérir sur-le-champ. On allait acheter d'avance les récoltes en vert et pendant par racine, ou les troupeaux de bestiaux, pour spéculer ensuite sur l'augmentation des prix. La convention défendit aux marchands regrattiers de se présenter dans les marchés avant une certaine heure. Elle fut obligée de décréter que les bouchers patentés pourraient seuls acheter des bestiaux; que les récoltes ne pourraient être achetées avant la moisson. Ainsi tout était bouleversé; tous les individus, même les plus étrangers aux spéculations de commerce, étaient à l'affût de chaque variation de l'assignat pour faire subir la perte à autrui, et recueillir eux-mêmes la plus value d'une denrée ou d'une marchandise.

On a vu qu'entre les deux projets de réduire l'assignat au cours, ou de percevoir l'impôt en nature, la convention avait préféré celui qui consistait à vendre les biens sans enchères, et trois fois la valeur de 1790. C'était, comme on a dit, le seul moyen de les vendre, car l'enchère faisait toujours monter les biens à proportion de la baisse de l'assignat, c'est-à-dire à un prix auquel le public ne pouvait pas atteindre. Aussitôt la loi rendue, la quantité des soumissions fut extraordinaire. Dès qu'on sut qu'il suffisait de se présenter le premier, pour ne payer les biens que trois fois la valeur de 1790, en assignats, on accourut de toutes parts. Pour certains biens on vit jusqu'à plusieurs centaines de soumissions; à Charenton, il en fut fait trois cent soixante pour un domaine provenant des Pères de la Merci; il en fut fait jusqu'à cinq cents pour un autre. On encombrait les hôtels des districts. De simples commis, des gens sans fortune, mais dans les mains desquels se trouvaient momentanément des sommes d'assignats, couraient soumissionner les biens. Comme ils n'étaient tenus de payer sur-le-champ qu'un sixième, et le reste dans plusieurs mois, ils achetaient avec des sommes minimes des biens considérables, pour les revendre avec bénéfice à ceux qui s'étaient moins hâtés. Grâce à cet empressement, des domaines que les administrateurs ne savaient pas être devenus propriétés nationales, étaient signalés comme tels. Le plan de Bourdon (de l'Oise) avait donc un plein succès, et on pouvait espérer que bientôt une grande partie des biens serait vendue, et que les assignats seraient ou retirés ou relevés. Il est vrai que la république faisait, sur ces ventes, des pertes qui, à les calculer numériquement, étaient considérables. L'estimation de 1790, fondée sur le revenu apparent, était souvent inexacte; car les biens du clergé et tous ceux de l'ordre de Malte étaient loués à très-bas prix; les fermiers payaient le surplus du prix en pots-de-vin, qui s'élevaient souvent à quatre fois le prix du bail. Une terre affermée ostensiblement 1,000 francs en rapportait en réalité 4,000; d'après l'estimation de 1790, cette terre était portée à 25,000 francs de valeur; elle devait être payée 75,000 francs en assignats, qui ne valaient en réalité que 7,500 francs. A Honfleur, des magasins à sel, dont la construction avait coûté plus de 400,000 livres, allaient se vendre en réalité 22,500 livres. D'après ce calcul, la perte était grande; mais il fallait s'y résigner, sauf à la rendre moindre, en exigeant quatre ou cinq fois la valeur de 1790, au lieu de trois fois seulement.

Rewbell et une foule de députés ne comprirent pas cela; ils ne virent que la perte apparente. Ils prétendirent qu'on gaspillait les trésors de la république, et qu'on la privait de ses ressources. Il s'éleva des cris de toutes parts. Ceux qui n'entendaient pas la question, et ceux qui voyaient disparaître avec peine les biens des émigrés, se coalisèrent pour faire suspendre le décret. Balland et Bourdon (de l'Oise) le défendirent avec chaleur; ils ne surent pas donner la raison essentielle, c'est qu'il ne fallait pas demander des biens plus que les acheteurs n'en pouvaient donner; mais ils dirent, ce qui était vrai, que la perte numérique n'était pas aussi grande qu'elle le paraissait en effet; que 75,000 francs en assignats ne valaient que 7,500 francs en numéraire, mais que le numéraire avait deux fois plus de valeur qu'autrefois, et que 7,500 francs représentaient certainement 15 ou 20,000 francs de 1790; ils dirent que la perte actuelle était balancée par l'avantage qu'on avait de terminer sur-le-champ cette catastrophe financière, de retirer ou de relever les assignats, de faire cesser l'agiotage sur les marchandises en appelant le papier sur les terres, de livrer immédiatement la masse des biens nationaux à l'industrie individuelle, et enfin d'ôter toute espérance aux émigrés.

On suspendit néanmoins le décret. On ordonna aux administrations de continuer à recevoir les soumissions, pour que tous les biens nationaux fussent ainsi dénoncés par l'intérêt individuel, et que l'on pût en dresser un état plus exact. Quelques jours après, on rapporta tout-à-fait le décret, et on décida que les biens continueraient à être vendus aux enchères.

Ainsi, après avoir entrevu le moyen de faire cesser la crise, on l'abandonna, et on retomba dans l'épouvantable détresse d'où on aurait pu sortir. Cependant, puisqu'on ne faisait rien pour relever les assignats, on ne pouvait pas rester dans l'affreux mensonge de la valeur nominale, qui ruinait la république et les particuliers payés en papier. Il fallait revenir à la proposition, déjà faite, de réduire les assignats. On avait rejeté la proposition de les réduire au cours de l'argent, parce que les Anglais, disait-on, regorgeant de numéraire, seraient maîtres du cours; on n'avait pas voulu les réduire au cours du blé, parce que le prix des grains avait considérablement augmenté; on avait refusé de prendre le temps pour échelle, et de réduire chaque mois le papier d'une certaine valeur, parce que c'était, disait-on, le démonétiser et faire banqueroute. Toutes ces raisons étaient frivoles; car, soit qu'on choisît l'argent, le blé, ou le temps, pour déterminer la réduction du papier, on le démonétisait également. La banqueroute ne consistait pas à réduire la valeur de l'assignat entre particuliers, car cette réduction avait déjà eu lieu de fait, et la reconnaître, ce n'était qu'empêcher les vols; la banqueroute eût consisté plutôt dans le rétablissement de la vente des biens aux enchères. Ce que la république avait promis, en effet, ce n'était pas que les assignats valussent telle ou telle somme entre particuliers (cela ne dépendait pas d'elle), mais qu'ils procurassent telle quantité de biens; or, en établissant l'enchère, l'assignat ne procurait plus une certaine quantité de biens; il devenait impuissant à l'égard des biens comme à l'égard des denrées; il subissait la même baisse par l'effet de la concurrence.

On chercha une autre mesure que l'argent, le blé ou le temps, pour réduire l'assignat; on choisit la quantité des émissions. Il est vrai, en principe, que l'augmentation du numéraire en circulation fait augmenter proportionnellement le prix de tous les objets. Or, si un objet avait valu un franc, lorsqu'il y avait deux milliards de numéraire en circulation, il devait valoir deux francs lorsqu'il y avait quatre milliards de numéraire, trois lorsqu'il y en avait six, quatre lorsqu'il y en avait huit, cinq lorsqu'il y en avait dix. En supposant que la circulation actuelle des assignats s'élevât à 10 milliards, il fallait payer aujourd'hui cinq fois plus que lorsqu'il n'y avait que 2 milliards. On établit une échelle de proportion, à partir de l'époque où il n'y avait que 2 milliards d'assignats en circulation, et on décida que, dans tout paiement fait en assignats, on ajouterait un quart en sus par chaque 500 millions ajoutés à la circulation. Ainsi, une somme de 2,000 francs stipulée lorsqu'il y avait 2 milliards en circulation, serait payée, lorsqu'il y en avait 2 milliards 500 millions, 2,500 francs; lorsqu'il y en avait 3 milliards, elle serait payée 3,000 francs; aujourd'hui enfin qu'il y en avait 10 milliards, elle devait être payée 10,000 francs.

Ceux qui regardaient la démonétisation comme une banqueroute n'auraient pas dû être rassurés par cette mesure, car, au lieu de démonétiser dans la proportion de l'argent, du blé ou du temps, on démonétisait dans celle des émissions, ce qui revenait au même, à un inconvénient près, qui se trouvait de plus ici. Grace à la nouvelle échelle, chaque émission allait diminuer d'une quantité certaine et connue la valeur de l'assignat. En émettant 500 millions, l'état allait enlever au porteur de l'assignat un quart, un cinquième, un sixième, etc., de ce qu'il possédait.

Cependant cette échelle, qui avait ses inconvénients aussi bien que toutes les autres réductions au cours de l'argent ou du blé, aurait dû être au moins appliquée à toutes les transactions; mais on ne l'osa pas : on l'appliqua d'abord à l'impôt et à son arriéré. On promit de l'appliquer aux fonctionnaires publics, quand le nombre en aurait été réduit, et aux rentiers de l'état, quand les premières rentrées de l'impôt, d'après la nouvelle échelle, permettraient de les payer sur le même pied. On n'osa pas faire profiter de l'échelle les créanciers de toute espèce, les propriétaires de maisons de ville ou de campagne, les propriétaires d'usines, etc. Il n'y eut de favorisés que les propriétaires de fonds territoriaux. Les fermiers, faisant sur les denrées des profits excessifs, et ne payant, au moyen des assignats, que le dixième ou le douzième du prix de leur bail, furent contraints d'acquitter leur fermage d'après l'échelle nouvelle. Ils devaient fournir une quantité d'assignats proportionnée à la quantité émise depuis le moment où leur bail avait été passé.

Telles furent les mesures par lesquelles on essaya de diminuer l'agiotage, et de faire cesser le désordre des valeurs. Elles consistèrent, comme on voit, à défendre aux spéculateurs de devancer les consommateurs dans l'achat des comestibles et des denrées, et à proportionner les paiements en assignats à la quantité de papier en circulation.

La clôture des Jacobins en brumaire avait commencé la ruine des patriotes, l'événement du 12 germinal l'avait avancée, mais celui de prairial l'acheva. La masse des citoyens qui leur étaient opposés, non par royalisme, mais par crainte d'une nouvelle terreur, étaient plus déchaînés que jamais, et les poursuivaient avec la dernière rigueur. On enfermait, on désarmait tous les hommes qui avaient servi chaudement la révolution. On exerçait, à leur égard, des actes aussi arbitraires qu'envers les anciens suspects. Les prisons se remplissaient comme avant le 9 thermidor, mais elles se remplissaient de révolutionnaires. Le nombre des détenus ne s'élevait pas, comme alors, à près de cent mille individus, mais à vingt ou vingt-cinq mille. Les royalistes triomphaient. Le désarmement ou l'emprisonnement des patriotes, le supplice des députés montagnards, la procédure commencée contre une foule d'autres, la suppression du tribunal révolutionnaire, la restitution des églises au culte catholique, la recomposition des gardes nationales, étaient autant de mesures qui les remplissaient de joie et d'espérance. Ils se flattaient que bientôt ils obligeraient la révolution à se détruire elle-même, et qu'on verrait la république enfermer ou mettre à mort tous les hommes qui l'avaient fondée. Pour accélérer ce mouvement, ils intriguaient dans les sections, ils les excitaient contre les révolutionnaires, et les portaient aux derniers excès. Une foule d'émigrés rentraient, ou avec de faux passe-ports, ou sous prétexte de demander leur radiation. Les administrations locales, renouvelées depuis le 9 thermidor, et remplies d'hommes ou faibles ou ennemis de la république, se prêtaient à tous les mensonges officieux qu'on exigeait d'elles; tout ce qui tendait à adoucir le sort de ce qu'on appelait les victimes de la terreur leur semblait permis, et elles fournissaient ainsi, à une foule d'ennemis de leur pays, le moyen d'y rentrer pour le déchirer. A Lyon et dans tout le Midi, les agents royalistes continuaient à reparaître secrètement; les compagnies de Jésus et du Soleil avaient commis de nouveaux massacres. Dix mille fusils, destinés à l'armée des Alpes, avaient été inutilement distribués à la garde nationale de Lyon; elle ne s'en était pas servie, et avait laissé égorger, le 25 prairial (13 juin), une foule de patriotes. La Saône et le Rhône avaient de nouveau roulé des cadavres. A Nîmes, Avignon, Marseille, les mêmes massacres eurent lieu. Dans cette dernière ville on s'était porté au fort Saint-Jean, et on y avait renouvelé les horreurs de septembre contre les prisonniers.

Le parti dominant de la convention, composé des thermidoriens et des girondins, tout en se défendant contre les révolutionnaires, suivait de l'œil les royalistes, et sentait la nécessité de les comprimer. Il fit décréter sur-le-champ que la ville de Lyon serait désarmée par un détachement de l'armée des Alpes, et que les autorités, qui avaient laissé massacrer les patriotes, seraient destituées. Il fut enjoint en même temps aux comités civils des sections, de réviser les listes de détention, et d'ordonner l'élargissement de ceux qui étaient enfermés sans des motifs suffisants. Aussitôt les sections, excitées par les intrigants royalistes, se soulevèrent; elles vinrent adresser des pétitions menaçantes à la convention, et dirent que le comité de sûreté générale élargissait les terroristes, et leur rendait des armes. Les sections de Lepelletier et du Théâtre-Français (Odéon), toujours les plus ardentes contre les révolutionnaires, demandèrent si on voulait relever la faction abattue, et si c'était pour faire oublier le terrorisme qu'on venait parler de royalisme à la France.

À ces pétitions, souvent peu respectueuses, les intéressés au désordre ajoutaient les bruits les plus capables d'agiter les esprits. C'était Toulon qui avait été livré aux Anglais; c'étaient le prince de Condé et les Autrichiens qui allaient entrer par la Franche-Comté, tandis que les Anglais pénétreraient par l'Ouest; c'était Pichegru qui était mort; c'étaient les subsistances qui allaient manquer parce qu'on voulait les rendre au commerce libre; c'était enfin une réunion des comités qui, effrayés des dangers publics, avaient délibéré de rétablir le régime de la terreur. Les journaux voués au royalisme excitaient, fomentaient tous ces bruits; et, au milieu de cette agitation générale, on pouvait dire véritablement que le règne de l'anarchie était venu. Les thermidoriens et les contre-révolutionnaires se trompaient quand ils appelaient anarchie le régime qui avait précédé le 9 thermidor : ce régime avait été une dictature épouvantable; mais l'anarchie avait commencé depuis que deux factions, à peu près égales en forces, se combattaient sans que le gouvernement fût assez fort pour les vaincre.

CHAPITRE VIII.

Situation des armées au Nord et sur le Rhin, aux Alpes et aux Pyrénées vers le milieu de l'an III. — Premiers projets de trahison de Pichegru. — État de la Vendée et de la Bretagne. Intrigues et plans des royalistes. Renouvellement des hostilités sur quelques points des pays pacifiés. — Expédition de Quiberon. Destruction de l'armée royaliste par Hoche. Causes du peu de succès de cette tentative. — Paix avec l'Espagne. — Passage du Rhin par les armées françaises.

La situation des armées avait peu changé, et quoiqu'une moitié de la belle saison fût écoulée, il ne s'était passé aucun événement important. Moreau avait reçu le commandement de l'armée du Nord, campée en Hollande; Jourdan, celui de l'armée de Sambre-et-Meuse, placée sur le

Rhin, vers Cologne ; Pichegru, celui de l'armée du Rhin, cantonnée depuis Mayence jusqu'à Strasbourg. Les troupes étaient dans une pénurie qui n'avait fait que s'augmenter par le relâchement de tous les ressorts du gouvernement, et par la ruine du papier-monnaie. Jourdan n'avait pas un équipage de pont pour passer le Rhin, ni un cheval pour traîner son artillerie et ses bagages. Kléber, devant Mayence, n'avait pas le quart du matériel nécessaire pour assiéger cette place. Les soldats désertaient tous à l'intérieur. La plupart croyaient avoir assez fait pour la république, en portant ses drapeaux victorieux jusqu'au Rhin. Le gouvernement ne savait pas les nourrir; il ne savait ni occuper ni réchauffer leur ardeur par de grandes opérations. Il n'osait pas ramener par la force ceux qui désertaient leurs drapeaux. On savait que les jeunes gens de la première réquisition, rentrés dans l'intérieur, n'étaient ni recherchés ni punis ; à Paris même ils étaient dans la faveur des comités, dont ils formaient souvent la milice volontaire. Aussi le nombre des désertions était considérable; les armées avaient perdu le quart de leur effectif, et on sentait partout ce relâchement général qui détache le soldat du service, mécontente les chefs, et met leur fidélité en péril. Le député Aubry, chargé, au comité de salut public, du personnel de l'armée, y avait opéré une véritable réaction contre tous les officiers patriotes, en faveur de ceux qui n'avaient pas servi dans les deux grandes années de 93 et 94.

Si les Autrichiens n'avaient pas été si démoralisés, c'eût été le moment pour eux de se venger de leurs revers; mais ils se réorganisaient lentement au-delà du Rhin, et ils n'osaient rien faire pour empêcher les deux seules opérations tentées par les armées françaises, le siége de Luxembourg et celui de Mayence. Ces deux places étaient les seuls points que la coalition conservât sur la rive gauche du Rhin. La chute de Luxembourg achevait la conquête des Pays-Bas, et la rendait définitive; celle de Mayence privait les Impériaux d'une tête de pont, qui leur permettait toujours de franchir le Rhin en sûreté. Luxembourg, bloqué pendant tout l'hiver et le printemps, se rendit par famine, le 6 messidor (24 juin). Mayence ne pouvait tomber que par un siége, mais le matériel manquait; il fallait investir la place sur les deux rives, et, pour cela, il était nécessaire que Jourdan ou Pichegru franchissent le Rhin; opération difficile en présence des Autrichiens, et impossible sans des équipages de pont. Ainsi, nos armées, quoique victorieuses, étaient arrêtées par le Rhin, qu'elles ne pouvaient traverser faute de moyens, et se ressentaient, comme toutes les parties du gouvernement, de la faiblesse de l'administration actuelle.

Sur la frontière des Alpes, notre situation était moins satisfaisante encore. Sur le Rhin, du moins, nous avions fait l'importante conquête du Luxembourg; tandis que du côté de la frontière d'Italie nous avions reculé. Kellermann commandait les deux armées des Alpes; elles étaient dans le même état de pénurie que toutes les autres; et, outre la désertion, elles avaient encore été affaiblies par divers détachements. Le gouvernement avait imaginé un coup de main ridicule sur Rome. Voulant venger l'assassinat de Basseville, il avait mis dix mille hommes sur l'escadre de Toulon, réparée entièrement par les soins de l'ancien comité de salut public; il voulait les envoyer à l'embouchure du Tibre, pour aller frapper une contribution sur la cité papale, et revenir promptement ensuite sur leurs vaisseaux. Heureusement un combat naval livré contre lord Hotam, après lequel les deux escadres s'étaient retirées également maltraitées, empêcha l'exécution de ce projet. On rendit à l'armée d'Italie la division qu'on en avait tirée; mais il fallut en même temps envoyer un corps à Toulon, pour combattre les terroristes, un autre à Lyon, pour désarmer la garde nationale, qui avait laissé égorger les patriotes. De cette manière les deux armées des Alpes se trouvaient privées d'une partie de leurs forces, en présence des Piémontais et des Autrichiens, renforcés de dix mille hommes venus du Tyrol. Le général Devins, profitant du moment où Kellermann venait de détacher une de ses divisions sur Toulon, avait attaqué sa droite vers Gênes. Kellermann, ne pouvant résister à un effort supérieur, avait été obligé de se replier. Occupant toujours avec son centre le col de Tende, sur les Alpes, il avait cessé de s'étendre par sa droite jusqu'à Gênes, et avait pris position derrière la ligne de Borghetto. On devait craindre de ne pouvoir bientôt plus communiquer avec Gênes, dont le commerce des grains allait rencontrer de grands obstacles, dès que la rivière du Ponant serait occupée par l'ennemi.

En Espagne, rien de décisif n'avait été exécuté. Notre armée des Pyrénées orientales occupait toujours la Catalogne jusqu'aux bords de la Fluvia. D'inutiles combats avaient été livrés sur les bords de cette rivière, sans pouvoir prendre position au-delà. Aux Pyrénées occidentales, Moncey organisait son armée dévorée de maladies, pour rentrer dans le Guipuscoa, et s'avancer en Navarre.

Quoique nos armées n'eussent rien perdu, excepté en Italie, qu'elles eussent même conquis l'une des premières places de l'Europe, elles étaient, comme on voit, mal administrées, faiblement conduites, et se ressentaient de l'anarchie générale qui régnait dans toutes les parties de l'administration.

C'était donc un moment favorable, non pour les vaincre, car le péril leur eût rendu leur énergie, mais pour faire des tentatives sur leur fidélité, et pour essayer des projets de contre-révolution. On a vu les royalistes et les cabinets étrangers concerter diverses entreprises sur les provinces insurgées; on a vu Puisaye et l'Angleterre s'occuper d'un plan de descente en Bretagne; l'agence de Paris et l'Espagne projeter une expédition dans la Vendée. L'émigration songeait en même temps à pénétrer en France par un autre point. Elle voulait nous attaquer par l'Est, tandis que les expéditions tentées par l'Espagne et l'Angleterre s'effectueraient dans l'Ouest. Le prince de Condé avait son quartier-général sur le Rhin, où il commandait un corps de deux mille cinq cents fantassins et de quinze cents cavaliers.

Il devait être ordonné à tous les émigrés courant sur le continent de se réunir à lui, sous peine de n'être pas soufferts par les puissances sur leur territoire; son corps se trouverait ainsi augmenté de tous les émigrés restés inutiles; et laissant les Autrichiens occupés sur le Rhin à contenir les armées républicaines, il tâcherait de pénétrer par la Franche-Comté, et de marcher sur Paris, tandis que le comte d'Artois, avec les insurgés de l'Ouest, s'en approcherait de son côté. Si on ne réussissait pas, on avait l'espoir d'obtenir au moins une capitulation comme celle des Vendéens; on avait les mêmes raisons pour la demander. « Nous « sommes, diraient les émigrés qui auraient « concouru à cette expédition, des Français qui « avons eu recours à la guerre civile, mais en « France, et sans mêler des étrangers dans nos « rangs. » C'était même, disaient les partisans de ce projet, le seul moyen pour les émigrés de rentrer en France, soit par la contre-révolution, soit par une amnistie.

Le gouvernement anglais, qui avait pris le corps de Condé à sa solde, et qui désirait fort une diversion vers l'Est, tandis qu'il opérerait par l'Ouest, insistait pour que le prince de Condé fît une tentative, n'importe laquelle. Il lui faisait promettre, par son ambassadeur en Suisse,

Wickam, des secours en argent, et les moyens nécessaires pour former de nouveaux régiments. Le prince intrépide ne demandait pas mieux que d'avoir une entreprise à tenter; il était tout-à-fait incapable de diriger une affaire, ou une bataille; mais il était prêt à marcher tête baissée sur le danger, dès qu'on le lui aurait indiqué.

On lui suggéra l'idée de faire une tentative de séduction auprès de Pichegru, qui commandait l'armée du Rhin. Le terrible comité de salut public n'effrayait plus les généraux, et n'avait plus l'œil ouvert et la main levée sur eux : la république, payant ses officiers en assignats, leur donnait à peine de quoi satisfaire à leurs besoins les plus pressants : les désordres élevés dans son sein mettaient son existence en doute, et alarmaient les ambitieux qui craignaient de perdre par sa chute les hautes dignités qu'ils avaient acquises. On savait que Pichegru aimait les femmes et la débauche; que les 4,000 francs qu'il recevait par mois, en assignats, valant à peine 200 francs sur la frontière, ne pouvaient lui suffire, et qu'il était dégoûté de servir un gouvernement chancelant. On se souvenait qu'en germinal il avait prêté main-forte contre les patriotes, aux Champs-Élysées. Toutes ces circonstances firent penser que Pichegru serait peut-être accessible à des offres brillantes. En conséquence, le prince s'adressa pour l'exécution de ce projet à M. de Montgaillard, et celui-ci à un libraire de Neuchâtel, M. Fauche-Borel, qui, sujet d'une république sage et heureuse, allait se faire le serviteur obscur d'une dynastie sous laquelle il n'était pas né. Ce M. Fauche-Borel se rendit à Altkirch, où était le quartier-général de Pichegru. Après l'avoir suivi dans plusieurs revues, il finit par attirer son attention à force de s'attacher à ses pas ; enfin il osa l'aborder dans un corridor : il lui parla d'abord d'un manuscrit qu'il voulait lui dédier, et Pichegru ayant en quelque sorte provoqué ses confidences, il finit par s'expliquer. Pichegru lui demanda une lettre du prince de Condé lui-même, pour savoir à qui il avait affaire. Fauche-Borel retourna auprès de M. de Montgaillard, celui-ci auprès du prince. Il fallut passer une nuit entière pour faire écrire au prince une lettre de huit lignes. Tantôt il ne voulait pas qualifier Pichegru de général, car il craignait de reconnaître la république ; tantôt il ne voulait pas mettre ses armes sur l'enveloppe. Enfin, la lettre écrite, Fauche-Borel retourna auprès de Pichegru, qui, ayant vu l'écriture du prince, entra aussitôt en pourparlers. On lui offrait, pour lui, le grade de maréchal, le gouvernement de l'Alsace, un million en argent, le château et le parc de Chambord en propriété, avec douze pièces de canon prises sur les Autrichiens, une pension de 200,000 francs de rente, reversible à sa femme et à ses enfants. On lui offrait, pour son armée, la conservation de tous les grades, une pension pour les commandants de place qui se rendraient, et l'exemption d'impôt, pendant quinze ans, pour les villes qui ouvriraient leurs portes. Mais on demandait que Pichegru arborât le drapeau blanc, qu'il livrât la place d'Huningue au prince de Condé, et qu'il marchât avec lui sur Paris. Pichegru était trop fin pour accueillir de pareilles propositions. Il ne voulait pas livrer Huningue et arborer le drapeau blanc dans son armée : c'était beaucoup trop s'engager et se compromettre. Il demandait qu'on lui laissât passer le Rhin avec un corps d'élite; là il promettait d'arborer le drapeau blanc, de prendre avec lui le corps de Condé, et de marcher ensuite sur Paris. On ne voit pas ce que son projet pouvait y gagner; car il était aussi difficile de séduire l'armée au-delà qu'en-deçà du Rhin; mais il ne courait pas le danger de livrer une place, d'être surpris en la livrant, et de n'avoir aucune excuse à donner à sa trahison. Au contraire, en se transportant au-delà du Rhin, il était encore maître de ne pas consommer la trahison, s'il ne s'entendait pas avec le prince et les Autrichiens; ou, s'il était découvert trop tôt, il pouvait profiter du passage obtenu pour exécuter les opérations que lui commandait son gouvernement, et dire ensuite qu'il n'avait écouté les propositions de l'ennemi que pour en profiter contre lui. Dans l'un et l'autre cas, il se réservait le moyen de trahir ou la république ou le prince avec lequel il traitait. Fauche-Borel retourna auprès de ceux qui l'envoyaient; mais on le renvoya de nouveau pour qu'il insistât sur les mêmes propositions; il alla et revint ainsi plusieurs fois, sans pouvoir terminer le différend, qui consistait toujours en ce que le prince voulait obtenir Huningue, et Pichegru le passage du Rhin. Ni l'un ni l'autre ne voulait faire l'avance d'un si grand avantage. Le motif qui empêchait surtout le prince de consentir à ce qu'on lui demandait, c'était la nécessité de recourir aux Autrichiens pour obtenir l'autorisation de livrer le passage; il désirait agir sans leur concours, et avoir à lui seul l'honneur de la contre-révolution. Cependant il paraît qu'il fut obligé d'en référer au conseil aulique; et dans cet intervalle, Pichegru, surveillé par les représentants, fut obligé de suspendre ses correspondances et sa trahison.

Pendant que ceci se passait à l'armée, les agents de l'intérieur, Lemaître, Brottier, Despomelles, Laville-Heurnois, Duverne de Presle et autres continuaient leurs intrigues. Le jeune prince, fils de Louis XVI, était mort d'une tumeur au genou, provenant d'un vice scrofuleux. Les agents royalistes avaient dit qu'il était mort empoisonné, et s'étaient empressés de rechercher les ouvrages sur le cérémonial du sacre, pour les envoyer à Vérone. Le régent était devenu roi pour eux, et s'appelait Louis XVIII. Le comte d'Artois était devenu Monsieur.

La pacification n'avait été qu'apparente dans les pays insurgés. Les habitants, qui commençaient à jouir d'un peu de repos et de sécurité, étaient, il est vrai, disposés à demeurer en paix, mais les chefs et les hommes aguerris qui les entouraient n'attendaient que l'occasion de reprendre les armes. Charette, ayant à sa disposition ces gardes territoriales où s'étaient réunis tous ceux qui avaient le goût décidé de la guerre, ne songeait, sous prétexte de faire la police du pays, qu'à préparer un noyau d'armée pour rentrer en campagne. Il ne quit-

tait plus son camp de Belleville, et y recevait
continuellement les envoyés royalistes. L'agence
de Paris lui avait fait parvenir une lettre de
Vérone, en réponse à la lettre où il cherchait
à excuser la pacification. Le prétendant le dispensait d'excuses, lui continuait sa confiance
et sa faveur, le nommait lieutenant-général,
et lui annonçait les prochains secours de l'Espagne. Les agents de Paris, enchérissant sur
les expressions du prince, flattaient l'ambition
de Charette de la plus grande perspective : ils
lui promettaient le commandement de tous
les pays royalistes, et une expédition considérable qui devait partir des ports de l'Espagne,
apporter des secours et les princes français.
Quant à celle qui se préparait en Angleterre,
ils paraissaient n'y pas croire. Les Anglais,
disaient-ils, avaient toujours promis et toujours
trompé; il fallait du reste se servir de leurs
moyens si on pouvait, mais s'en servir dans un
tout autre but que celui qu'ils se proposaient;
il fallait faire aborder en Vendée les secours
destinés à la Bretagne, et soumettre cette contrée à Charette, qui avait seul la confiance du
roi actuel. De telles idées devaient flatter à la
fois et l'ambition de Charette, et sa haine contre Stofflet, et sa jalousie contre l'importance
récente de Puisaye, et son ressentiment cou-

tre l'Angleterre, qu'il accusait de n'avoir jamais rien fait pour lui.

Quant à Stofflet, il avait moins de disposition que Charette à reprendre les armes, quoiqu'il eût montré beaucoup plus de répugnance à les déposer. Son pays était plus sensible que les autres aux avantages de la paix, et montrait un grand éloignement pour la guerre. Lui-même était profondément blessé des préférences données à Charette. Il avait tout autant mérité ce grade de lieutenant-général qu'on donnait à son rival, et il était fort dégoûté par l'injustice dont il se croyait l'objet.

La Bretagne, organisée comme auparavant, était toute disposée à un soulèvement. Les chefs de chouans avaient obtenu, comme les chefs vendéens, l'organisation de leurs meilleurs soldats en compagnies régulières, sous le prétexte d'assurer la police du pays. Chacun des chefs s'était formé une compagnie de chasseurs, portant l'habit et le pantalon verts, le gilet rouge, et composée des chouans les plus intrépides. Cormatin, continuant son rôle, se donnait une importance ridicule. Il avait établi à La Prévalaye ce qu'il appelait son quartier-général; il envoyait publiquement des ordres, datés de ce quartier, à tous les chefs de chouans; il se transportait de divisions en divisions pour organiser les compagnies de chasseurs; il affectait de réprimer les infractions à la trêve, quand il y en avait de commises, et semblait être véritablement le gouverneur de la Bretagne. Il venait souvent à Rennes avec son uniforme de chouan, qui était devenu à la mode: là, il recueillait dans les cercles les témoignages de la considération des habitants et les caresses des femmes, qui croyaient voir en lui un personnage important et le chef du parti royaliste.

Secrètement, il continuait de disposer les chouans à la guerre, et de correspondre avec les agents royalistes. Son rôle, à l'égard de Puisaye, était embarrassant; il lui avait désobéi, il avait trompé sa confiance, et dès lors il ne lui était resté d'autre ressource que de se jeter dans les bras des agents de Paris, qui lui faisaient espérer le commandement de la Bretagne, et l'avaient mis dans leurs projets avec l'Espagne. Cette puissance promettait 1500 mille francs par mois, à condition qu'on agirait sans l'Angleterre. Rien ne convenait mieux à Cormatin qu'un plan qui le ferait rompre avec l'Angleterre et Puisaye. Deux autres officiers, que Puisaye avait envoyés de Londres en Bretagne, MM. de la Vieuville et Dandigné, étaient entrés aussi dans le système des agents de Paris, et s'étaient persuadés que l'Angleterre voulait tromper, comme à Toulon, se servir des royalistes pour avoir un port, faire combattre des Français contre des Français, mais ne donner aucun secours réel, capable de relever le parti des princes, et d'assurer leur triomphe. Tandis qu'une partie des chefs bretons abondait dans ces idées, ceux du Morbihan, du Finistère, des Côtes-du-Nord, liés depuis long-temps à Puisaye, habitués à servir sous lui, organisés par ses soins, et étrangers aux intrigants de Paris, lui étaient demeurés attachés, appelaient Cormatin un traître, et écrivaient à Londres qu'ils étaient prêts à reprendre les armes. Ils faisaient des préparatifs, achetaient des munitions et de l'étoffe pour se faire des collets noirs, embauchaient les soldats républicains, et les entraînaient à déserter. Ils y réussissaient, parce que, maîtres du pays, ils avaient des subsistances en abondance, et que les soldats républicains, mal nourris et n'ayant que des assignats pour suppléer à la ration, étaient obligés pour vivre d'abandonner leurs drapeaux. D'ailleurs, on avait eu l'imprudence de laisser beaucoup de Bretons dans les régiments qui servaient contre les pays royalistes, et il était tout naturel qu'ils se missent dans les rangs de leurs compatriotes.

Hoche, toujours vigilant, observait avec attention l'état du pays; il voyait les patriotes poursuivis sous le prétexte de la loi du désarmement, les royalistes pleins de jactance, les subsistances resserrées par les fermiers, les routes peu sûres, les voitures publiques obligées de partir en convois pour se faire escorter, les chouans formant des conciliabules secrets, des communications se renouvelant fréquemment avec les îles Jersey, et il avait écrit au comité et aux représentants que la pacification était une insigne duperie, que la république était jouée, que tout annonçait une reprise d'armes prochaine. Il avait employé le temps à former des colonnes mobiles, et à les distribuer dans tout le pays, pour y assurer la tranquillité, et fondre sur le premier rassemblement qui se formerait. Mais le nombre de ses troupes était insuffisant pour la surface de la contrée et l'immense étendue des côtes. A chaque instant la crainte d'un mouvement dans une partie du pays, ou l'apparition des flottes anglaises sur les côtes, exigeait la présence de ses colonnes, et les épuisait en courses continuelles. Pour suffire à un pareil service, il fallait de sa part et de celle de l'armée une résignation plus méritoire cent fois que le courage de braver la mort. Malheureusement ses soldats se dédommageaient de leurs fatigues par des excès : il en était désolé, et il avait autant de peine à les réprimer qu'à surveiller l'ennemi.

Bientôt il eut occasion de saisir Cormatin en flagrant délit. On intercepta des dépêches de lui à divers chefs de chouans, et on acquit la preuve matérielle de ses secrètes menées. Instruit qu'il devait se trouver un jour de foire à Rennes avec une foule de chouans déguisés, et craignant qu'il ne voulût faire une tentative sur l'arsenal, Hoche le fit arrêter le 6 prairial au soir, et mit ainsi un terme à son rôle. Les différents chefs se récrièrent aussitôt, et se plaignirent de ce qu'on violait la trève. Hoche fit imprimer en réponse les lettres de Cormatin, et l'envoya avec ses complices dans les prisons de Cherbourg; en même temps il tint toutes ses colonnes prêtes à fondre sur les premiers rebelles qui se montreraient. Dans le Morbihan, le chevalier Desilz s'étant soulevé, fut attaqué aussitôt par le général Josnet, qui lui détruisit trois cents hommes, et le mit en déroute complète; ce chef périt dans l'action. Dans les Côtes-du-Nord, Bois-Hardi se souleva aussi; son corps fut dispersé, lui-même fut pris et tué. Les soldats, furieux contre la mauvaise foi de ce jeune chef, qui était le plus redoutable du pays, lui coupèrent la tête et la portèrent au bout d'une baïonnette. Hoche, indigné de ce défaut de générosité, écrivit la lettre la plus noble à ses soldats, et fit rechercher les coupables pour les punir. Cette destruction si prompte des deux chefs qui avaient voulu se soulever en imposa aux autres, ils restèrent immobiles, attendant avec impatience l'arrivée de cette expédition qu'on leur annonçait depuis si long-temps. Leur cri était : *Vive le roi, l'Angleterre et Bonchamps!*

Dans ce moment, de grands préparatifs se faisaient à Londres. Puisaye s'était parfaitement entendu avec les ministres anglais. On ne lui accordait plus tout ce qu'on lui avait promis d'abord, parce que la pacification diminuait la confiance; mais on lui accordait les régiments émigrés, et un matériel considérable pour tenter le débarquement; on lui promettait de plus toutes les ressources de la monarchie, si l'expédition avait un commencement de succès. L'intérêt seul de l'Angleterre devait faire croire à ces promesses; car, chassée du continent depuis la conquête de la Hollande, elle recouvrait un champ de bataille, elle transportait ce champ de bataille au cœur même de la France, et composait ses armées avec des Français. Voici les moyens qu'on donnait à Puisaye. Les régiments émigrés du continent étaient, depuis la campagne présente, passés au service de l'Angleterre; ceux qui formaient le corps de Condé devaient, comme on l'a vu, rester sur le Rhin; les autres, qui n'étaient plus que des débris, devaient s'embarquer aux bouches de l'Elbe, et se transporter en Bretagne. Outre ces anciens régiments qui portaient la cocarde noire, et qui étaient fort dégoûtés du service infructueux et meurtrier auquel ils avaient été employés par les puissances, l'Angleterre avait consenti à former neuf régiments nouveaux qui seraient à sa solde, mais qui porteraient la cocarde blanche, afin que leur destination parût plus française. La difficulté consistait à les recruter; car si dans le premier moment de ferveur les émigrés avaient consenti à servir comme soldats, ils ne le voulaient plus aujourd'hui. On songea à prendre sur le continent des déserteurs ou des prisonniers français. Des déserteurs, on n'en trouva pas, car le vainqueur ne déserte pas au vaincu : on se replia sur les prisonniers français. Le comte d'Hervilly ayant trouvé à Londres des réfugiés toulonnais qui avaient formé un régiment, les enrôla dans le sien, et parvint ainsi à le porter à onze ou douze cents hommes, c'est-à-dire à plus des deux tiers du complet. Le comte d'Hector composa le sien de marins qui avaient émigré, et le porta à six cents hommes. Le comte du Dresnay trouva dans les prisons des Bretons enrôlés malgré eux lors de la première réquisition, et faits prisonniers pendant la guerre : il en recueillit quatre ou cinq cents. Mais ce fut là tout ce qu'on put réunir de Français pour servir dans ces régiments à cocarde blanche. Ainsi, sur les neuf, trois seulement étaient formés, dont un aux deux tiers du complet, et deux au tiers seulement. Il y avait encore à Londres le lieutenant-colonel Rothalier, qui commandait quatre cents canonniers toulonnais. On en forma un régiment d'artillerie; on y joignit quelques ingénieurs français, dont on composa un corps du génie. Quant à la foule des émigrés, qui ne voulaient plus servir que dans leurs anciens grades, et qui ne trouvaient pas de soldats pour se composer des régiments, on résolut d'en former des cadres qu'on remplirait en Bretagne avec les insurgés. Là, les hommes ne manquant pas, et les officiers instruits étant rares, ils devaient trouver leur emploi naturel. On les envoya à Jersey pour les y organiser et les tenir prêts à suivre la descente. En même temps qu'il se formait des troupes, Puisaye cherchait à se donner des finances. L'Angleterre lui promit d'abord du numéraire en assez grande quantité; mais il voulut se procurer des assignats. En conséquence, il se fit autoriser par les princes à en fabriquer trois milliards de faux; il y employa les ecclésiastiques oisifs qui n'étaient pas bons à porter l'épée. L'évêque de Lyon, jugeant cette mesure autrement que ne faisaient Puisaye et les princes, défendit aux ecclésiastiques d'y prendre part. Puisaye eut recours alors à d'autres employés, et fabriqua la somme qu'il avait le projet d'emporter. Il voulait aussi un évêque qui remplît le rôle de légat du pape auprès des pays catholiques. Il se souvenait qu'un intrigant, le prétendu évêque d'Agra, en se donnant ce titre usurpé dans la première Vendée, avait eu sur l'esprit des paysans une influence extraordinaire; il prit en conséquence avec lui l'évêque de Dol, qui avait une commission de Rome. Il se fit donner ensuite par le comte d'Artois les pouvoirs nécessaires pour commander l'expédition, et nommer à tous les grades en attendant son arrivée. Le ministère anglais, de son côté, lui confia la direction de l'expédition; mais, se défiant de sa témérité et de son extrême ardeur à toucher terre, il chargea le comte d'Hervilly de commander les régiments émigrés jusqu'au moment où la descente serait opérée.

Toutes les dispositions étant faites, on embarqua sur une escadre le régiment d'Hervilly, les deux régiments d'Hector et du Dresnay, portant tous la cocarde blanche, les quatre cents artilleurs toulonnais, commandés par Rothalier, et un régiment émigré d'ancienne formation, celui de La Châtre, connu sous le nom de Loyal-Émigrant, et réduit, par la guerre sur le continent, à quatre cents hommes. On réservait ce valeureux reste pour les actions décisives. On plaça sur cette escadre des vivres pour une armée de six mille hommes pendant trois mois, cent chevaux de selle et de trait, dix-sept mille uniformes complets d'infanterie, quatre mille de cavalerie, vingt-sept mille fusils, dix pièces de campagne, six cents barils de poudre. On donna à Puisaye dix mille louis en or et des lettres de crédit sur l'Angleterre, pour ajouter à ses faux assignats des moyens de finance plus assurés. L'escadre qui portait cette expédition se composait de trois vaisseaux de ligne de 74 canons, de deux frégates de 44, de quatre vaisseaux de 30 à 36, de plusieurs chaloupes canonnières et vaisseaux de transport. Elle était commandée par le commodore Waren, l'un des officiers les plus distingués et les plus braves de la marine anglaise. C'était la première division. Il était convenu qu'aussitôt après son départ, une autre division navale irait prendre à Jersey les émigrés organisés en cadres; qu'elle croiserait quelque temps devant Saint-Malo, où Puisaye avait pratiqué des intelligences, et que des traîtres avaient promis de lui livrer; et qu'après cette croisière, si Saint-Malo n'était pas livré, elle viendrait rejoindre Puisaye et lui amener les cadres. En même temps des vaisseaux de transport devaient aller à l'embouchure de l'Elbe prendre les régiments émigrés à cocarde noire, pour les transporter auprès de Puisaye. On pensait que ces divers détachements arriveraient presque en même temps que lui. Si tout ce qu'il avait dit se réalisait, si le débarquement s'opérait sans difficulté, si une partie de la Bretagne accourait au-devant de lui, s'il pouvait prendre une position solide sur les côtes de France, soit qu'on lui livrât Saint-Malo, Lorient, le Port-Louis, ou un port quelconque, alors une nouvelle expédition, portant une armée anglaise, de nouveaux secours en matériel, et le comte d'Artois, devait sur-le-champ mettre à la voile. Lord Moira était parti en effet pour aller chercher le prince sur le continent.

Il n'y avait qu'un reproche à faire à ces dispositions, c'était de diviser l'expédition en plusieurs détachements, mais surtout de ne pas mettre le prince français à la tête du premier.

L'expédition mit à la voile vers la fin de prairial (mi-juin). Puisaye emmenait avec lui l'évêque de Dol, un clergé nombreux, et quarante gentilshommes portant tous un nom illustre, et servant comme simples volontaires. Le point de débarquement était un mystère, excepté pour Puisaye, le commodore Waren, et MM. de Tinténiac et d'Allègre, que Puisaye avait expédiés pour annoncer son arrivée.

Après avoir longuement délibéré, on avait préféré le sud de la Bretagne au nord, et on s'était décidé pour la baie de Quiberon, qui était une des meilleures et des plus sûres du continent, et que les Anglais connaissaient à merveille, parce qu'ils y avaient mouillé très-long-temps. Tandis que l'expédition faisait voile, Sidney Smith, lord Cornwallis, faisaient des menaces sur toutes les côtes, pour tromper les armées républicaines sur le véritable point de débarquement; et lord Bridport, avec l'escadre qui était en station aux îles d'Ouessant, protégeait le convoi. La marine française de l'Océan était peu redoutable depuis la malheureuse croisière du dernier hiver, pendant laquelle la flotte de Brest avait horriblement souffert du mauvais temps. Cependant Villaret-Joyeuse avait reçu ordre de sortir avec les neuf vaisseaux de ligne mouillés à Brest, pour aller rallier une division bloquée à Belle-Isle. Il partit, et, après avoir rallié cette division, et donné la chasse à quelques vaisseaux anglais, il revenait vers Brest, lorsqu'il essuya un coup de vent qui dispersa son escadre. Il perdit du temps à la réunir de nouveau, et, dans cet intervalle, il rencontra l'expédition destinée pour les côtes de France. Il était supérieur en nombre, et il pouvait l'enlever tout entière; mais le commodore Waren, apercevant le danger, se couvrit de toutes ses voiles, et plaça son convoi au loin, de manière à figurer une seconde ligne; en même temps il envoya deux cotres à la recherche de la grande escadre de lord Bridport. Villaret, ne croyant pas pouvoir combattre avec avantage, reprit sa marche sur Brest, suivant les instructions qu'il avait reçues. Mais lord Bridport arriva dans cet instant, et attaqua aussitôt la flotte républicaine. C'était le 5 messidor (23 juin). Villaret, voulant se former sur l'*Alexandre*, qui était un mauvais marcheur, perdit un temps irréparable à manœuvrer. La confusion se mit dans sa ligne : il perdit trois vaisseaux, l'*A-*

lexandre, *le Formidable* et *le Tigre*, et, sans pouvoir regagner Brest, fut obligé de se jeter dans Lorient.

L'expédition ayant ainsi signalé son début par une victoire navale, fit voile vers la baie de Quiberon. Une division de l'escadre alla sommer la garnison de Belle-Isle, au nom du roi de France; mais elle ne reçut du général Boucret qu'une réponse énergique et des coups de canon. Le convoi vint mouiller dans la baie même de Quiberon, le 7 messidor (25 juin). Puisaye, d'après les renseignements qu'il s'était procurés, savait qu'il y avait peu de troupes sur la côte; il voulait, dans son ardeur, descendre sur-le-champ à terre. Le comte d'Hervilly, qui était brave, capable de bien discipliner un régiment, mais incapable de bien diriger une opération, et surtout fort chatouilleux en fait d'autorité et de devoir, dit qu'il commandait les troupes, qu'il répondait de leur salut au gouvernement anglais, et qu'il ne les hasarderait pas sur une côte ennemie et inconnue, avant d'avoir fait une reconnaissance. Il perdit un jour entier à promener une lunette sur la côte; et, quoiqu'il n'eût pas aperçu un soldat, il refusa cependant de mettre les troupes à terre. Puisaye et le commodore Waren ayant décidé la descente, d'Hervilly y consentit enfin, et, le 9 messidor (27 juin), ces Français, imprudents et aveugles, descendirent pleins de joie sur cette terre, où ils apportaient la guerre civile, et où ils devaient trouver un si triste sort.

La baie dans laquelle ils avaient abordé est formée, d'un côté, par le rivage de la Bretagne, de l'autre, par une presqu'île, large de près d'une lieue, et longue de deux : c'est la fameuse presqu'île de Quiberon. Elle se joint à la terre par une langue de sable étroite, longue d'une lieue, et nommée la Falaise. Le fort Penthièvre, placé entre la presqu'île et la Falaise, défend l'approche du côté de la terre. Il y avait dans ce fort sept cents hommes de garnison. La baie, formée par cette presqu'île et la côte, offre aux vaisseaux l'une des rades les plus sûres et les mieux abritées du continent.

L'expédition avait débarqué dans le fond de la baie, au village de Carnac. A l'instant où elle arrivait, divers chefs, Dubois-Berthelot, d'Allègre, George Cadoudal, Mercier, avertis par Tinténiac, accoururent avec leurs troupes, dispersèrent quelques détachements qui gardaient la côte, les replièrent dans l'intérieur, et se rendirent au rivage. Ils amenaient quatre ou cinq mille hommes aguerris, mais mal armés, mal vêtus, n'allant point en rang, et res-

semblant plutôt à des pillards qu'à des soldats.
A ces chouans s'étaient réunis les paysans du
voisinage, criant *vive le Roi!* et apportant des
œufs, des volailles, des vivres de toute espèce,
à cette armée libératrice qui venait leur rendre
leur prince et leur religion. Puisaye, plein de
joie à cet aspect, comptait déjà que toute la
Bretagne allait s'insurger. Les émigrés qui l'accompagnaient éprouvaient d'autres impressions. Ayant vécu dans les cours, ou servi dans
les plus belles armées de l'Europe, ils voyaient
avec dégoût, et avec peu de confiance, les soldats qu'on allait leur donner à commander.
Déjà les railleries, les plaintes commençaient à
circuler. On apporta des caisses de fusils et
d'habits; les chouans fondirent dessus; des sergents du régiment d'Hervilly voulurent rétablir
l'ordre; une rixe s'engagea, et, sans Puisaye,
elle aurait pu avoir des suites funestes. Ces
premières circonstances étaient peu propres à
établir la confiance entre les insurgés et les
troupes régulières, qui, venant d'Angleterre
et appartenant à cette puissance, étaient à ce
titre un peu suspectes aux chouans. Cependant
on arma les bandes qui arrivaient, et dont le
nombre s'éleva à dix mille hommes en deux
jours. On leur livra des habits rouges et des
fusils, et Puisaye voulut ensuite leur donner

des chefs. Il manquait d'officiers, car les quarante gentilshommes volontaires qui l'avaient suivi étaient fort insuffisants; il n'avait pas encore les cadres à sa disposition, car, suivant le plan convenu, ils croisaient encore devant Saint-Malo; il voulait donc prendre quelques officiers dans les régiments, où ils étaient en grand nombre, les distribuer parmi les chouans, marcher ensuite rapidement sur Vannes et sur Rennes, ne pas donner le temps aux républicains de se reconnaître, soulever toute la contrée, et venir prendre position derrière l'importante ligne de Mayenne. Là, maître de quarante lieues de pays, ayant soulevé toute la population, Puisaye pensait qu'il serait temps d'organiser les troupes irrégulières. D'Hervilly, brave, mais vétilleux, méthodiste, et méprisant ces chouans irréguliers, refusa ces officiers. Au lieu de les donner aux chouans, il voulait choisir parmi ceux-ci des hommes pour compléter les régiments, et puis s'avancer en faisant des reconnaissances et en choisissant des positions. Ce n'était pas là le plan de Puisaye. Il essaya de se servir de son autorité; d'Hervilly la nia, en disant que le commandement des troupes régulières lui appartenait, qu'il répondait de leur salut au gouvernement anglais, et qu'il ne devait pas les compromettre. Puisaye lui représenta qu'il n'avait ce commandement que pendant la traversée, mais qu'arrivé sur le sol de la Bretagne, lui, Puisaye, était le chef suprême, et le maître des opérations. Il envoya sur-le-champ un cotre à Londres, pour faire expliquer les pouvoirs; et, en attendant, il conjura d'Hervilly de ne pas faire manquer l'entreprise par des divisions funestes. D'Hervilly était brave et plein de bonne foi, mais il était peu propre à la guerre civile, et il avait une répugnance prononcée pour ces insurgés déguenillés. Tous les émigrés, du reste, pensaient avec lui qu'ils n'étaient pas faits pour *chouanner*; que Puisaye les compromettait, en les amenant en Bretagne; que c'était en Vendée qu'il aurait fallu descendre, et que là ils auraient trouvé l'illustre Charette, et sans doute d'autres soldats.

Plusieurs jours s'étaient perdus en démêlés de ce genre. On distribua les chouans en trois corps, pour leur faire prendre des positions avancées, de manière à occuper les routes de Lorient à Hennebon et à Aurai. Tinténiac, avec un corps de 2,500 chouans, fut placé à gauche à Landevant; Dubois-Berthelot, à droite vers Aurai, avec une force à peu près égale. Le comte de Vauban, l'un des quarante gentilshommes volontaires qui avaient suivi Puisaye, et l'un de ceux que leur réputation, leur mérite, plaçaient au premier rang, fut chargé d'occuper une position centrale à Mendon, avec quatre mille chouans, de manière à pouvoir secourir Tinténiac ou Dubois-Berthelot. Il avait le commandement de toute cette ligne, défendue par neuf à dix mille hommes, et avancée à quatre ou cinq lieues dans l'intérieur. Les chouans, qui se virent placés là, demandèrent aussitôt pourquoi on ne mettait pas des troupes de ligne avec eux; ils comptaient beaucoup plus sur ces troupes que sur eux-mêmes; ils étaient venus pour se ranger autour d'elles, les suivre, les appuyer, mais ils comptaient qu'elles s'avanceraient les premières pour recevoir le redoutable choc des républicains. Vauban demanda seulement quatre cents hommes, soit pour résister, en cas de besoin, à une première attaque, soit pour rassurer ses chouans, leur donner l'exemple, et leur prouver qu'on ne voulait pas les exposer seuls. D'Hervilly refusa d'abord, puis fit attendre, et enfin envoya ce détachement.

On était débarqué depuis cinq jours, et on ne s'était avancé qu'à trois ou quatre lieues dans les terres. Puisaye était fort mécontent, cependant il dévorait ces contrariétés, espérant vaincre les lenteurs et les obstacles que lui opposaient ses compagnons d'armes. Pensant qu'à tout événement il fallait s'assurer un point d'appui, il proposa à d'Hervilly de s'emparer de la presqu'île, en surprenant le fort Penthièvre. Une fois maîtres de ce fort, qui fermait la presqu'île du côté de la terre, appuyés des deux côtés par les escadres anglaises, ils avaient une position inexpugnable; et cette presqu'île, large d'une lieue, longue de deux, devenait alors un pied à terre aussi sûr et plus commode que celui de Saint-Malo, Brest ou Lorient. Les Anglais pourraient y déposer tout ce qu'ils avaient promis en hommes et en munitions. Cette mesure de sûreté était de nature à plaire à d'Hervilly; il y consentit, mais il voulait une attaque régulière sur le fort Penthièvre. Puisaye ne l'écouta pas, et projeta une attaque de vive force; le commodore Waren, plein de zèle, offrit de la seconder de tous les feux de son escadre. On commença à canonner, le 1er juillet (13 messidor), et on fixa l'attaque décisive pour le 3 (15 messidor). Pendant qu'on en faisait les préparatifs, Puisaye envoya des émissaires par toute la Bretagne, afin d'aller réveiller Scépeaux, Charette, Stofflet, et tous les chefs des provinces insurgées.

La nouvelle du débarquement s'était répandue avec une singulière rapidité ; elle parcourut en deux jours toute la Bretagne, et en quelques jours toute la France. Les royalistes pleins de joie, les révolutionnaires de courroux, croyaient voir déjà les émigrés à Paris. La convention envoya sur-le-champ deux commissaires extraordinaires auprès de Hoche ; elle fit choix de Blad et de Tallien. La présence de ce dernier sur le point menacé devait prouver que les thermidoriens étaient aussi opposés au royalisme qu'à la terreur. Hoche, plein de calme et d'énergie, écrivit sur-le-champ au comité de salut public, pour le rassurer. « Du « calme, lui dit-il, de l'activité, des vivres dont « nous manquons, et les douze mille hommes « que vous m'avez promis depuis si long-« temps. » Aussitôt il donna des ordres à son chef d'état-major ; il fit placer le général Chabot entre Brest et Lorient, avec un corps de quatre mille hommes, pour voler au secours de celui de ces deux ports qui serait menacé : « Veillez surtout, lui dit-il, veillez sur Brest ; « au besoin, enfermez-vous dans la place, et « défendez-vous jusqu'à la mort. » Il écrivit à Aubert-Dubayet, qui commandait les côtes de Cherbourg, de faire filer des troupes sur le nord de la Bretagne, afin de garder Saint-Malo et la côte. Pour garantir le midi, il pria Cauclaux, qui veillait toujours sur Charette et Stofflet, de lui envoyer par Nantes et Vannes le général Lemoine avec des secours. Il fit ensuite rassembler toutes ses troupes sur Rennes, Ploërmel et Vannes, et les échelonna sur ces trois points pour garder ses derrières. Enfin il s'avança lui-même sur Aurai avec tout ce qu'il put réunir sous sa main. Le 14 messidor (2 juillet), il était déjà de sa personne à Aurai, avec trois à quatre mille hommes.

La Bretagne était ainsi enveloppée tout entière. Ici devaient se dissiper les illusions que la première insurrection de la Vendée avait fait naître. Parce qu'en 93 les paysans de la Vendée, ne rencontrant devant eux que des gardes nationales composées de bourgeois qui ne savaient pas manier un fusil, avaient pu s'emparer de tout le Poitou et de l'Anjou, et former ensuite dans leurs ravins et leurs bruyères un établissement difficile à détruire, on s'imagina que la Bretagne se soulèverait au premier signal de l'Angleterre. Mais les Bretons étaient loin d'avoir l'ardeur des premiers Vendéens; quelques bandits seulement, sous le nom de chouans, étaient fortement résolus à la guerre, ou, pour mieux dire, au pillage; et de plus, un jeune capitaine, dont la vivacité égalait le génie, disposant de troupes aguerries, contenait toute une population d'une main ferme et assurée. La Bretagne pouvait-elle se soulever au milieu de pareilles circonstances, à moins que l'armée qui venait la soutenir ne s'avançât rapidement, au lieu de tâtonner sur le rivage de l'Océan ?

Ce n'était pas tout : une partie des chouans qui étaient sous l'influence des agents royalistes de Paris, attendaient pour se réunir à Puisaye, qu'un prince parût avec lui. Le cri de ces agents et de tous ceux qui partageaient leurs intrigues fut que l'expédition était insuffisante et fallacieuse, et que l'Angleterre venait en Bretagne répéter les événements de Toulon. On ne disait plus qu'elle voulait donner la couronne au comte d'Artois, puisqu'il n'y était pas, mais au duc d'York; on écrivit qu'il ne fallait pas seconder l'expédition, mais l'obliger à se rembarquer pour aller descendre auprès de Charette. Celui-ci ne demandait pas mieux. Il répondit aux instances des agents de Puisaye, qu'il avait envoyé M. de Scépeaux à Paris, pour réclamer l'exécution d'un des articles de son traité; qu'il lui fallait donc attendre le retour de cet officier pour ne pas l'exposer à être arrêté en reprenant les armes. Quant à Stofflet, qui était bien mieux disposé pour Puisaye, il fit répondre que, si on lui assurait le grade de lieutenant-général, il allait marcher sur-le-champ, et faire une diversion sur les derrières des républicains.

Ainsi tout se réunissait contre Puisaye, et des vues opposées aux siennes chez les royalistes de l'intérieur, et des jalousies entre les chefs vendéens, et enfin un adversaire habile, disposant de forces bien organisées, et suffisantes pour contenir ce que les Bretons avaient de zèle royaliste.

C'était le 15 messidor (3 juillet) que Puisaye avait résolu d'attaquer le fort Penthièvre. Les soldats qui le gardaient manquaient de pain depuis trois jours. Menacés d'un assaut de vive force, foudroyés par le feu des vaisseaux, mal commandés, ils se rendirent, et livrèrent le fort à Puisaye. Mais dans ce même moment, Hoche, établi à Aurai, faisait attaquer tous les postes avancés des chouans, pour rétablir la communication d'Aurai à Hennebon et Lorient. Il avait ordonné une attaque simultanée sur Landevant et vers le poste d'Aurai. Les chouans de Tinténiac, vigoureusement abordés par les républicains, ne tinrent pas contre des troupes de ligne. Vauban, qui était placé intermédiairement à Mendon, accourut avec une partie de sa réserve au secours de Tinténiac; mais il trouva la bande de celui-ci dispersée, et celle qu'il amenait se rompit en voyant la déroute; il fut obligé de s'enfuir, et de traverser même à la nage deux petits bras de mer, pour venir rejoindre le reste de ses chouans à Mendon. A sa droite, Dubois-Berthelot avait été repoussé : il voyait ainsi les républicains s'avancer à sa droite et à sa gauche, et il allait se trouver en flèche au milieu d'eux. C'est dans ce moment que les quatre cents hommes de ligne qu'il avait demandés lui auraient été d'une grande utilité pour soutenir ses chouans et les ramener au combat; mais d'Hervilly venait de les rappeler pour l'attaque du fort. Cependant il rendit un peu de courage à ses soldats, et les décida à profiter de l'occasion pour tomber sur les derrières des républicains, qui s'engageaient très-avant à la poursuite des fuyards. Il se rejeta alors sur sa gauche, et fondit sur un village où les républicains venaient d'entrer en courant après les chouans. Ils ne s'attendaient pas à cette brusque attaque, et furent obligés de se replier. Vauban se reporta ensuite vers sa position de Mendon; mais il s'y trouva seul, tout avait fui autour de lui, et il fut obligé de se retirer aussi, mais avec ordre, et après un acte de vigueur qui avait modéré la rapidité de l'ennemi.

Les chouans étaient indignés d'avoir été exposés seuls aux coups des républicains; ils se plaignaient amèrement de ce qu'on leur avait enlevé les quatre cents hommes de ligne. Puisaye en fit des reproches à d'Hervilly; celui-ci répondit qu'il les avait rappelés pour l'attaque du fort. Ces plaintes réciproques ne réparèrent rien, et on resta de part et d'autre fort irrité. Cependant on était maître du fort Penthièvre. Puisaye fit débarquer dans la presqu'île tout le matériel envoyé par les Anglais; il y fixa son quartier-général, y transporta toutes les troupes, et résolut de s'y établir solidement. Il donna des ordres aux ingénieurs pour perfectionner la défense du fort, et y ajouter des travaux avancés. On y arbora le drapeau blanc à côté du drapeau anglais, en signe d'alliance entre les rois de France et d'Angleterre. Enfin on décida que chaque régiment fournirait à la garnison un détachement proportionné à sa force. D'Hervilly, qui était fort jaloux de compléter le sien, et de le compléter avec de bonnes troupes, proposa aux républicains qu'on avait fait prisonniers de passer à son service, et de former un troisième bataillon dans son régiment. L'argent, les vivres dont ils avaient manqué, la répugnance à rester prisonniers, l'espérance de pouvoir repasser bientôt du côté de Hoche, les décidèrent, et ils furent enrôlés dans le corps de d'Hervilly.

Puisaye, qui songeait toujours à marcher en avant, et qui ne s'était arrêté à prendre la presqu'île que pour s'assurer une position sur les côtes, parla vivement à d'Hervilly, lui donna les meilleures raisons pour l'engager à seconder ses vues, le menaça même de demander son remplacement, s'il persistait à s'y refuser. D'Hervilly parut un moment se prêter à ses projets. Les chouans, selon Puisaye, n'avaient besoin que d'être soutenus pour déployer de la bravoure; il fallait distribuer les troupes de ligne sur leur front et sur leurs derrières, les placer ainsi au milieu, et avec douze ou treize mille hommes, dont trois mille à peu près de ligne, on pourrait passer sur le corps de Hoche, qui n'avait guère plus de cinq à six mille hommes dans le moment. D'Hervilly consentit à ce plan. Dans cet instant, Vauban, qui sentait sa position très-hasardée, ayant perdu celle qu'il occupait d'abord, demandait des ordres et des secours. D'Hervilly lui envoya un ordre rédigé de la manière la plus pédantesque, dans lequel il lui enjoignait de se replier sur Carnac, et lui prescrivait des mouvements tels qu'on n'aurait pu les faire exécuter par les troupes les plus manœuvrières de l'Europe.

Le 5 juillet (17 messidor), Puisaye sortit de la presqu'île pour passer une revue des chouans, et d'Hervilly en sortit aussi avec son régiment, pour se préparer à exécuter le projet, formé la veille, de marcher en avant. Puisaye ne trouva que la tristesse, le découragement et l'humeur chez ces hommes qui, quelques jours auparavant, étaient pleins d'enthousiasme. Ils disaient qu'on voulait les exposer seuls, et les sacrifier aux troupes de ligne. Puisaye les apaisa le mieux qu'il put, et tâcha de leur rendre quelque courage. D'Hervilly, de son côté, en voyant ces soldats vêtus de rouge et qui portaient si maladroitement l'uniforme et le fusil à baïonnette, dit qu'il n'y avait rien à faire avec de pareilles troupes, et fit rentrer son régiment. Puisaye le rencontra dans cet instant, et lui demanda si c'était ainsi qu'il exécutait le plan convenu. D'Hervilly répondit que jamais il ne se hasarderait à marcher avec de pareils soldats; qu'il n'y avait plus qu'à se rembarquer ou à s'enfermer dans la presqu'île, pour y attendre de nouveaux ordres de Londres; ce qui, dans sa pensée, signifiait l'ordre de descendre en Vendée.

Le lendemain, 6 juillet (18 messidor), Vauban fut secrètement averti qu'il serait attaqué sur toute sa ligne par les républicains. Il se voyait dans une situation des plus dangereuses. Sa gauche s'appuyait à un poste dit de Sainte-Barbe, qui communiquait avec la presqu'île; mais son centre et sa droite longeaient la côte de Carnac, et n'avaient que la mer pour retraite. Ainsi, s'il était vivement attaqué, sa droite et son centre pouvaient être jetés à la mer; sa gauche seule se sauvait par Sainte-Barbe à Quiberon. Ses chouans, découragés, étaient incapables de tenir; il n'avait donc d'autre parti à prendre que de replier son centre et sa droite sur sa gauche, et de filer par la Falaise dans la presqu'île. Mais il s'enfermait alors dans cette langue de terre sans pouvoir en sortir; car le poste de Sainte-Barbe, qu'on abandonnait, sans défense du côté de la terre, était inexpugnable du côté de la Falaise, et la dominait tout entière. Ainsi, ce projet de retraite n'était rien moins que la détermination de se renfermer dans la presqu'île de Quiberon. Vauban demanda donc des secours pour n'être pas réduit à se retirer. D'Hervilly lui envoya un nouvel ordre, rédigé dans tout l'appareil du style militaire, et contenant l'injonction de tenir à Carnac jusqu'à la dernière extrémité. Puisaye somma aussitôt d'Hervilly d'envoyer des troupes; ce qu'il promit.

Le lendemain 7 juillet (19 messidor), à la

pointe du jour, les républicains s'avancent en colonnes profondes, et viennent attaquer les dix mille chouans sur toute la ligne. Ceux-ci regardent sur la Falaise et ne voient pas arriver les troupes régulières. Alors ils entrent en fureur contre les émigrés qui ne viennent pas à leur secours. Le jeune George Cadoudal, dont les soldats refusent de se battre, les supplie de ne pas se débander; mais ils ne veulent pas l'entendre. George, furieux à son tour, s'écrie que ces scélérats d'Anglais et d'émigrés ne sont venus que pour perdre la Bretagne, et que la mer aurait dû les anéantir avant de les transporter sur la côte. Vauban ordonne alors à sa droite et à son centre de se replier sur sa gauche, pour les sauver par la Falaise dans la presqu'île. Les chouans s'y précipitent aveuglément; la plupart sont suivis de leurs familles, qui fuient la vengeance des républicains. Des femmes, des enfants, des vieillards, emportant leurs dépouilles, et mêlés à plusieurs mille chouans en habit rouge, couvrent cette langue de sable étroite et longue, baignée des deux côtés par les flots, et déjà labourée par les balles et les boulets. Vauban, s'entourant alors de tous les chefs, s'efforce de réunir les hommes les plus braves, les engage à ne pas se perdre par une fuite précipitée, et les coujure, pour leur salut et pour leur honneur, de faire une retraite en bon ordre. Ils feront rougir, leur dit-il, cette troupe de ligne qui les laisse seuls exposés à tout le péril. Peu à peu il les rassure, et les décide à tourner la face à l'ennemi, à supporter son feu et à y répondre. Alors, grace à la fermeté des chefs, la retraite commence à se faire avec calme; on dispute le terrain pied à pied. Cependant on n'est pas sûr encore de résister à une charge vigoureuse, et de n'être pas jeté dans la mer; mais heureusement le brave commodore Waren, s'embossant avec ses vaisseaux et ses chaloupes canonnières, vient foudroyer les républicains des deux côtés de la Falaise, et les empêche pour ce jour-là de pousser plus loin leurs avantages.

Les fugitifs se pressent pour entrer dans le fort, mais on leur en dispute un moment l'entrée; ils se précipitent alors sur les palissades, les arrachent, et fondent pêle-mêle dans la presqu'île. Dans cet instant, d'Hervilly arrivait enfin avec son régiment; Vauban le rencontre, et, dans un mouvement de colère, lui dit qu'il lui demandera compte de sa conduite devant un conseil de guerre. Les chouans se répandent dans l'étendue de la presqu'île, où se trouvaient plusieurs villages et quelques hameaux. Tous les logements étaient pris par les régiments;

il s'engage des rixes; enfin les chouans se couchent à terre; on leur donne une demi-ration de riz, qu'ils mangent en nature, n'ayant rien pour la faire cuire.

Ainsi cette expédition, qui devait bientôt porter le drapeau des Bourbons et des Anglais jusqu'aux bords de la Mayenne, était maintenant resserrée dans cette presqu'île, longue de deux lieues. On avait douze ou quinze mille bouches de plus à nourrir, et on n'avait à leur donner ni logement, ni bois à brûler, ni ustensiles pour préparer leurs aliments. Cette presqu'île, défendue par un fort à son extrémité, bordée des deux côtés par les escadres anglaises, pouvait opposer une résistance invincible; mais elle devenait tout-à-coup très-faible par le défaut de vivres. On n'en avait apporté, en effet, que pour nourrir six mille hommes pendant trois mois, et on en avait dix-huit ou vingt mille à faire vivre. Sortir de cette position par une attaque subite sur Sainte-Barbe, n'était guère possible; car les républicains, pleins d'ardeur, retranchaient ce poste de manière à le rendre inexpugnable du côté de la presqu'île. Tandis que la confusion, les haines et l'abattement régnaient dans cet informe rassemblement de chouans et d'émigrés, dans le camp de Hoche, au contraire, soldats et officiers travaillaient avec zèle à élever des retranchements. « Je voyais, dit Puisaye, les officiers eux-mêmes, en chemise, et distingués seulement par leur hausse-col, manier la pioche, et hâter les travaux de leurs soldats. »

Cependant Puisaye décida pour la nuit même une sortie, afin d'interrompre les travaux; mais l'obscurité, le canon de l'ennemi jetèrent la confusion dans les rangs; il fallut rentrer. Les chouans, désespérés, se plaignaient d'avoir été trompés; ils regrettaient leur ancien genre de guerre, et demandaient qu'on les rendît à leurs forêts. Ils mouraient de faim. D'Hervilly, pour les forcer à s'enrôler dans les régiments, avait ordonné qu'on ne distribuât que demi-ration aux troupes irrégulières : ils se révoltèrent. Puisaye, à l'insu duquel l'ordre avait été rendu, le fit révoquer, et la ration entière fut accordée.

Ce qui distinguait Puisaye, outre son esprit, c'était une persévérance à toute épreuve : il ne se découragea pas. Il eut l'idée de choisir l'élite des chouans, de les débarquer en deux troupes, pour parcourir le pays sur les derrières de Hoche, pour soulever les chefs dont on n'avait pas de nouvelles, et les porter en masse sur le camp de Sainte-Barbe, de manière à le prendre à revers, tandis que les troupes de la presqu'île l'attaqueraient de front. Il se délivrait ainsi de six à huit mille bouches, les employait utilement, réveillait le zèle singulièrement amorti des chefs bretons, et préparait une attaque sur les derrières du camp de Sainte-Barbe. Le projet arrêté, il fit le meilleur choix possible dans les chouans, en donna quatre mille à Tinténiac, avec trois intrépides chefs, George, Mercier et d'Allègre, et trois mille à MM. Jean-Jean et Lantivy. Tinténiac devait être débarqué à Sarzeau, près de l'embouchure de la Vilaine; Jean-Jean et Lantivy, près de Quimper. Tous deux devaient, après un circuit assez long, se réunir à Baud le 14 juillet (26 messidor), et marcher, le 16 au matin, sur les derrières du camp de Sainte-Barbe. A l'instant où ils allaient partir, les chefs des chouans vinrent trouver Puisaye, et supplier leur ancien chef de partir avec eux, lui disant que ces traîtres d'Anglais allaient le perdre; il n'était pas possible que Puisaye acceptât. Ils partirent, et furent débarqués heureusement. Puisaye écrivit aussitôt à Londres, pour dire que tout pouvait être réparé, mais qu'il fallait sur-le-champ envoyer des vivres, des munitions, des troupes, et le prince français.

Pendant que ces événements se passaient dans la presqu'île, Hoche avait déjà réuni de huit à dix mille hommes à Sainte-Barbe. Au-

Barbe une force suffisante pour résister à une attaque de vive force. Il était fort inquiété par les chaloupes canonnières anglaises, qui foudroyaient ses troupes dès qu'elles paraissaient sur la Falaise, et ne comptait guère que sur la famine pour réduire les émigrés.

Puisaye, de son côté, se préparait à la journée du 16 (28 messidor). Le 15, une nouvelle division navale arriva dans la baie; c'était celle qui était allée chercher aux bouches de l'Elbe les régiments émigrés passés à la solde de l'Angleterre, et connus sous le nom de régiments à cocarde noire. Elle apportait les légions de Salm, Damas, Béon et Périgord, réduites en tout à onze cents hommes par les pertes de la campagne, et commandées par un officier distingué, M. de Sombreuil. Cette escadre apportait de nouveaux secours en vivres et munitions; elle annonçait trois mille Anglais amenés par lord Graham, et la prochaine arrivée du comte d'Artois avec des forces plus considérables. Une lettre du ministère anglais disait à Puisaye que les cadres étaient retenus sur la côte du nord par les agents royalistes de l'intérieur, qui voulaient, disaient-ils, lui livrer un port. Une autre dépêche, arrivée en même temps, terminait le différend élevé entre d'Hervilly et Puisaye, donnait à ce dernier le commandement absolu de l'expédition, et lui conférait, de plus, le titre de lieutenant-général au service de l'Angleterre.

Puisaye, libre de commander, prépara tout pour la journée du lendemain. Il aurait bien voulu différer l'attaque projetée, pour donner à la division de Sombreuil le temps de débarquer ; mais, tout étant fixé pour le 16, et ce jour ayant été indiqué à Tinténiac, il ne pouvait pas retarder. Le 15 au soir, il ordonna à Vauban d'aller débarquer à Carnac avec douze cents chouans, pour faire une diversion sur l'extrémité du camp de Sainte-Barbe, et pour se lier aux chouans qui allaient l'attaquer par derrière. Les bateaux furent préparés fort tard, et Vauban ne put s'embarquer que dans le milieu de la nuit. Il avait ordre de tirer une fusée s'il parvenait à débarquer, et d'en tirer une seconde s'il ne réussissait pas à tenir le rivage.

Le 16 juillet (28 messidor), à la pointe du jour, Puisaye sortit de la presqu'île avec tout ce qu'il avait de troupes. Il marchait en colonnes. Le brave régiment de Loyal-Émigrant était en tête avec les artilleurs de Rothalier; sur la droite s'avançaient les régiments de Royal-Marine et de Drusenay, avec six cents chouans commandés par le duc de Levis. Le régiment d'Hervilly, et mille chouans commandés par le chevalier de Saint-Pierre, occupaient la gauche. Ces corps réunis formaient à peu près quatre mille hommes. Tandis qu'ils s'avançaient sur la Falaise, ils aperçurent une première fusée lancée par le comte Vauban; ils n'en virent pas une seconde, et ils crurent que Vauban avait réussi. Ils continuèrent leur marche; on entendit alors comme un bruit lointain de mousqueterie : « C'est Tinténiac, s'écrie Pui-« saye; en avant! » Alors on sonne la charge, et on marche sur les retranchements des républicains. L'avant-garde de Hoche, commandée par Humbert, était placée devant les hauteurs de Sainte-Barbe. A l'approche de l'ennemi, elle se replie, et rentre dans les lignes. Les assaillants s'avancent pleins de joie; tout-à-coup un corps de cavalerie qui était resté déployé fait un mouvement, et démasque des batteries formidables. Un feu de mousqueterie et d'artillerie accueille les émigrés; la mitraille, les boulets et les obus pleuvent sur eux. A la droite, les régiments de Royal-Marine et de Drusenay perdent des rangs entiers sans s'ébranler; le duc de Levis est blessé grièvement à la tête de ses chouans; à gauche, le régiment d'Hervilly s'avance bravement sous le feu. Cependant cette fusillade qu'on avait cru entendre sur les derrières et sur les côtés a cessé de retentir. Tinténiac ni Vauban n'ont donc pas attaqué, et il n'y a pas d'espoir d'enlever le camp. Dans ce moment, l'armée républicaine, infanterie et cavalerie, sort de ses retranchements; Puisaye, voyant qu'il n'y a plus qu'à se faire égorger, prescrit à d'Hervilly de donner à droite l'ordre de la retraite, tandis que lui-même la fera exécuter à gauche. Dans ce moment, d'Hervilly, qui bravait le feu avec le plus grand courage, reçoit un biscaïen au milieu de la poitrine. Il charge un aide-de-camp de porter l'ordre de la retraite; l'aide-de-camp est emporté par un boulet de canon : n'étant pas avertis, le régiment de d'Hervilly et les mille chouans du chevalier de Saint-Pierre continuent de s'avancer sous ce feu épouvantable. Tandis qu'on sonne la retraite à gauche, on sonne la charge à droite. La confusion et le carnage sont épouvantables. Alors la cavalerie républicaine fond sur l'armée émigrée, et la ramène en désordre sur la Falaise. Les canons de Rothalier, engagés dans le sable, sont enlevés. Après avoir fait des prodiges de courage, toute l'armée fuit vers le fort Penthièvre; les républicains la poursuivent en toute hâte, et vont entrer dans le fort avec elle; mais un secours inespéré la soustrait à la poursuite des vainqueurs, Vauban, qui devait être à Carnac, est à l'extrémité de la Falaise avec ses chouans; le commodore Waren est avec lui. Tous deux, montés sur les chaloupes canonnières, et dirigeant sur la Falaise un feu violent, arrêtent les républicains et sauvent encore une fois la malheureuse armée de Quiberon.

Ainsi Tinténiac n'avait pas paru; Vauban, débarqué trop tard, n'avait pu surprendre les républicains, avait été ensuite mal secondé par ses chouans, qui trempaient leurs fusils dans l'eau pour ne pas se battre, et s'était replié près du fort; sa seconde fusée, lancée en plein jour, n'avait pas été aperçue; et c'est ainsi que Puisaye, trompé dans toutes ses combinaisons, venait d'essuyer cette désastreuse défaite. Tous les régiments avaient fait d'affreuses pertes : celui de Royal-Marine, sur soixante-douze officiers, en avait perdu cinquante-trois; les autres avaient fait des pertes à proportion.

Il faut convenir que Puisaye avait mis beaucoup de précipitation à attaquer le camp. Quatre mille hommes allant en attaquer dix mille solidement retranchés, devaient s'assurer, d'une manière certaine, que toutes les attaques préparées sur les derrières et sur les flancs étaient prêtes à s'effectuer. Il ne suffisait pas d'un rendez-vous donné à des corps qui avaient tant d'obstacles à vaincre, pour croire qu'ils seraient arrivés au point et à l'heure indiqués ; il fallait convenir d'un signal, d'un moyen quelconque de s'assurer de l'exécution du plan. En cela, Puisaye, quoique trompé par le bruit d'une mousqueterie lointaine, n'avait pas agi avec assez de précaution. Du reste, il avait payé de sa personne, et suffisamment répondu à ceux qui affectaient de suspecter sa bravoure, parce qu'ils ne pouvaient pas nier son esprit.

Il est facile de comprendre pourquoi Tinténiac n'avait point paru. Il avait trouvé à Elven l'ordre de se rendre à Coëtlogon ; il avait cédé à cet ordre étrange, dans l'espoir de regagner le temps perdu par une marche forcée. A Coëtlogon, il avait trouvé des femmes chargées de lui transmettre l'ordre de marcher sur Saint-Brieuc. C'étaient les agents opposés à Puisaye, qui, usant du nom du roi, au nom duquel ils parlaient toujours, voulaient faire concourir les corps détachés par Puisaye à la contre-expédition qu'ils méditaient sur Saint-Malo ou sur Saint-Brieuc. Tandis que l'on conférait sur cet ordre, le château de Coëtlogon était attaqué par les détachements que Hoche avait lancés à la poursuite de Tinténiac; celui-ci était accouru, et était tombé mort, frappé d'une balle au front. Son successeur au commandement avait consenti à marcher sur Saint-Brieuc. De leur côté, MM. de Lantivy et Jean-Jean, débarqués aux environs de Quimper, avaient trouvé des ordres semblables; les chefs s'étaient divisés, et, voyant ce conflit d'ordres et de projets, leurs soldats, déjà mécontents, s'étaient dispersés. C'est ainsi qu'aucun des corps envoyés par Puisaye, pour faire diversion, n'était arrivé au rendez-vous. L'agence de Paris, avec ses projets, avait ainsi privé Puisaye des cadres qu'elle retenait sur la côte du nord, des deux détachements qu'elle avait empêchés de se rendre à Baud le 14, et enfin du concours de tous les chefs auxquels elle avait signifié l'ordre de ne faire aucun mouvement.

Renfermé dans Quiberon, Puisaye n'avait donc plus aucun espoir d'en sortir pour marcher en avant; il ne lui restait qu'à se rembarquer, avant d'y être forcé par la famine, pour aller essayer une descente plus heureuse sur une autre partie de la côte, c'est-à-dire en Vendée. La plupart des émigrés ne demandaient pas mieux; le nom de Charette leur faisait espérer en Vendée un grand général à la tête d'une belle armée. Ils étaient charmés d'ailleurs de voir la contre-révolution opérée par tout autre que Puisaye.

Pendant ce temps, Hoche examinait cette presqu'île, et cherchait le moyen d'y pénétrer. Elle était défendue en tête par le fort Penthièvre, et sur les bords par les escadres anglaises. Il ne fallait pas songer à y débarquer dans des bateaux; prendre le fort au moyen d'un siége régulier était tout aussi impossible, car on ne pouvait y arriver que par la Falaise, toujours balayée par le feu des chaloupes canonnières. Les républicains, en effet, n'y pouvaient pas faire une reconnaissance sans être mitraillés. Il n'y avait qu'une surprise de nuit ou la famine qui pussent donner la presqu'île à Hoche. Une circonstance le détermina à tenter une surprise, quelque périlleuse qu'elle fût. Les prisonniers, qu'on avait enrôlés presque malgré eux dans les régiments émigrés, auraient pu être retenus tout au plus par le succès; mais leur intérêt le plus pressant, à défaut de patriotisme, les engageait à passer du côté d'un ennemi victorieux, qui allait les traiter comme déserteurs s'il les prenait les armes à la main. Ils se rendaient en foule au camp de Hoche, pendant la nuit, disant qu'ils ne s'étaient enrôlés que pour sortir des prisons, ou pour n'y pas être envoyés. Ils lui indiquèrent un moyen de pénétrer dans la presqu'île. Un rocher était placé à la gauche du fort Penthièvre; on pouvait, en entrant dans l'eau jusqu'à la poitrine, faire le circuit de ce rocher; on trouvait ensuite un sentier qui conduisait au sommet du fort. Les transfuges avaient assuré, au nom de leurs camarades composant la garnison, qu'ils aideraient à en ouvrir les portes.

Hoche n'hésita pas malgré le danger d'une pareille tentative. Il forma son plan d'après les indications qu'il avait obtenues, et résolut de s'emparer de la presqu'île, pour enlever toute l'expédition, avant qu'elle eût le temps de remonter sur ses vaisseaux. Le 20 juillet au soir (2 thermidor), le ciel était sombre; Puisaye et Vauban avaient ordonné des patrouilles pour se garantir d'une attaque nocturne. « Avec un « temps pareil, dirent-ils aux officiers, faites-« vous tirer des coups de fusil par les sentinelles « ennemies. » Tout leur paraissant tranquille, ils allèrent se coucher en pleine sécurité.

Les préparatifs étaient faits dans le camp républicain. A peu près vers minuit, Hoche s'ébranle avec son armée. Le ciel était chargé de nuages; un vent très-violent soulevait les vagues et couvrait de sourds mugissements le bruit des armes et des soldats. Hoche dispose ses troupes en colonnes sur la Falaise; il donne ensuite trois cents grenadiers à l'adjudant-général Ménage, jeune républicain d'un courage héroïque. Il lui ordonne de filer à sa droite, d'entrer dans l'eau avec ses grenadiers, de tourner le rocher sur lequel s'appuient les murs, de gravir le sentier, et de tâcher de s'introduire ainsi dans le fort. Ces dispositions faites, on marche dans le plus grand silence; des patrouilles auxquelles on avait donné des uniformes rouges enlevés sur les morts dans la journée du 16, et ayant le mot d'ordre, trompent les sentinelles avancées. On approche sans être reconnu. Ménage entre dans la mer avec ses trois cents grenadiers; le bruit du vent couvre celui qu'ils font en agitant les eaux. Quelques-uns tombent et se relèvent, d'autres sont engloutis dans les abîmes. Enfin, de rochers en rochers, ils arrivent à la suite de leur intrépide chef, et parviennent à gravir le sentier qui conduit au fort. Pendant ce temps, Hoche est arrivé jusque sous les murs avec ses colonnes. Mais tout-à-coup les sentinelles reconnaissent une des fausses patrouilles; elles aperçoivent dans l'obscurité une ombre longue et mouvante; sur-le-champ elles font feu; l'alarme est donnée. Les canonniers toulonnais accourent à leurs pièces, et font pleuvoir la mitraille sur les troupes de Hoche; le désordre s'y met, elles se confondent, et sont prêtes à s'enfuir. Mais dans ce moment Ménage arrive au sommet du fort; les soldats complices des assaillants accourent sur les créneaux, présentent la crosse de leurs fusils aux républicains, et les introduisent. Tous ensemble fondent alors sur le reste de la garnison, égorgent ceux qui résistent, et arborent aussitôt le pavillon tricolore. Hoche, au milieu du désordre que les batteries ennemies ont jeté dans ses colonnes, ne s'ébranle pas un instant; il court à chaque chef, le ramène à son poste, fait rentrer chacun à son rang, et rallie son armée sous cette épouvantable pluie de feu. L'obscurité commençant à devenir moins épaisse, il aperçoit le pavillon républicain sur le sommet du fort : « Quoi! dit-il à ses soldats, vous reculerez lorsque déjà vos camarades ont placé « leur drapeau sur les murs ennemis! » Il les entraîne sur les ouvrages avancés où campaient une partie des chouans, on y pénètre de toutes parts, et on se rend enfin maître du fort.

Dans ce moment, Vauban, Puisaye, éveillés par le feu, accouraient au lieu du désastre; mais il n'était plus temps. Ils voient fuir pêlemêle les chouans, les officiers abandonnés par leurs soldats, et les restes de la garnison demeurés fidèles. Hoche ne s'arrête pas à la prise du fort; il rallie une partie de ses colonnes, et s'avance dans la presqu'île avant que l'armée d'expédition puisse se rembarquer. Puisaye, Vauban, tous les chefs, se retirent vers l'intérieur, où restaient encore le régiment d'Hervilly, les débris des régiments de Drusenay, de Royal-Marine, de Loyal-Émigrant, et la légion de Sombreuil, débarquée depuis deux jours, et forte de onze cents hommes. En prenant une bonne position, et il y en avait plus d'une dans la presqu'île, en l'occupant avec les trois mille hommes de troupes réglées qu'on avait encore, on pouvait donner à l'escadre le temps de recueillir les malheureux émigrés. Le feu des chaloupes canonnières aurait protégé l'embarquement; mais le désordre régnait dans les esprits; les chouans se précipitaient dans la mer avec leurs familles, pour entrer dans quelques bateaux de pêcheurs qui étaient sur la rive, et gagner l'escadre que le mauvais temps tenait fort éloignée. Les troupes, éparpillées dans la presqu'île, couraient çà et là, ne sachant où se rallier. D'Hervilly, capable de défendre vigoureusement une position, et connaissant très-bien les lieux, était mortellement blessé; Sombreuil, qui lui avait succédé, ne connaissait pas le terrain, ne savait où s'appuyer, où se retirer, et, quoique brave, paraissait, dans cette circonstance, avoir perdu la présence d'esprit nécessaire. Puisaye, arrivé auprès de Sombreuil, lui indique une position. Sombreuil lui demande s'il a envoyé à l'escadre pour la faire approcher; Puisaye répond qu'il a envoyé un pilote habile et dévoué; mais le temps est mauvais, le pilote n'arrive pas assez vite au gré de malheureux menacés d'être jetés à la mer. Les colonnes républicaines approchent; Sombreuil insiste de nouveau. « L'escadre est-elle avertie? » demande-t-il à Puisaye. Ce dernier accepte alors la commission de voler à bord pour faire approcher le commodore, commission qu'il convenait mieux de donner à un autre, car il devait être le dernier à se tirer du péril. Une raison le décida, la nécessité d'enlever sa correspondance, qui aurait compromis toute la Bretagne, si elle était tombée dans les mains des républicains. Il était sans doute aussi pressant de la sauver que de sauver l'armée elle-même; mais Puisaye pouvait la faire porter à bord sans y aller lui-même. Il part, et arrive au bord du commodore en même temps que le pilote qu'il avait envoyé. L'éloignement, l'obscurité, le mauvais temps, avaient empêché qu'on pût, de l'escadre, apercevoir le désastre. Le brave général Waren, qui pendant l'expédition avait secondé les émigrés de tous ses moyens, fait force de voiles, arrive enfin avec ses vaisseaux à la portée du canon, à l'instant où Hoche, à la tête de sept cents grenadiers, pressait la légion de Sombreuil, et allait lui faire perdre terre. Quel spectacle présentait en cet instant cette côte malheureuse! la mer agitée permettait à peine aux embarcations d'approcher du rivage; une multitude de chouans, de soldats fugitifs, entraient dans l'eau jusqu'à la hauteur du cou pour joindre les embarcations, et se noyaient pour y arriver plus tôt; un millier de malheureux émigrés, placés entre la mer et les baïonnettes des républicains, étaient réduits à se jeter ou dans les flots ou sur le fer ennemi, et souffraient autant du feu de l'escadre anglaise que les républicains eux-mêmes. Quelques embarcations étaient arrivées, mais sur un autre point. De ce côté, il n'y avait qu'une goëlette qui faisait un feu épouvantable, et qui suspendit un instant la marche des républicains. Quelques grenadiers crièrent, dit-on, aux émigrés : « Rendez-vous, on ne vous fera rien. » Ce mot courut de rangs en rangs. Sombreuil voulut s'approcher pour parlementer avec le général Humbert; mais le feu empêchait de s'avancer. Aussitôt un officier émigré se jeta à la nage pour aller faire cesser le feu. Hoche ne voulait pas une capitulation; il connaissait trop bien les lois contre les émigrés pour oser s'engager, et il était incapable de promettre ce qu'il ne pouvait pas tenir. Il a assuré, dans une lettre publiée dans toute l'Europe, qu'il n'entendit aucune des promesses attribuées au général Humbert, et qu'il ne les aurait pas autorisées. Quelques-uns de ses soldats purent crier, *Rendez-vous!* mais il n'offrit rien, ne promit rien. Il s'avança, et les émigrés, n'ayant plus d'autre ressource que de se rendre ou de se faire tuer, eurent l'espoir qu'on les traiterait peut-être comme les Vendéens. Ils mirent bas les armes. Aucune capitulation, même verbale, n'eut lieu avec Hoche. Vauban, qui était présent, avoue qu'il n'y eut aucune convention faite, et il conseilla même à Sombreuil de ne pas se rendre sur la vague espérance qu'inspiraient les cris de quelques soldats.

Beaucoup d'émigrés se percèrent de leurs épées; d'autres se jetèrent dans les flots pour rejoindre les embarcations. Le commodore Waren fit tous ses efforts pour vaincre les obstacles que présentait la mer, et pour sauver le plus grand nombre possible de ces malheureux. Il y en avait une foule qui, en voyant approcher les chaloupes, étaient entrés dans l'eau jusqu'au cou; du rivage on tirait sur leurs têtes. Quelquefois ils s'élançaient sur ces chaloupes déjà surchargées, et ceux qui étaient dedans, craignant d'être submergés, leur coupaient les mains à coups de sabre.

Il faut quitter ces scènes d'horreur, où des malheurs affreux punissaient de grandes fautes. Plus d'une cause avait contribué à empêcher le succès de cette expédition. D'abord, on avait trop présumé de la Bretagne. Un peuple vraiment disposé à s'insurger éclate, comme firent les Vendéens en mai 1793, va chercher des chefs, les supplie, les force de se mettre à sa tête, mais n'attend pas qu'on l'organise, ne souffre pas deux ans d'oppression pour se soulever quand l'oppression est finie. Serait-il dans les meilleures dispositions, un surveillant comme Hoche l'empêcherait de les manifester. Il y avait donc beaucoup d'illusions dans Puisaye. Cependant on aurait pu tirer parti de ce peuple, et trouver dans son sein beaucoup d'hommes disposés à combattre, si une expédition considérable s'était avancée jusqu'à Rennes, et eût chassé devant elle l'armée qui comprimait le pays. Pour cela, il aurait fallu que les chefs des insurgés fussent d'accord avec Puisaye, Puisaye avec l'agence de Paris ; que les instructions les plus contraires ne fussent pas envoyées aux chefs des chouans ; que les uns ne reçussent pas l'ordre de demeurer immobiles, que les autres ne fussent pas dirigés sur des points opposés à ceux que désignait Puisaye ; que les émigrés comprissent mieux la guerre qu'ils allaient faire, et méprisassent un peu moins ces paysans qui se dévouaient à leur cause ; il aurait fallu que les Anglais se méfiassent moins de Puisaye, ne lui adjoignissent pas un second chef, lui eussent donné à la fois tous les moyens qu'ils lui destinaient, et tenté cette expédition avec toutes leurs forces réunies ; il fallait surtout un grand prince à la tête de l'expédition ; il ne le fallait pas même grand, il fallait seulement qu'il fût le premier à mettre le pied sur le rivage. A son aspect, tous les obstacles s'évanouissaient. Cette division des chefs vendéens entre eux, des chefs vendéens avec le chef breton, du chef breton avec les agents de Paris, des chouans avec les émigrés, de l'Espagne avec l'Angleterre, cette division de tous les éléments de l'entreprise cessait à l'instant même. A l'aspect du prince, tout l'enthousiasme de la contrée se réveillait, tout le monde se soumettait à ses ordres, et concourait à l'entreprise. Hoche pouvait être enveloppé, et, malgré ses talents et sa vigueur, il eût été obligé de reculer devant une influence toute-puissante dans ces pays. Sans doute il restait derrière lui ces vaillantes armées qui avaient vaincu l'Europe; mais l'Autriche pouvait les occuper sur le Rhin, et les empêcher de faire de grands détachements; le gouvernement n'avait plus l'énergie du grand comité, et la révolution eût couru de grands périls. Dépossédée vingt ans plus tôt, ses bienfaits n'auraient pas eu le temps de se consolider; des efforts inouïs, des victoires immortelles, des torrents de sang, tout restait sans fruit pour la France; ou si du moins il n'était pas donné à une poignée de fugitifs de soumettre à leur joug une brave nation, ils auraient mis sa régénération en péril, et quant à eux, ils n'auraient pas perdu leur cause sans la défendre, et ils auraient honoré leur prétention par leur énergie.

Tout fut imputé à Puisaye et à l'Angleterre par les brouillons qui composaient le parti royaliste. Puisaye était, à les entendre, un traître vendu à Pitt pour renouveler les scènes de Toulon. Cependant il était constant que Puisaye avait fait ce qu'il avait pu. Il était absurde de supposer que l'Angleterre ne voulût pas réussir; ses propres précautions à l'égard de Puisaye, le choix qu'elle fit elle-même de d'Hervilly pour empêcher que les corps émigrés ne fussent trop compromis, et, enfin, le zèle que le commodore Waren mit à sauver les malheureux restés dans la presqu'île, prouvent que, malgré son génie politique, elle n'avait pas médité le crime hideux et lâche qu'on lui attribuait. Justice à tous, même aux implacables ennemis de notre révolution et de notre patrie!

Le commodore Waren alla débarquer à l'île d'Houat les malheureux restes de l'expédition; il attendit là de nouveaux ordres de Londres et l'arrivée du comte d'Artois, qui était à bord du *Lord Moira*, pour savoir ce qu'il faudrait faire. Le désespoir régnait dans cette petite île : les émigrés, les chouans dans la plus grande misère, et atteints d'une maladie contagieuse, se livraient aux récriminations, et accusaient amèrement Puisaye. Le désespoir était bien plus grand encore à Aurai et à Vannes, où avaient été transportés les mille émigrés pris les armes à la main. Hoche, après les avoir vaincus, s'était soustrait à ce spectacle douloureux, pour courir à la poursuite de la bande de Tinténiac, appelée l'armée Rouge. Le sort des prisonniers ne le regardait plus : que pouvait-il pour eux? Les lois existaient, il ne pouvait les annuler. Il en référa au comité de salut public et à Tallien. Tallien partit sur-le-champ, et arriva à Paris la veille de l'anniversaire du 9 thermidor. Le lendemain on célébrait, suivant le nouveau mode adopté, une fête dans le sein même de l'assemblée, en commémoration de la chute de Robespierre. Tous les représentants siégeaient en costume; un nombreux orchestre exécutait des airs patriotiques; des chœurs chantaient les hymnes de Chénier. Courtois lut un rapport sur la journée du 9 thermidor. Tallien lut ensuite un autre rapport sur l'affaire de Quiberon. On remarqua chez lui l'intention de se procurer un double triomphe; néanmoins on applaudit vivement ses services de l'année dernière et ceux qu'il venait de rendre dans le moment. Sa présence, en effet, n'avait pas été inutile à Hoche. Il y eut, le même jour, un banquet chez Tallien; les principaux girondins s'y étaient réunis aux thermidoriens; Louvet, Lanjuinais y assistaient. Lanjuinais porta un toast au 9 thermidor, et aux députés courageux qui avaient abattu la tyrannie; Tallien en porta un second aux soixante-treize, aux vingt-deux, aux députés victimes de la terreur; Louvet ajouta ces mots: *Et à leur union intime avec les hommes du 9 thermidor.*

Ils avaient grand besoin, en effet, de se réunir pour combattre, à efforts communs, les adversaires de toute espèce soulevés contre la république. La joie fut grande, surtout en songeant au danger qu'on aurait couru, si l'expédition de l'Ouest avait pu concourir avec celle que le prince de Condé avait préparée vers l'Est.

Il fallait décider du sort des prisonniers. Beaucoup de sollicitations furent adressées aux comités; mais, dans la situation présente, les sauver était impossible. Les républicains disaient que le gouvernement voulait rappeler les émigrés, leur rendre leurs biens, et conséquemment rétablir la royauté; les royalistes, toujours présomptueux, soutenaient la même chose; ils disaient que leurs amis gouvernaient, et ils devenaient d'autant plus audacieux qu'ils espéraient davantage. Témoigner la moindre indulgence dans cette occasion, c'était justifier les craintes des uns, les folles espérances des autres; c'était mettre les républicains au désespoir, et encourager les royalistes aux plus hardies tentatives. Le comité de salut public ordonna l'application des lois, et certes, il n'y avait pas de montagnards dans son sein; mais il sentait l'impossibilité de faire autrement. Une commission, réunie à Vannes, fut chargée de distinguer les prisonniers enrôlés malgré eux des véritables émigrés. Ces derniers furent fusillés. Les soldats en firent échapper le plus qu'ils purent. Beaucoup de braves gens périrent; mais ils ne devaient pas être étonnés de leur sort, après avoir porté la guerre dans leur pays, et avoir été pris les armes à la main. Moins menacée par des ennemis de toute espèce, et surtout par leurs propres complices, la république aurait pu leur faire grace : elle ne le pouvait pas dans les circonstances présentes. M. de Sombreuil, quoique brave officier, céda au moment de la mort à un mouvement peu digne de son courage. Il écrivit une lettre au commodore Waren, où il accusait Puisaye avec la violence du désespoir. Il chargea Hoche de la faire parvenir au commodore. Quoiqu'elle renfermât une assertion fausse, Hoche, respectant la volonté d'un mourant, l'adressa au commodore; mais il répondit par une lettre à l'assertion de Sombreuil, et la démentit : « J'étais, dit-il, à la tête des sept « cents grenadiers de Humbert, et j'assure qu'il « n'a été fait aucune capitulation. » Tous les contemporains auxquels le caractère du jeune général a été connu l'ont jugé incapable de mentir. Des témoins oculaires confirment d'ailleurs son assertion. La lettre de Sombreuil nuisit singulièrement à l'émigration et à Puisaye, et on l'a trouvée même si peu honorable pour la mémoire de son auteur, qu'on a prétendu que c'étaient les républicains qui l'avaient supposée; imputation tout-à-fait digne des misérables contes qu'on faisait chez les émigrés.

Pendant que le parti royaliste venait d'essuyer à Quiberon un si rude échec, il s'en préparait un autre pour lui en Espagne. Moncey était rentré de nouveau dans la Biscaye, avait pris Bilbao et Vittoria, et serrait de près Pampelune. Le favori qui gouvernait la cour, après n'avoir pas voulu d'abord d'une ouverture de paix faite par le gouvernement au commencement de la campagne, parce qu'il n'en fut pas l'intermédiaire, se décida à négocier, et envoya à Bâle le chevalier d'Yriarte. La paix fut signée à Bâle avec l'envoyé de la république, Barthélemy, le 24 messidor (12 juillet), au moment même des désastres de Quiberon. Les conditions étaient la restitution de toutes les conquêtes que la France avait faites sur l'Espagne, et en équivalent la cession en notre faveur de la partie espagnole de Saint-Domingue. La France faisait ici de grandes concessions pour un avantage bien illusoire, car Saint-Domingue n'était déjà plus à personne;

mais ces concessions étaient dictées par la plus sage politique. La France ne pouvait rien désirer au-delà des Pyrénées; elle n'avait aucun intérêt à affaiblir l'Espagne : elle aurait dû, au contraire, s'il eût été possible, rendre à cette puissance les forces qu'elle avait perdues dans une lutte entreprise à contre-sens des intérêts des deux nations.

Cette paix fut accueillie avec la joie la plus vive par tout ce qui aimait la France et la république. C'était encore une puissance détachée de la coalition, c'était un Bourbon qui reconnaissait la république, et c'étaient deux armées disponibles à transporter sur les Alpes, dans l'Ouest et sur le Rhin. Les royalistes furent au désespoir. Les agents de Paris surtout craignaient qu'on ne divulguât leurs intrigues, ils redoutaient une communication de leurs lettres écrites en Espagne. L'Angleterre y aurait vu tout ce qu'ils disaient d'elle; et, quoique cette puissance fût hautement décriée pour l'affaire de Quiberon, c'était la seule désormais qui pût donner de l'argent : il fallait la ménager, sauf à la tromper ensuite, si c'était possible*.

* Le tome V de Puisaye contient la preuve de tout cela.

Un autre succès non moins important fut remporté par les armées de Jourdan et de Pichegru. Après bien des lenteurs, il avait été enfin décidé qu'on passerait le Rhin. Les armées française et autrichienne se trouvaient en présence sur les deux rives du fleuve, depuis Bâle jusqu'à Dusseldorf. La position défensive des Autrichiens devenait excellente sur le Rhin. Les forteresses de Dusseldorf et d'Ehrenbreitstein couvraient leur droite; Mayence, Manheim, Philisbourg leur centre et leur gauche; le Necker et le Mein, prenant leur source non loin du Danube, et coulant presque parallèlement vers le Rhin, formaient deux importantes lignes de communication entre les états héréditaires, apportaient les subsistances en quantité, et couvraient les deux flancs de l'armée qui voudrait agir concentriquement vers Mayence. Le plan à suivre sur ce champ de bataille est le même pour les Autrichiens et pour les Français : les uns et les autres (de l'avis d'un grand capitaine et d'un célèbre critique) doivent tendre à agir concentriquement entre le Mein et le Necker. Les armées françaises de Jourdan et de Pichegru auraient dû s'efforcer de passer le Rhin vers Mayence, à peu de distance l'une de l'autre, se réunir ensuite dans la vallée du Mein, séparer Clerfayt de Wurmser, et remonter entre le Necker et le Mein, en tâchant de battre alternativement les deux généraux autrichiens. De même les généraux autrichiens devaient chercher à se concentrer pour déboucher par Mayence sur la rive gauche, et tomber ou sur Jourdan ou sur Pichegru. S'ils étaient prévenus, si le Rhin était passé sur un point, ils devaient se concentrer entre le Necker et le Mein, empêcher la réunion des deux armées françaises, et profiter d'un moment pour tomber sur l'une ou sur l'autre. Les généraux autrichiens avaient tout l'avantage pour prendre l'initiative, car ils occupaient Mayence, et pouvaient déboucher, quand il leur plaisait, sur la rive gauche.

Les Français prirent l'initiative. Après bien des lenteurs, les barques hollandaises étaient enfin arrivées à la hauteur de Dusseldorf, et Jourdan se prépara à franchir le Rhin. Le 20 fructidor (6 septembre), il passa à Eichelcamp, Dusseldorf et Neuwied, par une manœuvre très-hardie; il s'avança par la route de Dusseldorf à Francfort, entre la ligne de la neutralité prussienne et le Rhin, et arriva vers la Lahn le quatrième jour complémentaire (20 septembre). Au même instant, Pichegru avait ordre d'essayer le passage sur le Haut-Rhin, et de sommer Manheim. Cette ville florissante, menacée d'un bombardement, se rendit contre toute attente le quatrième jour complémentaire (20 septembre). Dès cet instant tous les avantages étaient pour les Français. Pichegru, basé sur Manheim, devait y attirer toute son armée, et se joindre à Jourdan dans la vallée du Mein. On pouvait alors séparer les deux généraux autrichiens, et agir concentriquement entre le Mein et le Necker. Il importait surtout de tirer Jourdan de sa position entre la ligne de neutralité et le Rhin, car son armée, n'ayant pas les moyens de transport nécessaires pour ses vivres, et ne pouvant traiter le pays en ennemi, allait bientôt manquer du nécessaire si elle ne marchait pas en avant.

Ainsi, dans ce moment, tout était succès pour la république. Paix avec l'Espagne, destruction de l'expédition faite par l'Angleterre sur les côtes de Bretagne, passage du Rhin, et offensive heureuse en Allemagne, elle avait tous les avantages à la fois. C'était à ses généraux et à son gouvernement à profiter de tant d'événements heureux.

FIN DU TOME SEPTIÈME.

TABLE

DES CHAPITRES

CONTENUS DANS LE TOME SEPTIÈME.

CHAPITRE PREMIER.

Conséquences du 9 thermidor. — Modifications apportées au gouvernement révolutionnaire. — Réorganisation du personnel des comités. — Révocation de la loi du 22 prairial; décrets d'arrestation contre Fouquier-Tinville, Lebon, Rossignol, et autres agents de la dictature; suspension du tribunal révolutionnaire; élargissement des suspects. — Deux partis se forment, les montagnards et les thermidoriens. — Réorganisation des comités de gouvernement. — Modifications des comités révolutionnaires. — État des finances, du commerce et de l'agriculture après la terreur. — Accusation portée contre les membres des anciens comités, et déclarée calomnieuse par la convention. — Explosion de la poudrière de Grenelle; exaspération des partis. — Rapport fait à la convention sur l'état de la France. Nombreux et importants décrets sur toutes les parties de l'administration. — Les restes de Marat sont transportés au Panthéon et mis à la place de ceux de Mirabeau........ 1

CHAPITRE II.

Reprise des opérations militaires. — Reddition de Condé, Valenciennes, Landrecies et Le Quesnoy. Découragement des coalisés. — Batailles de l'Ourthe et de la Roër. — Passage de la Meuse. — Occupation de toute la ligne du Rhin. — Situation des armées aux Alpes et aux Pyrénées. Succès des Français sur tous les points. — État de la Vendée et de la Bretagne; guerre des chouans. Puisaye, agent principal royaliste en Bretagne. — Rapports du parti royaliste avec les princes français et l'étranger. Intrigues à l'intérieur; rôle des princes émigrés............................ 77

CHAPITRE III.

Hiver de l'an III. Réformes administratives dans toutes les provinces. — Nouvelles mœurs. Parti thermidorien; la *jeunesse dorée*. Salons de Paris. — Lutte des deux partis dans les sections; rixes et scènes tumultueuses. — Violences du parti révolutionnaire aux Jacobins et au club électoral. — Décrets sur les sociétés populaires. — Décrets relatifs aux finances. Modifications au maximum et aux réquisitions. — Procès de Carrier. — Agitation dans Paris, et exaspération croissante des deux partis. — Attaque de la salle des Jacobins par la jeunesse dorée. — Clôture du club des jacobins. — Rentrée des soixante-treize députés emprisonnés après le 31 mai. — Condamnation et supplice de Carrier. — Poursuites commencées contre Billaud-Varennes, Collot-d'Herbois et Barrère........................... 111

CHAPITRE IV.

Continuation de la guerre sur le Rhin. Prise de Nimègue par les Français. — Politique extérieure de la France. Plusieurs puissances demandent à traiter. — Décret d'amnistie pour la Vendée. — Conquête de la Hollande par Pichegru. Prise d'Utrecht, d'Amsterdam et des principales villes; occupation des sept Provinces-Unies. Nouvelle organisation politique de la Hollande. — Victoires aux Pyrénées. — Fin de la campagne de 1794. — La Prusse et plusieurs autres puissances coalisées demandent la paix. Premières négociations. — État de la Vendée et de la Bretagne. Puisaye en Angleterre. Mesures de Hoche pour la pacification de la Vendée. Négociations avec les chefs vendéens............ 181

CHAPITRE V.

Réouverture des salons, des spectacles, des reunions savantes; établissement des écoles primaires, normale, de droit et de médecine; décrets relatifs au commerce, à l'industrie, à l'administration de la justice et des cultes. — Disette des subsistances dans l'hiver de l'an III. — Destruction des bustes de Marat. — Abolition du *maximum* et des réquisitions. — Systèmes divers sur les moyens de retirer les assignats. — Augmentation de la disette à Paris. — Réintégration des députés girondins. — Scènes tumultueuses à l'occasion de la disette; agitation des révolutionnaires; insurrection du 12 germinal; détails de cette journée. — Déportation de Barrère, Billaud-Varennes et Collot-d'Herbois. — Arrestation de plusieurs députés montagnards. — Troubles dans les villes. — Désarmement des patriotes... 229

CHAPITRE VI

Continuation des négociations de Bâle. — Traité de paix avec la Hollande. Conditions de ce traité. — Autre traité de paix avec la Prusse. — Politique de l'Autriche et des autres états de l'Empire. — Paix avec la Toscane. — Négociations avec la Vendée et la Bretagne. Soumission de Charette et autres chefs. Stofflet continue la guerre. Politique de Hoche pour la pacification de l'Ouest. Intrigues des agents royalistes. Paix simulée des chefs insurgés dans la Bretagne. Première pacification de la Vendée. — État de l'Autriche et de l'Angleterre; plans de Pitt, discussions du parlement anglais. — Préparatifs de la coalition pour une nouvelle campagne.. 317

CHAPITRE VII.

Redoublement de haine et de violence des partis après le 12 germinal. — Conspiration nouvelle des patriotes. — Massacre dans les prisons, à Lyon, par les réacteurs. — Décrets nouveaux contre les émigrés et sur l'exercice du culte. Modifications dans les attributions des comités. — Questions financières. Baisse croissante du papier-monnaie. Agiotage. Divers projets et discussions sur la réduction des assignats. Mesure importante décrétée pour faciliter la vente des biens nationaux.—Insurrection des révolutionnaires du 1er prairial an III. Envahissement de la convention. Assassinat du représentant Féraud. Principaux événements de cette journée et des jours suivants. — Suites de la journée de prairial. Arrestation de divers membres des anciens comités. Condamnation et supplice des représentants Romme, Goujon, Duquesnoy, Duroi, Soubrany, Bourbotte, et autres compromis dans l'insurrection. Désarmement des patriotes et destruction de ce parti. — Nouvelles discussions sur la vente des biens nationaux. Echelle de réduction adoptée pour les assignats............................ 373

CHAPITRE VIII.

Situation des armées au Nord et sur le Rhin, aux Alpes et aux Pyrénées vers le milieu de l'an III. — Premiers projets de trahison de Pichegru. — État de la Vendée et de la Bretagne. Intrigues et plans des royalistes. Renouvellement des hostilités sur quelques points des pays pacifiés. — Expédition de Quiberon. Destruction de l'armée royaliste par Hoche. Causes du peu de succès de cette tentative. — Paix avec l'Espagne. — Passage du Rhin par les armées françaises.. 455

FIN DE LA TABLE.

www.ingramcontent.com/pod-product-compliance
Lightning Source LLC
Chambersburg PA
CBHW050423240426
43661CB00055B/2254